贪污贿赂的罪与罚

彭新林 / 著

CRIME AND PUNISHMENT
FOR CORRUPT OFFICIALS

图书在版编目(CIP)数据

贪污贿赂的罪与罚/彭新林著. —北京:北京大学出版社,2015.12
ISBN 978-7-301-26680-9

Ⅰ. ①贪… Ⅱ. ①彭… Ⅲ. ①贪污罪—刑事诉讼—研究—中国 ②贿赂罪—刑事诉讼—研究—中国 Ⅳ. ①D925.204

中国版本图书馆 CIP 数据核字(2015)第 315193 号

书　　　名	贪污贿赂的罪与罚 Tanwu Huilu de Zui yu Fa
著作责任者	彭新林 著
责 任 编 辑	陈　康
标 准 书 号	ISBN 978-7-301-26680-9
出 版 发 行	北京大学出版社
地　　　址	北京市海淀区成府路 205 号　100871
网　　　址	http://www.pup.cn　http://www.yandayuanzhao.com
电 子 信 箱	yandayuanzhao@163.com
新 浪 微 博	@北京大学出版社　@北大出版社燕大元照法律图书
电　　　话	邮购部 62752015　发行部 62750672　编辑部 62117788
印 刷 者	三河市博文印刷有限公司
经 销 者	新华书店
	965mm×1300mm　16 开本　19.5 印张　320 千字 2015 年 12 月第 1 版　2015 年 12 月第 1 次印刷
定　　　价	38.00 元

未经许可,不得以任何方式复制或抄袭本书之部分或全部内容。
版权所有,侵权必究
举报电话: 010-62752024　电子信箱: fd@pup.pku.edu.cn
图书如有印装质量问题,请与出版部联系,电话: 010-62756370

德育英才 法行天下
Virtal Ethics, Legal Spirits

北京师范大学刑事法律科学研究院

建院10周年志庆

(2005—2015)

问余何适,廓尔忘言;花枝春满,天心月圆。

—— 李叔同

    谨以本书献给我的父亲与母亲,也献给韬任,他们让我拥有一颗淡泊宁静的心,使我的生活充满着温馨的爱。

深刻认识我国反腐新常态
（代序）

党的十八大以来,新一届中央领导集体以猛药去疴、重典治乱的决心,以刮骨疗毒、壮士断腕的勇气,坚决把党风廉政建设和反腐败斗争进行到底,坚持有腐必反、有贪必肃,更加科学有效地防治腐败,取得了有目共睹的显著成效,党风政风明显好转,党心民心为之一振,我国反腐新常态逐渐显现。这种反腐新常态,既体现了中央坚定反腐败的信心和决心,也凸显出当前我国反腐败的新思路和新格局。

一

以法治思维和法治方式反腐败。党的十八大以来,我们党坚持运用法治思维和法治方式反腐败,在反腐败斗争中注意贯彻现代法治理念,凡腐必反,除恶务尽,不搞选择性反腐,不搞以人划线,不搞特赦变通,切实做到事实清楚、证据确凿、定性准确、处理恰当、程序合法、手续完备,严格依纪依法查办腐败案件,让案件经得起法律和历史的检验。无论是对薄熙来案件的公开审判,还是对周永康案件的处理,都始终贯彻了法治反腐的理念,从一开始就是沿着法治轨道逐步推进,将他们的法律问题与道德问题分开、违纪问题与犯罪问题分开,法治精神得到充分贯彻,受到广大干部群众的拥护支持。

以"零容忍"态度惩治腐败。腐败是影响经济社会健康发展、国家长治久安的致命风险。如果不对腐败零容忍,任凭腐败现象滋生蔓延,最终必然亡党亡国。党的十八大以来,我们党持续保持反腐败的高压态势,坚持惩治这一手不放松,反腐败不留死角,没有"禁区",发现一起查处一起,发现多少查处多少,不定指标、上不封顶,凡腐必反,除恶务尽;锲而不舍地纠正"四风"顽疾,越往后执纪越严,把违反中央"八项规定"精神的行为列入纪律审查重点,对腐败现象坚持露头就打、打早打小,防微杜渐。

这充分表明了中央以"零容忍"态度惩治腐败的决心。

坚持"老虎""苍蝇"一起打。腐败分子无论是位高权重的"老虎"还是名不见经传的"苍蝇",都是党和国家的蛀虫,都有损党和国家的肌体健康。因此在反腐问题上,无论大贪大腐还是小贪小腐,都应依法严厉惩治。党的十八大以来,坚持"老虎""苍蝇"一起打,既坚决查处领导干部违纪违法案件,包括依法查处了周永康、徐才厚、令计划、郭伯雄、苏荣等副国级以上"老虎"案件,对这些有来头、有背景、有能量的大"老虎",敢于一打到底,向世人证明了我们党敢于直面问题、善于自我净化和严厉惩治腐败的决心和态度。另一方面,也采取有效措施,着力解决发生在群众身边的腐败问题和不正之风,彻底破除"苍蝇"的侥幸心理,坚决拍掉这些损害群众切身利益的"苍蝇",切实维护群众的合法权益。

把权力关进制度的笼子里。腐败的实质是权力滥用,反腐的核心在于制约和监督权力。而制度问题带有根本性、全局性、稳定性和长期性,因而没有健全的制度,未把权力关进制度的笼子里,腐败现象就很难遏制得住。党的十八大以来,中央深化腐败问题多发领域和关键环节的改革,健全权力运行制约和监督体系,加快推进反腐败国家立法,加强反腐倡廉党内法规制度建设,先后出台了"八项规定"、《党政机关厉行节约反对浪费条例》等一系列制度、条例和改革措施,规制权力之笼越来越紧;坚决维护制度的严肃性和权威性,狠抓制度执行,坚决纠正有令不行、有禁不止的行为,确保制度务实、管用,使制度成为硬约束而不是"橡皮筋",真正做到制度面前人人平等、制度约束没有例外。

反腐败在"常""长"二字上下工夫。反腐败是一项长期、艰巨、复杂的任务。当前我国反腐败斗争形势依然严峻复杂,有些滋生腐败的体制弊端、机制障碍和制度漏洞尚未有效消除,一些深层次问题还没有从根本上破解等。这些现象和问题的存在,从根本上决定了要解决好腐败问题,必须持之以恒、常抓不懈。党的十八大以来,中央以锲而不舍、驰而不息的决心和毅力,把反腐倡廉建设不断引向深入,在"常""长"二字上下工夫,除了下大气力拔"烂树"、治"病树"、正"歪树",还坚决清除滋生腐败的土壤和条件。这些都表明党对反腐败斗争的复杂性和艰巨性有着清醒的认识,也宣示了中央将反腐败斗争进行到底的信心和决心。可以说,我国常态反腐的战略是坚定不移的,反腐败没有完成时,只有进行时,永远在路上。

二

我国反腐进入新常态,是以习近平同志为总书记的党中央在深入总结我国反腐败斗争的基本经验、科学分析反腐败斗争形势、准确把握基本国情的基础上,对当前我国反腐败阶段性特征所作出的重要战略判断。其集中反映了新一届中央领导集体的反腐理念、工作思路和意志信念,标志着我们党对反腐倡廉建设规律的认识达到了一个新高度。积极适应反腐新常态,对于充分认识反腐败的长期性和复杂性,深刻理解反腐败的重要性和紧迫性,系统把握反腐败的总体思路和重要任务,具有重大而深远的意义。

积极适应反腐新常态,要纠正错误的反腐思想观念,凝聚反腐共识。纠正错误的反腐思想观念才能明辨是非、树立正确理念,凝聚反腐共识才能为反腐败斗争汇聚强大正能量。党的十八大以来,随着反腐败斗争的深入推进,社会上出现了一些似是而非的反腐思想观念,如"反腐影响经济发展""反腐过头了""反腐一阵风"等错误论调。这些错误的反腐论调蛊惑人心、危害极大,不仅动摇反腐军心,削弱反腐斗志,影响人民群众对反腐败斗争的信心,而且干扰反腐败斗争的大方向,是反腐败斗争中的不和谐杂音。之所以产生这些错误的反腐思想观念,主要是有些人对当前反腐败形势和中央的反腐败政策认识不清、把握不准,还有的是自身不干净,担心"拔出萝卜带出泥",开始害怕了,幻想通过把水搅浑而蒙混过关。鉴此,我们一定要保持政治定力,不为反腐杂音所扰,不为反腐谣言所惑,坚持把思想认识统一到中央对反腐败形势的判断和决策部署上,把智慧力量凝聚到浩浩荡荡的反腐洪流中去,扎扎实实地推进反腐败各项工作。

积极适应反腐新常态,要准确研判反腐败形势,制定科学有效的防治腐败策略。准确研判形势,是作出正确决策的前提和决策实施的基础。我国腐败现象多发,滋生腐败的土壤存在,反腐败形势依然严峻复杂。这是对当前我国反腐败斗争形势的基本判断。只有在正确把握这一反腐败斗争形势的基础上,认真总结和研究腐败现象发生的原因、特点和规律,才能确立科学有效的防治腐败策略。科学有效防治腐败,首先要坚持惩治腐败不放松,持续保持惩治腐败的高压态势,坚决查处腐败案件,形成反腐败的强大震慑,切实维护党纪国法的严肃性。此外,要更加重视对腐败的预防，着力在制度健全、权力制约、监督管理等方面下工夫，完善防控廉政风险、防止利益冲突和利益输送、领导干部报告个人有关事项等预防腐败制度，积极健全惩治和预防腐败体系，不断铲除滋生腐败现象的土壤。

积极适应反腐新常态，要集聚合力打好反腐"组合拳"。反腐败任务艰巨繁重，反腐败斗争形势严峻复杂，使得依靠单一、独立的某项反腐举措或者依靠专门机关反腐败，往往难以取得理想的效果。因而需要通过综合施策、多措并举的方式，打出反腐"组合拳"，才能更好地实现对腐败的科学有效治理。当前在严肃查处腐败案件、突出以治标为主、为治本赢得时间的同时，也要更加重视治本、重视预防，加强反腐倡廉宣传教育，筑牢拒腐防变的思想道德防线，注重从源头上防治腐败。在集中力量、抓牢主业，坚决遏制腐败蔓延势头的同时，也要加强专门机关自身建设，努力提升反腐效能，切实解决"灯下黑"的问题。在国内"打虎拍蝇"的同时，也要重视海外"猎狐"，加强境外追逃追赃工作，实现境内境外"两个战场"同时发力、协同配合。

当前我国反腐败已进入深水区，腐败与反腐败呈胶着状态，要深刻认识并积极适应我国反腐新常态，进一步增强战胜腐败的信心和决心，以踏石留印、抓铁有痕的劲头把反腐败斗争进行到底，为建设廉洁中国、法治中国贡献力量！

谨识于俄罗斯圣彼得堡
乙未年十一月

目 录

上编 | 贪污贿赂犯罪的追诉程序

第一章　贪污贿赂犯罪的立案程序 …………………………… 003
　一、立案的概念和功能 …………………………………………… 003
　二、立案的程序 …………………………………………………… 003

第二章　贪污贿赂犯罪的侦查程序 …………………………… 009
　一、新《刑事诉讼法》对贪污贿赂犯罪侦查程序的修改 ……… 009
　二、侦查组织体系和侦查管辖 …………………………………… 011
　三、侦查行为 ……………………………………………………… 014
　四、侦查终结 ……………………………………………………… 020

第三章　贪污贿赂犯罪的起诉程序 …………………………… 023
　一、审查起诉 ……………………………………………………… 023
　二、提起公诉 ……………………………………………………… 025
　三、不起诉 ………………………………………………………… 026

第四章　贪污贿赂犯罪的审判程序 …………………………… 029
　一、刑事第一审程序 ……………………………………………… 029
　二、刑事第二审程序 ……………………………………………… 034
　三、死刑复核程序 ………………………………………………… 037
　四、审判监督程序 ………………………………………………… 040

第五章　贪污贿赂犯罪的执行程序 …………………………… 043
　一、执行的主体和依据 …………………………………………… 043

二、各种刑罚的执行程序 ………………………………………… 044
三、执行的变更与其他处理 ……………………………………… 045

第六章 《联合国反腐败公约》与我国贪污贿赂犯罪追诉程序的完善 …………………………………………………………… 049

一、《联合国反腐败公约》及其在我国的生效 …………………… 049
二、当前贪污贿赂犯罪追诉程序存在的主要问题 ……………… 051
三、完善贪污贿赂犯罪追诉程序的基本构想 …………………… 053

下编 | 贪污贿赂犯罪的典型案例

以法治思维和法治方式反腐败
——薄熙来受贿、贪污、滥用职权案 ………………………… 069

如何正确把握贪污受贿犯罪的定罪量刑标准
——柴卫荣、郎东华受贿案 …………………………………… 118

应否考虑对作出重大社会贡献的特定贪贿罪犯实行特赦
——褚时健贪污、巨额财产来源不明案 ……………………… 125

终身监禁是否适用于《刑法修正案(九)》生效前的案件
——谷俊山贪污、受贿、挪用公款、行贿、滥用职权案 …… 132

特定关系人共同受贿犯罪的认定
——成克杰受贿案 ……………………………………………… 139

性贿赂应否纳入刑法规制
——刘志军受贿、滥用职权案 ………………………………… 144

企业改制过程中贪污行为的认定
——王建炜贪污、受贿案 ……………………………………… 151

受贿罪中国家工作人员身份的认定
——何述金贪污、公司企业人员受贿案 ……………………… 159

普通受贿与斡旋受贿的区分
——孙昆明受贿案 ……………………………………………… 170

斡旋受贿中"利用本人职权或者地位形成的便利条件"的认定
——莫某受贿案 ………………………………………………… 176

连续通宵夜审和威胁抓捕近亲属而收集的口供应否认定为非法证据
——王小海受贿案 ……………………………………………… 189

国企负责人收取业务费返点的行为如何定性
　　——汤永坚受贿、贪污、挪用公款案 ………………… 198
受贿与正常经营所得以及挪用公款与民间借贷的区分
　　——利沛钦受贿、挪用公款、行贿案 ………………… 208
量刑情节如何限制受贿罪死刑的适用
　　——李培英贪污、受贿案 ……………………………… 216
挪用公款与行使承包经营权的界限以及"归个人使用"的认定
　　——冯振华挪用公款案 ………………………………… 227
事出有因是否影响挪用公款行为性质认定
　　——杜玮挪用公款案 …………………………………… 235
国企存款到银行收取"高息"的行为是否构成单位受贿罪
　　——蓝天公司涉嫌单位受贿案 ………………………… 243
单位行贿和被勒索行贿的认定
　　——王浩生行贿案 ……………………………………… 248
行贿罪与单位行贿罪的界限如何把握
　　——李运新行贿案 ……………………………………… 255
"经济行贿"的理解与认定
　　——聂真行贿、职务侵占案 …………………………… 259
行贿罪的从宽处罚条件与污点证人作证豁免制度
　　——崔某东行贿案 ……………………………………… 266
巨额财产来源不明的认定
　　——龚花贪污、巨额财产来源不明案 ………………… 278
私分国有资产罪主体要件的认定
　　——陈新富私分国有资产案 …………………………… 288

上编
贪污贿赂犯罪的追诉程序

第一章 贪污贿赂犯罪的立案程序

一、立案的概念和功能

刑事诉讼中的立案是指公安司法机关对于报案、控告、举报、自首等方面的材料,按照各自的职能管辖范围进行审查后,认为有犯罪事实并需要追究刑事责任时,依法决定将其作为刑事案件交付侦查或者审判的诉讼活动。立案是我国刑事诉讼的开始和必经程序,只有经过立案,其他诉讼阶段才能依次进行,其后的侦查、起诉、审判才有法律根据,才能产生法律效力。立案的任务在于决定是否开始追究刑事犯罪,即通过对主动获取的线索或者接受的有关材料进行审查,确定有无犯罪事实和是否需要追究刑事责任,从而作出立案与否的决定。刑事诉讼法将立案确定为刑事诉讼的开始和必经程序,对于实现刑事诉讼的任务,保障刑事诉讼活动的正确进行具有重要意义:首先,立案是保护公民的合法权益不受非法侵犯,保障无罪的人不受刑事追究的重要程序性保障措施;其次,立案有助于督促公安司法机关及时、准确地揭露、证实和打击犯罪;再次,立案有利于准确评价社会治安形势,为国家制定刑事政策提供依据。我国是世界上少数几个将立案作为刑事诉讼的独立、必经程序的国家,其重要目的就在于从程序上防止公安司法机关滥用司法权力,随意采取侦查行为或者强制措施,侵犯公民的合法权益。

二、立案的程序

与其他普通刑事犯罪一样,贪污贿赂犯罪的刑事追究也必须经过立案程序才能启动。立案程序主要包括受理案件、对立案材料的审查和处理、对不立案的监督等内容。

(一) 受理案件

受理案件是指公安司法机关立案部门对于报案、控告、举报、犯罪嫌疑人自首以及相关材料的接收和收留的行为。报案、控告、举报、自首材料是贪污贿赂案件立案的最主要来源,公安司法机关必须妥善处理,为后续的刑事诉讼活动做好准备。对贪污贿赂犯罪案件的受理,根据《中华人民共和国刑事诉讼法》(以下简称《刑事诉讼法》)的有关规定,需要注意以下几点:

第一,任何单位和个人发现有犯罪事实或者犯罪嫌疑人,有权利也有义务向公安机关、人民检察院或者人民法院报案或者举报。被害人对侵犯其人身、财产权利的犯罪事实或者犯罪嫌疑人,有权向公安机关、人民检察院或者人民法院报案或者控告。

第二,公安机关、人民检察院或者人民法院对于报案、控告、举报、自首等都应当接受。对于不属于自己管辖的,应当先接受再移送主管机关处理,并且通知报案人、控告人、举报人、自首人;对于不属于自己管辖而又必须采取紧急措施的,应当先采取紧急措施,然后移送主管机关。法律将公安司法机关无条件接受所有有关犯罪的材料确立为其必须履行的职责,是为了便于广大群众同违法犯罪作斗争,有利于公安司法机关及时有效地打击犯罪。司法实践中出现的"告状难""告状无门"和公安司法机关之间互相扯皮、推诿的现象,主要是由于有关公安司法机关没有认真执行这一规定,应当予以纠正,情节严重的应当追究法律责任。[①]

第三,报案、控告、举报可以用书面或者口头形式提出。接受口头报案、控告、举报的工作人员,应当写成笔录,经宣读无误后,由报案人、控告人、举报人签名或者盖章。书面形式和口头形式都是合法形式,这主要是便于报案人、控告人、举报人报案、控告和举报。

第四,为了防止诬告陷害,确保控告、举报材料的真实性和客观性,接受控告、举报的工作人员,应当向控告人、举报人说明诬告应负的法律责

---

① 参见陈光中主编:《刑事诉讼法》(第三版),北京大学出版社、高等教育出版社2002年版,第263页。

任。但是,只要不是捏造事实、伪造证据,即使控告、举报的事实有出入,甚至是错告的,也要和诬告严格加以区别。

第五,公安机关、人民检察院或者人民法院应当保障报案人、控告人、举报人及其近亲属的安全。报案人、控告人、举报人如果不愿公开自己的姓名和报案、控告、举报的行为,应当为他保守秘密。

(二)对立案材料的审查和处理

《刑事诉讼法》第110条对立案材料的审查和处理作了原则性规定,即:"人民法院、人民检察院或者公安机关对于报案、控告、举报和自首的材料,应当按照管辖范围,迅速进行审查,认为有犯罪事实需要追究刑事责任的时候,应当立案;认为没有犯罪事实,或者犯罪事实显著轻微,不需要追究刑事责任的时候,不予立案,并且将不立案的原因通知控告人。控告人如果不服,可以申请复议。"就贪污贿赂犯罪而言,由于公、检、法三机关在刑事诉讼中的职能不同,直接受理的案件范围也不同,因而在对立案材料的审查和处理的具体做法上也各有特色。

1. 公安机关

根据《公安机关办理刑事案件程序规定》的有关规定,对于属于公安机关管辖的贪污贿赂犯罪(即除人民检察院管辖的贪污贿赂犯罪之外),公安机关应按照下列情况分别进行处理:

第一,对接受的案件,或者发现的犯罪线索,公安机关应当迅速进行审查。对于在审查中发现案件事实或者线索不明的,必要时,经办案部门负责人批准,可以进行初查。初查过程中,公安机关可以依照有关法律和规定采取询问、查询、勘验、鉴定和调取证据材料等不限制被调查对象人身、财产权利的措施。

第二,经过审查,认为有犯罪事实,但不属于自己管辖的案件,应当立即报经县级以上公安机关负责人批准,制作移送案件通知书,移送有管辖权的机关处理。对于不属于自己管辖又必须采取紧急措施的,应当先采取紧急措施,然后办理手续,移送主管机关。对于不够刑事处罚需要给予行政处理的,依法予以处理或者移送有关部门。

第三,经过审查,认为有犯罪事实需要追究刑事责任,且属于自己管辖的,经县级以上公安机关负责人批准,予以立案;认为没有犯罪事实,或者犯罪事实显著轻微不需要追究刑事责任,或者具有其他依法不追究刑事责任情形的,经县级以上公安机关负责人批准,不予立案。对有控告人的案件,决定不予立案的,公安机关应当制作不予立案通知书,并在3日以内送达控告人。

第四,对行政执法机关移送的案件,公安机关应当自接受案件之日起3日以内进行审查,认为有犯罪事实,需要追究刑事责任,依法决定立案的,应当书面通知移送案件的行政执法机关;认为没有犯罪事实,或者犯罪事实显著轻微,不需要追究刑事责任,依法不予立案的,应当说明理由,并将不予立案通知书送达移送案件的行政执法机关,相应退回案件材料。

第五,经立案侦查,认为有犯罪事实需要追究刑事责任,但不属于自己管辖或者需要由其他公安机关并案侦查的案件,经县级以上公安机关负责人批准,制作移送案件通知书,移送有管辖权的机关或者并案侦查的公安机关,并在移送案件后3日以内书面通知犯罪嫌疑人家属。案件变更管辖或者移送其他公安机关并案侦查时,与案件有关的财物及其孳息、文件应当随案移交。移交时,由接收人、移交人当面查点清楚,并在交接单据上共同签名。

2. 人民检察院

根据《人民检察院刑事诉讼规则(试行)》的有关规定,人民检察院控告检察部门或者举报中心统一受理报案、控告、举报、申诉和犯罪嫌疑人投案自首,并根据具体情况和管辖规定,在法定期限内分别作出以下处理:

第一,属于人民检察院管辖的,按照相关规定移送本院有关部门或者其他人民检察院办理。不属于人民检察院管辖的,移送有管辖权的机关处理,并且通知报案人、控告人、举报人、自首人;对于不属于人民检察院管辖又必须采取紧急措施的,应当先采取紧急措施,然后移送主管机关。对案件事实或者线索不明的,应当进行必要的调查核实,收集相关材料,查明情况后及时移送有管辖权的机关或者部门办理。

第二,人民检察院对于直接受理的要案线索实行分级备案的管理制度。县、处级干部的要案线索一律报省级人民检察院举报中心备案,其中涉嫌犯罪数额特别巨大或者犯罪后果特别严重的,层报最高人民检察院举报中心备案;厅、局级以上干部的要案线索一律报最高人民检察院举报中心备案。要案线索是指依法由人民检察院直接立案侦查的县、处级以上干部犯罪的案件线索。

第三,侦查部门对举报中心移交的举报线索进行审查后,认为有犯罪事实需要初查的,应当报检察长或者检察委员会决定。初查由侦查部门负责,在刑罚执行和监管活动中发现的应当由人民检察院直接立案侦查的案件线索,由监所检察部门负责初查。对于重大、复杂的案件线索,监所检察部门可以商请侦查部门协助初查;必要时也可以报检察长批准后,移送侦查部门初查,监所检察部门予以配合。各级人民检察院初查的分工,按照检察机关直接立案侦查案件分级管辖的规定确定。上级人民检察院在必要时,可以直接初查或者组织、指挥、参与下级人民检察院的初查,可以将下级人民检察院管辖的案件线索指定辖区内其他人民检察院初查,也可以将本院管辖的案件线索交由下级人民检察院初查;下级人民检察院认为案情重大、复杂,需要由上级人民检察院初查的案件线索,可以提请移送上级人民检察院初查。初查一般应当秘密进行,不得擅自接触初查对象;公开进行初查或者接触初查对象,应当经检察长批准。在初查过程中,可以采取询问、查询、勘验、检查、鉴定、调取证据材料等不限制初查对象人身、财产权利的措施。不得对初查对象采取强制措施,不得查封、扣押、冻结初查对象的财产,不得采取技术侦查措施。侦查部门对举报线索初查后,认为有犯罪事实需要追究刑事责任的,应当制作审查报告,提请批准立案侦查,报检察长决定。

第四,人民检察院对于直接受理的案件,经审查认为有犯罪事实需要追究刑事责任的,应当制作立案报告书,经检察长批准后予以立案。在决定立案之日起 3 日以内,将立案备案登记表、提请立案报告和立案决定书一并报送上一级人民检察院备案。上一级人民检察院应当审查下级人民检察院报送的备案材料,并在收到备案材料之日起 30 日以内,提出是否同意下级人民检察院立案的审查意见。认为下级人民检察院的立案决定错误的,应当在报经检察长或者检察委员会决定后,书面通知下级人民检察院纠正。上一级人民检察院也可以直接作出决定,通知下级人民检察院执行。

第五,人民检察院决定不予立案的,如果是被害人控告的,应当制作不立案通知书,写明案由和案件来源、决定不立案的原因和法律依据,由侦查部门在 15 日以内送达控告人,同时告知本院控告检察部门。控告人如果不服,可以在收到不立案通知书后 10 日以内申请复议。人民检察院认为被举报人的行为未构成犯罪,决定不予立案,但需要追究其党纪、政纪责任的,应当移送有管辖权的主管机关处理。

第六,人民检察院决定对人民代表大会代表立案,应当按照有关法定程序向该代表所属的人民代表大会主席团或者常务委员会进行通报。

3. 人民法院

根据《刑事诉讼法》第18条第3款的规定:"自诉案件,由人民法院直接受理。"人民法院受理的自诉案件主要包括三类:一是告诉才处理的案件;二是人民检察院没有提起公诉,被害人有证据证明的轻微刑事案件;三是被害人有证据证明对被告人侵犯自己人身、财产权利的行为应当依法追究刑事责任,且有证据证明曾经提出控告,而公安机关或者人民检察院不予追究被告人刑事责任的案件。贪污贿赂犯罪案件不属于人民法院受理的自诉案件,因此对收到的案件材料经审查不属于自己管辖的,人民法院应当将材料移送有管辖权的公安机关或者人民检察院处理。

(三)对不立案的监督

对不立案进行监督的目的在于确保依法立案,防止和纠正有案不立和违法立案,依法、及时打击犯罪,保护公民的合法权利,保障国家法律的统一正确实施,维护社会和谐稳定。根据《刑事诉讼法》及有关司法解释的规定,人民检察院认为公安机关对应当立案侦查的案件而不立案侦查的,或者被害人认为公安机关对应当立案侦查的案件而不立案侦查,向人民检察院提出的,人民检察院应当要求公安机关说明不立案的理由。人民检察院认为公安机关不立案理由不能成立的,应当通知公安机关立案,公安机关接到通知后应当立案。

人民检察院侦查监督部门或者公诉部门发现本院侦查部门对应当立案侦查的案件不报请立案侦查或者对不应当立案侦查的案件进行立案侦查的,应当建议侦查部门报请立案侦查或者撤销案件;建议不被采纳的,应当报请检察长决定。

第二章　贪污贿赂犯罪的侦查程序

侦查是刑事诉讼的一个独立阶段,也是发现和收集证据、查明犯罪事实和查获犯罪人的关键阶段。侦查工作的质量如何,对起诉和审判工作有着直接的影响。在贪污贿赂犯罪案件诉讼中,侦查质量的优劣,关系到能否准确、及时地揭露、证实和惩治贪污贿赂犯罪。

一、新《刑事诉讼法》对贪污贿赂犯罪侦查程序的修改

2012年修改后的《刑事诉讼法》对贪污贿赂犯罪的侦查程序进行了修改完善,增补规定了多项措施,从多个方面强化了对贪污贿赂犯罪的打击和控制。概括来说,有四项新规打击和控制贪污贿赂犯罪:一是强化对特别重大贿赂犯罪的打击;二是适当延长传唤、拘传时间;三是增加规定技术侦查措施;四是增加规定贪污贿赂犯罪案件违法所得没收程序。[①]其中,涉及贪污贿赂犯罪侦查程序的主要是前三项。

1. 关于强化对特别重大贿赂犯罪的打击

主要体现在两个方面:其一,对特别重大贿赂犯罪规定了侦查阶段辩护律师会见的例外。在2012年《刑事诉讼法》修改之前,原《刑事诉讼法》第96条规定,受委托的律师"可以会见在押的犯罪嫌疑人,向犯罪嫌疑人了解有关案件情况"。但司法实践中,辩护律师在侦查阶段会见在押的犯罪嫌疑人,仍然受到诸多限制,"会见难"的问题一直没有得到很好

[①] 参见张杰:《修改后刑诉法四项新规打击和控制腐败》,载《检察日报》2012年8月14日。

的解决。修改后的《刑事诉讼法》明确了律师凭"三证"即可要求会见在押犯罪嫌疑人,以期切实解决"会见难"的问题,从而充分保障辩护律师的诉讼权利。同时,从惩治腐败、维护国家安全和公共安全的需要考虑,又作出了相应例外规定,即对于特别重大贿赂犯罪等三类犯罪,辩护律师侦查阶段会见在押犯罪嫌疑人的,需经过侦查机关许可。其二,对特别重大贿赂犯罪确立了指定居所监视居住措施。修改后的《刑事诉讼法》第73条第1款规定:"监视居住应当在犯罪嫌疑人、被告人的住处执行;无固定住处的,可以在指定的居所执行。对于涉嫌危害国家安全犯罪、恐怖活动犯罪、特别重大贿赂犯罪,在住处执行可能有碍侦查的,经上一级人民检察院或者公安机关批准,也可以在指定的居所执行。但是,不得在羁押场所、专门的办案场所执行。"可见,对于特别重大贿赂犯罪,在住处执行监视居住有碍侦查的,可以指定居所监视居住。这对于检察机关查办重大贿赂犯罪案件具有重要意义。

2. 关于适当延长传唤、拘传时间

修改后的《刑事诉讼法》第117条第2款规定:"传唤、拘传持续的时间不得超过十二小时;案情特别重大、复杂,需要采取拘留、逮捕措施的,传唤、拘传持续的时间不得超过二十四小时。"之所以作上述增补修改,主要是考虑到贪污贿赂犯罪特别是贿赂犯罪案件不留现场,物证极少,检察机关侦查手段严重不足,立案前初查阶段能够获取的证据十分有限,因此口供十分重要。而犯罪嫌疑人的受讯认罪心理要经历抵触、试探、动摇、交代等几个阶段,从最初的抵触到开口供述犯罪事实,需要经过激烈的内心斗争,一般在12小时内不可能完成这种心理转变。按照目前规定的时限,检察机关不仅要在12小时内获取犯罪嫌疑人的口供,还要与其他证据核实、印证,以作出是否进一步采取其他强制措施的决定,时间明显不够。

3. 关于技术侦查措施的完善

修改后的《刑事诉讼法》在第二编第二章"侦查"部分专门增设一节"技术侦查措施",明确了检察机关采取技术侦查措施的案件范围、批准程序和执行主体,限制技术侦查措施的期限,严格规定技术侦查获取的信息和事实材料的保密、销毁及使用范围,还明确规定采取技术侦查措施收集的材料在刑事诉讼中可作为证据使用等,实现了检察机关采取技术侦查措施的法制化和规范化。应当说,修改后的《刑事诉讼法》对技术侦查措施的增补规定,是完善贪污贿赂罪侦查程序的一项重要举措,既顺应了惩治贪污贿赂犯罪的实际需要,也实现了与《联合国反腐败公约》有关要求的接轨。上述修改后的《刑事诉讼法》关于贪污贿赂犯罪侦查程序的改革完善,亮点纷呈,对于有效惩治贪污贿赂犯罪意义重大。

二、侦查组织体系和侦查管辖

(一)侦查组织体系

就贪污贿赂犯罪而言,我国的侦查组织体系具有双重性。一方面,对于公安机关管辖的贪污贿赂犯罪,如非国家工作人员受贿罪、对非国家工作人员行贿罪等,实行侦诉分离,案件的侦查机关和起诉机关分立,即这部分贪污贿赂犯罪由公安机关侦查,检察机关负责起诉。另一方面,对于人民检察院管辖的贪污贿赂犯罪,实行侦诉一体化,即由人民检察院负责立案侦查并决定是否提起公诉。这种侦查组织体系的设置,是由我国检察机关既是公诉机关又是国家法律监督机关的性质决定的。

(二)侦查管辖

贪污贿赂犯罪侦查管辖在我国司法实践中是客观存在的法律现象,《刑事诉讼法》作了明确的规定,即《刑事诉讼法》第18条第2款规定:"贪污贿赂犯罪①,国家工作人员的渎职犯罪,国家机关工作人员利用职权实施的非法拘禁、刑讯逼供、报复陷害、非法搜查的侵犯公民人身权利的犯罪以及侵犯公民民主权利的犯罪,由人民检察院立案侦查。对于国家机关工作人员利用职权实施的其他重大的犯罪案件,需要由人民检察院直接受理的时候,经省级以上人民检察院决定,可以由人民检察院立案侦查。"由上可见,《刑事诉讼法》第18条第2款涉及的主要是贪污贿赂犯罪侦查的职能管辖问题,而对于贪污贿赂犯罪侦查的地域管辖、指定管辖、级别管辖以及管辖权争议解决等则未作规定。尽管侦查职能管辖是侦查管辖第一层次的问题,是对贪污贿赂犯罪侦查机关的整体授权;但如

---

① 此处是狭义的贪污贿赂罪,是指《中华人民共和国刑法》第八章规定的"贪污贿赂罪"及其他章中明确规定依照《中华人民共和国刑法》分则第八章相关条文定罪处罚的犯罪。

果贪污贿赂犯罪侦查地域管辖、级别管辖和管辖争议处理方式不明确,贪污贿赂犯罪的侦查工作就难以迅速开展,也无法顺畅、高效地进行。正如有学者指出,贪污贿赂犯罪侦查管辖是否明确、合理,在很大程度上影响着我国反腐败工作的成败得失。① 应当说,关于我国贪污贿赂犯罪侦查的管辖问题,《人民检察院刑事诉讼规则(试行)》《公安机关办理刑事案件程序规定》作了大量的规定,基本确立了我国贪污贿赂犯罪侦查管辖的整体框架,是调整贪污贿赂犯罪侦查管辖的主要依据。

1. 关于贪污贿赂犯罪的职能管辖

《人民检察院刑事诉讼规则(试行)》第 8 条规定:"人民检察院立案侦查贪污贿赂犯罪、国家工作人员的渎职犯罪、国家机关工作人员利用职权实施的非法拘禁、刑讯逼供、报复陷害、非法搜查的侵犯公民人身权利的犯罪以及侵犯公民民主权利的犯罪案件。贪污贿赂犯罪是指刑法分则第八章规定的贪污贿赂犯罪及其他章中明确规定依照第八章相关条文定罪处罚的犯罪案件。国家工作人员的渎职犯罪是指刑法分则第九章规定的渎职犯罪案件。国家机关工作人员利用职权实施的侵犯公民人身权利和民主权利的犯罪案件包括:(一) 非法拘禁案(刑法第二百三十八条);(二) 非法搜查案(刑法第二百四十五条);(三) 刑讯逼供案(刑法第二百四十七条);(四) 暴力取证案(刑法第二百四十七条);(五) 虐待被监管人案(刑法第二百四十八条);(六) 报复陷害案(刑法第二百五十四条);(七) 破坏选举案(刑法第二百五十六条)。"除此之外的其他贪污贿赂犯罪,如非国家工作人员受贿罪、对非国家工作人员行贿罪,则由公安机关负责立案侦查。由上可见,贪污贿赂犯罪主要是由检察机关负责立案侦查,检察机关是贪污贿赂犯罪职能管辖的最主要主体,这与世界上大多数国家确立的由检察机关承担或者主导腐败犯罪案件侦查的职能管辖架构一致。正如有学者指出,作为一种发展趋势,越来越多的国家或者地区已逐步转变观念,认识到腐败犯罪较之于其他犯罪的不同特点,且这些不同点已经足以使针对其开展的侦查工作面临新的挑战,有必要由特殊机构承担或主导,这种特殊机构只能是检察机关。由检察机关承担或者

---

① 参见史立梅:《论"一元侦查机制"下职务犯罪案件的侦查管辖》,载《河南大学学报(社会科学版)》2012 年第 3 期。

主导腐败犯罪侦查,已经成为世界各国加大反腐力度的重要举措。① 此外,2012年12月26日,最高人民法院、最高人民检察院、公安部、国家安全部、司法部和全国人大常委会法工委联合颁布的《关于实施刑事诉讼法若干问题的规定》第1条也规定:"公安机关侦查刑事案件涉及人民检察院管辖的贪污贿赂案件时,应当将贪污贿赂案件移送人民检察院;人民检察院侦查贪污贿赂案件涉及公安机关管辖的刑事案件,应当将属于公安机关管辖的刑事案件移送公安机关。在上述情况中,如果涉嫌主罪属于公安机关管辖,由公安机关为主侦查,人民检察院予以配合;如果涉嫌主罪属于人民检察院管辖,由人民检察院为主侦查,公安机关予以配合。"该条规定对公、检管辖互涉案件的处理进行了规范,这其中也涉及贪污贿赂犯罪侦查的职能管辖问题。

2. 关于贪污贿赂罪侦查的地域管辖

《人民检察院刑事诉讼规则(试行)》第15条规定:"国家工作人员职务犯罪案件,由犯罪嫌疑人工作单位所在地的人民检察院管辖;如果由其他人民检察院管辖更为适宜的,可以由其他人民检察院管辖。"第17条规定:"几个人民检察院都有权管辖的案件,由最初受理的人民检察院管辖。必要时,可以由主要犯罪地的人民检察院管辖。"可见,对于绝大多数贪污贿赂犯罪来说,《人民检察院刑事诉讼规则(试行)》的有关条文确立了以犯罪嫌疑人工作单位所在地为主的侦查地域管辖原则。而对于公安机关管辖的非国家工作人员受贿罪、对非国家工作人员行贿罪等,则确立为以犯罪地为主的侦查地域管辖原则。如《公安机关办理刑事案件程序规定》的第15条明确指出:"刑事案件由犯罪地的公安机关管辖;如果犯罪嫌疑人居住地的公安机关管辖更为适宜的,可以由犯罪嫌疑人居住地的公安机关管辖。"第18条第1款规定:"几个公安机关都有权管辖的刑事案件,由最初受理的公安机关管辖。必要时,可以由主要犯罪地的公安机关管辖。"

3. 关于贪污贿赂罪侦查的级别管辖

《人民检察院刑事诉讼规则(试行)》第13条规定:"人民检察院对直接受理的案件实行分级立案侦查的制度。最高人民检察院立案侦查全国性的重大犯罪案件;省、自治区、直辖市人民检察院立案侦查全省(自治

---

① 参见陈海波:《职务犯罪侦查管辖问题比较研究》,载《中国刑事法杂志》2010年第6期。

区、直辖市)性的重大犯罪案件;分、州、市人民检察院立案侦查本辖区的重大犯罪案件;基层人民检察院立案侦查本辖区的犯罪案件。"上述规定确立了以案件的影响和重大程度为标准的贪污贿赂犯罪分级立案侦查制度,除了全国性、全省性(省、自治区、直辖市)和全市性(分、州、市)的重大犯罪案件之外,其他贪污贿赂犯罪案件均由基层人民检察院侦查管辖。另外,《公安机关办理刑事案件程序规定》第21条规定:"县级公安机关负责侦查发生在本辖区内的刑事案件。设区的市一级以上公安机关负责重大的危害国家安全犯罪、恐怖活动犯罪、涉外犯罪、经济犯罪、集团犯罪案件的侦查。上级公安机关认为有必要的,可以侦查下级公安机关管辖的刑事案件;下级公安机关认为案情重大需要上级公安机关侦查的刑事案件,可以请求上一级公安机关管辖。"第22条规定:"公安机关内部对刑事案件的管辖,按照刑事侦查机构的设置及其职责分工确定。"可见,对于公安机关管辖的贪污贿赂罪,也是实行分级立案侦查的,当然一般情况下是由县级公安机关负责立案侦查。

4. 关于贪污贿赂犯罪的指定管辖

《人民检察院刑事诉讼规则(试行)》第16条规定:"对管辖不明确的案件,可以由有关人民检察院协商确定管辖。对管辖权有争议的或者情况特殊的案件,由共同的上级人民检察院指定管辖。"第18条第1款规定:"上级人民检察院可以指定下级人民检察院立案侦查管辖不明或者需要改变管辖的案件。"这两条规定为解决司法实践中管辖权争议、管辖权不明或者情况特殊的案件的管辖问题提供了依据,在一定程度上弥补了《刑事诉讼法》规定的不足。另外,《公安机关办理刑事案件程序规定》第19条也指出:"对管辖不明确或者有争议的刑事案件,可以由有关公安机关协商。协商不成的,由共同的上级公安机关指定管辖。对情况特殊的刑事案件,可以由共同的上级公安机关指定管辖。"

三、侦查行为

无论是人民检察院还是公安机关,对已经立案的贪污贿赂犯罪案件,都应当全面、客观地收集、调取犯罪嫌疑人有罪或者无罪、罪轻或者罪重的证据材料,并依法进行审查、核实。

（一）讯问犯罪嫌疑人

所谓讯问犯罪嫌疑人，是指侦查人员依照法定程序以言词方式，就案件事实和其他与案件有关的问题向犯罪嫌疑人进行查问的一种侦查活动。根据《刑事诉讼法》及相关司法解释的规定，讯问犯罪嫌疑人应当遵守以下程序规范：

（1）讯问人员及人数。讯问犯罪嫌疑人必须由人民检察院或者公安机关的侦查人员负责进行。讯问的时候，侦查人员不得少于两人。

（2）讯问地点、时间。犯罪嫌疑人被送交看守所羁押以后，侦查人员对其进行讯问，应当在看守所内进行。对不需要逮捕、拘留的犯罪嫌疑人，可以传唤到犯罪嫌疑人所在市、县内的指定地点或者到他的住处进行讯问，但是应当出示人民检察院或者公安机关的证明文件。对在现场发现的犯罪嫌疑人，经出示工作证件，可以口头传唤，但应当在讯问笔录中注明。传唤、拘传持续的时间不得超过12小时；案情特别重大、复杂，需要采取拘留、逮捕措施的，传唤、拘传持续的时间不得超过24小时。不得以连续传唤、拘传的形式变相拘禁犯罪嫌疑人。传唤、拘传犯罪嫌疑人，应当保证犯罪嫌疑人的饮食和必要的休息时间。

（3）讯问的步骤、方法。侦查人员在讯问犯罪嫌疑人的时候，应当首先讯问犯罪嫌疑人是否有犯罪行为，让他陈述有罪的情节或者无罪的辩解，然后向他提出问题。犯罪嫌疑人对侦查人员的提问，应当如实回答。但是对与本案无关的问题，有拒绝回答的权利。侦查人员在讯问犯罪嫌疑人的时候，应当告知犯罪嫌疑人如实供述自己的罪行可以从宽处理的法律规定。

（4）讯问聋、哑以及未成年犯罪嫌疑人的特殊要求。讯问聋、哑的犯罪嫌疑人，应当有通晓聋、哑手势的人参加，并且将这种情况在讯问笔录上注明。讯问未成年的犯罪嫌疑人，除有碍侦查或者无法通知的情形外，应当通知其家长、监护人或者教师到场；讯问可以在侦查机关进行，也可以到未成年人的住所、单位、学校或者其他适当的地点进行。

（二）询问证人、被害人

询问证人、被害人，是指侦查人员依照法定程序以言词方式，就案件有关情况向证人、被害人调查了解的一种侦查活动。

（1）询问的地点和人数。侦查人员询问证人、被害人，可以在现场进行，也可以到证人、被害人所在单位、住处或者证人、被害人提出的地点进行，在必要的时候，可以通知证人、被害人到人民检察院或者公安机关提供证言。在现场询问证人、被害人，应当出示工作证件，到证人、被害人所在单位、住处或者证人、被害人提出的地点询问证人、被害人，应当出示人民检察院或者公安机关的证明文件。询问证人、被害人的时候，侦查人员不得少于两人。

（2）询问证人、被害人的步骤、方法。首先，侦查人员应当问明证人、被害人的基本情况以及与当事人的关系。其次，侦查人员应当告知证人、被害人应当如实地提供证据、证言和有意作伪证或者隐匿罪证应负的法律责任。再次，侦查人员应当首先让他把知道的案件情况陈述出来，然后再就其陈述中不清楚、不全面或者矛盾的地方以及其他需要查明的事实情节，向他提问，要求他回答。

（3）询问证人、被害人的特殊要求。询问证人、被害人应当个别进行。询问不满18岁的证人、被害人，可以通知其法定代理人到场。第一次询问被害人时，应当告知他有提起附带民事诉讼的权利。

（三）勘验、检查

所谓勘验、检查，是指侦查人员对与犯罪有关的场所、物品、尸体或者人身进行勘验、检验或检查，以发现和收集犯罪活动所遗留的各种痕迹和物品的一种侦查活动。按照对象和内容的不同，勘验、检查可以分为现场勘查、物品检验、尸体检验、人身检查四种。

（1）现场勘查。任何单位和个人，都有义务保护犯罪现场，并且立即通知公安机关派员勘验。侦查人员执行勘验、检查，必须持有人民检察院或者公安机关的证明文件。人民检察院勘验时，应当邀请两名与案件无关的见证人在场。公安机关对案件现场进行勘查不得少于两人，勘查现场时，应当邀请与案件无关的公民作为见证人。

（2）物品检验。检验物品应当制作检验笔录，详细记载检验的过程、物品及其痕迹的特征，如物品的大小、形状、数量、尺寸、重量、颜色、号码等。侦查人员、其他参加检验的人员和见证人应当在物品检验笔录上签名或者盖章，并注明时间。

（3）尸体检验。对于死因不明的尸体，侦查机关有权决定解剖，并且通知死者家属到场,让其在解剖通知书上签名或者盖章。死者家属无正当理由拒不到场或者拒绝签名、盖章的,不影响解剖的进行,但是应当在解剖通知书上记明。对于身份不明的尸体,无法通知死者家属的,应当记明笔录。

(4)人身检查。为了确定被害人、犯罪嫌疑人的某些特征、伤害情况或者生理状态,可以对人身进行检查,可以提取指纹信息,采集血液、尿液等生物样本。犯罪嫌疑人如果拒绝检查,侦查人员认为必要的时候,可以强制检查。检查妇女的身体,应当由女工作人员或者医师进行。

另外,为了查明案情,在必要的时候,经公安机关负责人或者检察长批准,可以进行侦查实验。侦查实验的情况应当写成笔录,由参加实验的人签名或者盖章。必要时可以对侦查实验录音、录像。侦查实验,禁止一切足以造成危险、侮辱人格或者有伤风化的行为。

(四)搜查

搜查是指侦查人员对犯罪嫌疑人以及可能隐藏罪犯或者犯罪证据的人的身体、物品、住处和其他有关的地方进行搜索检查的一种侦查活动。为了收集犯罪证据、查获犯罪人,经检察长或者县级以上公安机关负责人批准,侦查人员可以对犯罪嫌疑人以及可能隐藏罪犯或者犯罪证据的人的身体、物品、住处和其他有关的地方进行搜查。进行搜查,必须向被搜查人出示搜查证。在执行逮捕、拘留的时候,遇有紧急情况,不另用搜查证也可以进行搜查。在搜查的时候,应当有被搜查人或者他的家属、邻居或者其他见证人在场。搜查妇女的身体,应当由女工作人员进行。搜查的情况应当写成笔录,由侦查人员和被搜查人或者他的家属、邻居或者其他见证人签名或者盖章。如果被搜查人或者他的家属在逃或者拒绝签名、盖章,应当在笔录上注明。任何单位和个人,有义务按照人民检察院和公安机关的要求,交出可以证明犯罪嫌疑人有罪或者无罪的物证、书证、视听资料等证据。

(五)查封、扣押物证、书证

查封是指侦查机关对与案件有关的财产、物品等检查以后,就地封闭,禁止动用。扣押物证、书证,则是指侦查机关依法强行扣留和提存与案件有关的物品和文件的一种侦查活动。

在侦查活动中发现的可用以证明犯罪嫌疑人有罪或者无罪的各种财物、文件,应当查封、扣押;与案件无关的财物、文件,不得查封、扣押。对查封、扣押的财物、文件,要妥善保管或者封存,不得使用、调换或者损毁。对查封、扣押的财物、文件,应当会同在场见证人和被查封、扣押财物、文件持有人查点清楚,当场开列查封、扣押清单,由侦察人员、见证人和持有人签名或者盖章,一份交给持有人,另一份附卷备查。侦查人员认为需要扣押犯罪嫌疑人的邮件、电报的时候,经公安机关或者人民检察院批准,即可通知邮电机关将有关的邮件、电报检交扣押;不需要继续扣押的时候,应即通知邮电机关。人民检察院、公安机关根据侦查犯罪的需要,可以依照规定查询、冻结犯罪嫌疑人的存款、汇款、债券、股票、基金份额等财产;有关单位和个人应当配合。犯罪嫌疑人的存款、汇款、债券、股票、基金份额等财产已被冻结的,不得重复冻结。对查封、扣押的财物、文件、邮件、电报或者冻结的存款、汇款、债券、股票、基金份额等财产,经查明确实与案件无关的,应当在3日以内解除查封、扣押、冻结,予以退还。

(六)鉴定

鉴定是指侦查机关指派或者聘请具有鉴定资格的人,就案件中某些专门性问题进行鉴别判断并作出结论的一种侦查活动。为了查明案情,需要解决案件中某些专门性问题的时候,应当指派、聘请有专门知识的人进行鉴定。鉴定人进行鉴定后,应当写出鉴定意见,并且签名。鉴定人故意作虚假鉴定的,应当承担法律责任。侦查机关应当将用做证据的鉴定意见告知犯罪嫌疑人、被害人。如果犯罪嫌疑人、被害人提出申请,可以补充鉴定或者重新鉴定。对犯罪嫌疑人作精神病鉴定的期间不计入办案期限。

(七)技术侦查措施

所谓技术侦查措施,是指为了收集证据、查清犯罪事实、查获犯罪嫌疑人的目的,依照法律相关规定,利用现代科学技术和方法进行专门调查活动而采取的秘密措施。[①] 随着社会的发展和科学技术的进步,刑事

---

① 参见浙江省湖州市人民检察院课题组:《特殊侦查措施适用研究》,载《国家检察官学院学报》2008年第4期。

犯罪情况也发生了很大变化,犯罪形态的智能化倾向越来越明显,犯罪手段也越来越隐蔽。在侦破许多重大贪污贿赂犯罪案件过程中,技术侦查措施在侦查活动中发挥着越来越大的作用。技术侦查措施主要包括秘密录音、秘密照相、监听、邮件检查等内容。2012年修订后的《刑事诉讼法》在第二章"侦查"部分专门增设了一节即第八节"技术侦查措施"。

根据《刑事诉讼法》及相关司法解释的规定,人民检察院在立案后,对于重大的贪污、贿赂犯罪案件以及利用职权实施的严重侵犯公民人身权利的重大犯罪案件,根据侦查犯罪的需要,经过严格的批准手续,可以采取技术侦查措施,按照规定交有关机关执行。上述"贪污、贿赂犯罪"包括《中华人民共和国刑法》(以下简称《刑法》)分则第八章规定的贪污罪、受贿罪、单位受贿罪、行贿罪、对单位行贿罪、介绍贿赂罪、单位行贿罪、利用影响力受贿罪。

追捕被通缉或者批准、决定逮捕的在逃的犯罪嫌疑人、被告人,经过批准,可以采取追捕所必需的技术侦查措施。批准决定应当根据侦查犯罪的需要,确定采取技术侦查措施的种类和适用对象。批准决定自签发之日起3个月以内有效。对于不需要继续采取技术侦查措施的,应当及时解除;对于复杂、疑难案件,期限届满仍有必要继续采取技术侦查措施的,经过批准,有效期可以延长,每次不得超过3个月。采取技术侦查措施,必须严格按照批准的措施种类、适用对象和期限执行。侦查人员对采取技术侦查措施过程中知悉的国家秘密、商业秘密和个人隐私,应当保密;对采取技术侦查措施获取的与案件无关的材料,必须及时销毁。采取技术侦查措施获取的材料,只能用于对犯罪的侦查、起诉和审判,不得用于其他用途。依法采取技术侦查措施收集的材料在刑事诉讼中可以作为证据使用。如果使用该证据可能危及有关人员的人身安全,或者可能产生其他严重后果的,应当采取不暴露有关人员身份、技术方法等保护措施,必要的时候,可以由审判人员在庭外对证据进行核实。

(八)通缉

所谓通缉,是指公安机关发布通缉令并采取有效措施,将应当逮捕而在逃的犯罪嫌疑人追捕归案的一种侦查活动。《公安机关办理刑事案件程序规定》第265条规定:"应当逮捕的犯罪嫌疑人如果在逃,公安机关可以发布通缉令,采取有效措施,追捕归案。县级以上公安机关在自己管辖的地区以内,可以直接发布通缉令;超出自己管辖的地区,应当报请有权决定的上级机关发布。通缉令的发送范围,由签发通缉令的公安机关负责人决定。"

人民检察院办理直接受理立案侦查的案件,应当逮捕的犯罪嫌疑人如果在逃,或者已被逮捕的犯罪嫌疑人脱逃的,经检察长批准,可以通缉。各级人民检察院需要在本辖区内通缉犯罪嫌疑人的,可以直接决定通缉;需要在本辖区外通缉犯罪嫌疑人的,由有决定权的上级人民检察院决定。人民检察院应当将通缉通知书和通缉对象的照片、身份、特征、案情简况送达公安机关,由公安机关发布通缉令,追捕归案。为防止犯罪嫌疑人等涉案人员逃往境外,需要在边防口岸采取边控措施的,人民检察院应当按照有关规定制作边控对象通知书,商请公安机关办理边控手续。人民检察院应当及时了解通缉的执行情况。对于应当逮捕的犯罪嫌疑人,如果潜逃出境,可以按照有关规定层报最高人民检察院商请国际刑警组织中国国家中心局,请求有关方面协助,或者通过其他法律规定的途径进行追捕。

四、侦查终结

侦查终结是侦查程序的最后一项工作,也是侦查程序的一个必经阶段。它要求侦查机关通过对已收集证据的审查判断,确定犯罪嫌疑人是否有罪并向检察机关提出起诉意见或者作出撤销案件的决定。

(一)侦查羁押期限

根据《刑事诉讼法》的有关规定,侦查羁押期限大致分为以下几种情况:

一是一般侦查羁押期限。对犯罪嫌疑人逮捕后的侦查羁押期限不得超过两个月。案情复杂、期限届满不能终结的案件,可以经上一级人民检察院批准延长1个月。

二是特殊侦查羁押期限。因为特殊原因,在较长时间内不宜交付审判的特别重大复杂的案件,由最高人民检察院报请全国人民代表大会常务委员会批准延期审理。

三是重大复杂案件的侦查羁押期限。下列案件在《刑事诉讼法》第

154条规定的期限届满不能侦查终结的,经省、自治区、直辖市人民检察院批准或者决定,可以延长两个月:交通十分不便的边远地区的重大复杂案件;重大的犯罪集团案件;流窜作案的重大复杂案件;犯罪涉及面广,取证困难的重大复杂案件。

四是重刑案件的侦查羁押期限。对犯罪嫌疑人可能判处10年有期徒刑以上刑罚,依照《刑事诉讼法》第156条规定延长期限届满,仍不能侦查终结的,经省、自治区、直辖市人民检察院批准或者决定,可以再延长两个月。

五是侦查羁押期限的重新计算。在侦查期间,发现犯罪嫌疑人另有重要罪行的,自发现之日起依照《刑事诉讼法》第154条的规定重新计算侦查羁押期限。犯罪嫌疑人不讲真实姓名、住址,身份不明的,应当对其身份进行调查,侦查羁押期限自查清其身份之日起计算,但是不得停止对其犯罪行为的侦查取证。对于犯罪事实清楚,证据确实、充分,确实无法查明其身份的,也可以按其自报的姓名起诉、审判。

(二)移送审查起诉

公安机关侦查终结的贪污贿赂犯罪案件,应当做到犯罪事实清楚,证据确实、充分,并且写出起诉意见书,连同案卷材料、证据一并移送同级人民检察院审查决定;同时将案件移送情况告知犯罪嫌疑人及其辩护律师。

人民检察院侦查终结的贪污贿赂犯罪案件,认为犯罪事实清楚,证据确实、充分,依法应当追究刑事责任的案件,应当写出侦查终结报告,并且制作起诉意见书。对于犯罪情节轻微,依照刑法规定不需要判处刑罚或者免除刑罚的案件,应当写出侦查终结报告,并且制作不起诉意见书。侦查终结报告和起诉意见书或者不起诉意见书由侦查部门负责人审核,检察长批准。案件侦查终结移送审查起诉时,人民检察院应当同时将案件移送情况告知犯罪嫌疑人及其辩护律师。

在案件侦查终结前,辩护律师提出要求的,侦查机关应当听取辩护律师的意见,并记录在案。辩护律师提出书面意见的,应当附卷。

(三)撤销案件

在侦查过程中,发现不应对犯罪嫌疑人追究刑事责任的,应当撤销案件;犯罪嫌疑人已被逮捕的,应当立即释放,发给释放证明,并且通知原批准逮捕的人民检察院。具体来说：

对于公安机关侦查终结的贪污贿赂罪，经过侦查，发现具有下列情形之一的，应当撤销案件：① 没有犯罪事实的；② 情节显著轻微、危害不大，不认为是犯罪的；③ 犯罪已过追诉时效期限的；④ 经特赦令免除刑罚的；⑤ 依照刑法告诉才处理的犯罪，没有告诉或者撤回告诉的；⑥ 犯罪嫌疑人、被告人死亡的；⑦ 其他依法不追究刑事责任的。对于经过侦查，发现有犯罪事实需要追究刑事责任，但不是被立案侦查的犯罪嫌疑人实施的，或者共同犯罪案件中部分犯罪嫌疑人不够刑事处罚的，应当对有关犯罪嫌疑人终止侦查，并对该案件继续侦查。

对于人民检察院侦查终结的贪污贿赂犯罪案件，人民检察院在侦查过程中或者侦查终结后，发现具有下列情形之一的，侦查部门应当制作拟撤销案件意见书，报请检察长或者检察委员会决定：① 具有《刑事诉讼法》第15条规定情形之一的；② 没有犯罪事实的，或者依照刑法规定不负刑事责任或者不是犯罪的；③ 虽有犯罪事实，但不是犯罪嫌疑人所为的。对于共同犯罪的案件，如有符合上述规定情形的犯罪嫌疑人，应当撤销对该犯罪嫌疑人的立案。检察长或者检察委员会决定撤销案件的，侦查部门应当将撤销案件意见书连同本案全部案卷材料，在法定期限届满7日前报上一级人民检察院审查；重大、复杂案件在法定期限届满10日前报上一级人民检察院审查。对于共同犯罪案件，应当将处理同案犯罪嫌疑人的有关法律文书以及案件事实、证据材料复印件等，一并报送上一级人民检察院。上一级人民检察院侦查部门应当对案件事实、证据和适用法律进行全面审查，必要时可以讯问犯罪嫌疑人。上一级人民检察院侦查部门经审查后，应当提出是否同意撤销案件的意见，报请检察长或者检察委员会决定。人民检察院决定撤销案件的，应当告知控告人、举报人，听取其意见并在笔录中注明。

第三章 贪污贿赂犯罪的起诉程序

刑事诉讼中的起诉指人民检察院或者个人,依照法律规定向有管辖权的法院提出控告,要求该法院对被指控的被告人进行审判并予以刑事制裁的一种诉讼活动。以起诉的主体为标准,可分为公诉和自诉两种。贪污贿赂犯罪案件属于公诉案件。

一、审查起诉

审查起诉是指人民检察院对侦查机关或者侦查部门侦查终结移送起诉的案件受理后,依法对侦查机关或者侦查部门认定的犯罪事实和证据、犯罪性质以及适用的法律等进行审查核实,并作出处理决定的一项诉讼活动。审查起诉是公诉案件的必经程序,是连接侦查和审判程序的纽带,对于刑事案件的正确处理,实现刑事诉讼的任务具有重要意义。《刑事诉讼法》第167条规定:"凡需要提起公诉的案件,一律由人民检察院审查决定。"无论是公安机关还是人民检察院侦查终结的贪污贿赂罪案件,均需经由人民检察院审查起诉。人民检察院的审查起诉部门对公安机关和本院侦查部门移送审查起诉的案件经过初步的程序性审查后予以接受。

1. 关于审查起诉的内容

人民检察院审查移送起诉的案件,应当查明:

(1)犯罪嫌疑人身份状况是否清楚,包括姓名、性别、国籍、出生年月日、职业和单位等;单位犯罪的,单位的相关情况是否清楚;

(2)犯罪事实、情节是否清楚;实施犯罪的时间、地点、手段、犯罪事实、危害后果是否明确；

（3）认定犯罪性质和罪名的意见是否正确；有无法定的从重、从轻、减轻或者免除处罚的情节及酌定从重、从轻情节；共同犯罪案件的犯罪嫌疑人在犯罪活动中的责任的认定是否恰当；

（4）证明犯罪事实的证据材料包括采取技术侦查措施的决定书及证据材料是否随案移送；证明相关财产系违法所得的证据材料是否随案移送；不宜移送的证据的清单、复制件、照片或者其他证明文件是否随案移送；

（5）证据是否确实、充分，是否依法收集，有无应当排除非法证据的情形；

（6）侦查的各种法律手续和诉讼文书是否完备；

（7）有无遗漏罪行和其他应当追究刑事责任的人；

（8）是否属于不应当追究刑事责任的；

（9）有无附带民事诉讼；对于国家财产、集体财产遭受损失的，是否需要由人民检察院提起附带民事诉讼；

（10）采取的强制措施是否适当，对于已经逮捕的犯罪嫌疑人，有无继续羁押的必要；

（11）侦查活动是否合法；

（12）涉案款物是否查封、扣押、冻结并妥善保管，清单是否齐备；对被害人合法财产的返还和对违禁品或者不宜长期保存的物品的处理是否妥当，移送的证明文件是否完备。

2. 关于审查起诉的期限

人民检察院对于移送审查起诉的案件，应当在 1 个月以内作出决定；重大、复杂的案件，1 个月以内不能作出决定的，经检察长批准，可以延长 15 日。人民检察院审查起诉的案件，改变管辖的，从改变后的人民检察院收到案件之日起计算审查起诉期限。

3. 关于审查起诉的程序

人民检察院审查案件，应当讯问犯罪嫌疑人，听取辩护人、被害人及其诉讼代理人的意见，并制作笔录附卷。辩护人、被害人及其诉讼代理人提出书面意见的，应当附卷。办案人员对案件进行审查后，应当制作案件审查报告，提出起诉或者不起诉以及是否需要提起附带民事诉讼的意见，经公诉部门负责人审核，报请检察长或者检察委员会决定。办案人员认为应当向人民法院提出量刑建议的,可以在审查报告或者量刑建议书中提出量刑的意见,一并报请决定。检察长承办的审查起诉案件,除本规则规定应当由检察委员会讨论决定的以外,可以直接作出起诉或者不起诉的决定。

4. 关于补充侦查

人民检察院审查案件,可以要求公安机关提供法庭审判所必需的证据材料;认为可能存在《刑事诉讼法》第54条规定的以非法方法收集证据情形的,可以要求其对证据收集的合法性作出书面说明或者提供相关证明材料。人民检察院审查案件,对于需要补充侦查的,可以退回公安机关补充侦查,也可以自行侦查。对于退回公安机关补充侦查的案件,应当在1个月以内补充侦查完毕。补充侦查以两次为限。补充侦查完毕移送人民检察院后,人民检察院重新计算审查起诉期限。对于两次补充侦查的案件,人民检察院仍然认为证据不足,不符合起诉条件的,应当作出不起诉的决定。

二、提起公诉

提起公诉是人民检察院代表国家将犯罪嫌疑人提交人民法院,要求人民法院通过审判追究其刑事责任的一种诉讼活动。人民检察院提起公诉后,犯罪嫌疑人的诉讼地位就变为被告人。

(一) 提起公诉的条件和程序

《刑事诉讼法》第172条规定:"人民检察院认为犯罪嫌疑人的犯罪事实已经查清,证据确实、充分,依法应当追究刑事责任的,应当作出起诉决定,按照审判管辖的规定,向人民法院提起公诉,并将案卷材料、证据移送人民法院。"可见,提起公诉的条件就是人民检察院认为"犯罪嫌疑人的犯罪事实已经查清,证据确实、充分,依法应当追究刑事责任"。

具有下述情形之一的,可以认为犯罪事实已经查清:

(1) 属于单一罪行的案件,查清的事实足以定罪量刑或者与定罪量刑有关的事实已经查清,不影响定罪量刑的事实无法查清的;

(2) 属于数个罪行的案件,部分罪行已经查清并符合起诉条件,其他罪行无法查清的;

（3）无法查清作案工具、赃物去向，但有其他证据足以对被告人定罪量刑的；

（4）证人证言、犯罪嫌疑人供述和辩解、被害人陈述的内容中主要情节一致，只有个别情节不一致且不影响定罪的。

对于符合第（2）项情形的，应当以已经查清的罪行起诉。

所谓证据确实、充分，应当符合以下条件：

（1）定罪量刑的事实都有证据证明；

（2）据以定案的证据均经法定程序查证属实；

（3）综合全案证据，对所认定事实已排除合理怀疑。

此外，需注意的是，人民检察院提起公诉应当符合审判管辖的规定。向没有管辖权的法院提起公诉将不被受理，不能启动审判程序。人民检察院对于审查起诉的案件，按照《刑事诉讼法》的管辖规定，认为应当由上级人民检察院或者同级其他人民检察院起诉的，应当将案件移送有管辖权的人民检察院。人民检察院认为需要依照《刑事诉讼法》的规定指定审判管辖的，应当协商同级人民法院办理指定管辖有关事宜。

（二）案件移送

人民检察院提起公诉的案件，应当向人民法院移送起诉书、案卷材料和证据。人民检察院对于犯罪嫌疑人、被告人或者证人等翻供、翻证的材料以及对于犯罪嫌疑人、被告人有利的其他证据材料，应当移送人民法院。人民法院向人民检察院提出书面意见要求补充移送材料，人民检察院认为有必要移送的，应当自收到通知之日起3日以内补送。对提起公诉后，在人民法院宣告判决前补充收集的证据材料，人民检察院应当及时移送人民法院。在审查起诉期间，人民检察院可以根据辩护人的申请，向公安机关调取在侦查期间收集的证明犯罪嫌疑人、被告人无罪或者罪轻的证据材料。人民检察院对提起公诉的案件，可以向人民法院提出量刑建议。除有减轻处罚或者免除处罚情节外，量刑建议应当在法定量刑幅度内提出。建议判处有期徒刑、管制、拘役的，可以具有一定的幅度，也可以提出具体确定的建议。对提起公诉的案件提出量刑建议的，可以制作量刑建议书，与起诉书一并移送人民法院。

三、不起诉

不起诉是指人民检察院对公安机关侦查终结移送起诉的案件和自行

侦查终结的案件进行审查后，认为犯罪嫌疑人的行为不符合起诉条件或者没有必要起诉的，依法作出不将犯罪嫌疑人提交人民法院进行审判、追究刑事责任的一种处理决定。

（一）不起诉的种类和适用条件

根据《刑事诉讼法》第173条的规定，不起诉分为法定不起诉、酌定不起诉、证据不足不起诉和附条件不起诉四种类型。就贪污贿赂犯罪而言，主要涉及前三种不起诉类型。

1. 法定不起诉

犯罪嫌疑人没有犯罪事实，或者有《刑事诉讼法》第15条规定的情形之一的，人民检察院应当作出不起诉决定。《刑事诉讼法》第15条规定的情形包括：

（1）情节显著轻微、危害不大，不认为是犯罪的；
（2）犯罪已过追诉时效期限的；
（3）经特赦令免除刑罚的；
（4）依照刑法告诉才处理的犯罪，没有告诉或者撤回告诉的；
（5）犯罪嫌疑人、被告人死亡的；
（6）其他法律规定免予追究刑事责任的。

需要注意的是，对于犯罪事实并非犯罪嫌疑人所为，需要重新侦查的，应当在作出不起诉决定后书面说明理由，将案卷材料退回公安机关并建议公安机关重新侦查。

2. 酌定不起诉

酌定不起诉即《刑事诉讼法》第173条第2款规定的不起诉。即对于犯罪情节轻微，依照《刑法》规定不需要判处刑罚或者免除刑罚的，人民检察院可以作出不起诉决定。对于符合酌定不起诉条件的，人民检察院可以行使自由裁量权，既可以起诉，也可以不起诉。酌定不起诉赋予人民检察院一定的自由裁量权，有助于在起诉阶段更好地贯彻宽严相济刑事政策，节约司法资源，促进社会和谐。

3. 证据不足不起诉

《刑事诉讼法》第171条第4款规定："对于二次补充侦查的案件，人民检察院仍然认为证据不足，不符合起诉条件的，应当作出不起诉的决定。"此即证据不足不起诉。这种不起诉的适用前提是案件必须经过二次补充侦查,没有经过二次补充侦查的案件,不能直接适用该种不起诉。具有下列情形之一,不能确定犯罪嫌疑人构成犯罪和需要追究刑事责任的,属于证据不足,不符合起诉条件:

(1) 犯罪构成要件事实缺乏必要的证据予以证明的;

(2) 据以定罪的证据存在疑问,无法查证属实的;

(3) 据以定罪的证据之间、证据与案件事实之间的矛盾不能合理排除的;

(4) 根据证据得出的结论具有其他可能性,不能排除合理怀疑的;

(5) 根据证据认定案件事实不符合逻辑和经验法则,得出的结论明显不符合常理的。

(二) 不起诉案件的处理

人民检察院决定不起诉的案件,应当制作《不起诉决定书》,同时对侦查中查封、扣押、冻结的财物解除查封、扣押、冻结。对被不起诉人需要给予行政处罚、行政处分或者需要没收其违法所得的,人民检察院应当提出检察意见,移送有关主管机关处理。有关主管机关应当将处理结果及时通知人民检察院。不起诉的决定,应当公开宣布,并且将不起诉决定书送达被不起诉人和他的所在单位。如果被不起诉人在押,应当立即释放。对于公安机关移送起诉的案件,人民检察院决定不起诉的,应当将不起诉决定书送达公安机关。公安机关认为不起诉的决定有错误的时候,可以要求复议,如果意见不被接受,可以向上一级人民检察院提请复核。对于有被害人的案件,决定不起诉的,人民检察院应当将不起诉决定书送达被害人。被害人如果不服,可以自收到决定书后7日以内向上一级人民检察院申诉,请求提起公诉。人民检察院应当将复查决定告知被害人。对人民检察院维持不起诉决定的,被害人可以向人民法院起诉。被害人也可以不经申诉,直接向人民法院起诉。人民法院受理案件后,人民检察院应当将有关案件材料移送人民法院。对于人民检察院依照《刑事诉讼法》第173条第2款规定作出的不起诉决定,被不起诉人如果不服,可以自收到决定书后7日以内向人民检察院申诉。人民检察院应当作出复查决定,通知被不起诉的人,同时抄送公安机关。

第四章 贪污贿赂犯罪的审判程序

在刑事诉讼程序中,刑事审判居于重要地位。刑事审判是指人民法院在控、辩双方及其他诉讼参与人参加下,依照法定权限和程序,对于依法向其提出诉讼主张的刑事案件进行审理和裁判的诉讼活动。按照刑事诉讼的推进进程,刑事审判程序包括第一审程序、第二审程序、死刑复核程序和审判监督程序。其中,无论是普通刑事犯罪还是贪污贿赂犯罪,死刑复核程序和审判监督程序都是在特殊情况下才可能经过的程序,因而可以说是特殊审判程序。

一、刑事第一审程序

刑事第一审程序是法院对刑事案件第一次审判时适用的程序。在刑事审判程序中,刑事第一审程序是最基础和核心的程序,也是法院审理所有刑事案件的必经程序。因为贪污贿赂犯罪案件属于公诉案件,因此其遵循公诉案件第一审程序的有关规则,其内容主要包括庭前审查、庭前准备、法庭审判、延期和中止审理等环节。

(一)庭前审查

《刑事诉讼法》第181条规定:"人民法院对提起公诉的案件进行审查后,对于起诉书中有明确的指控犯罪事实的,应当决定开庭审判。"这表明,庭前审查是公诉案件进入第一审程序的必经环节。对于人民检察院提起公诉的案件,人民法院都应当受理。人民法院对提起公诉的案件进行审查后,对于起诉书中有明确的指控犯罪事实并且附有案卷材料、证据的,应当决定开庭审判,不得以上述材料不充足为由而不开庭审判。如果人民检察院移送的材料中缺少上述材料的,人民法院可以通知人民检察院补充材料,人民检察院应当自收到通知之日起3日内补送。人民法院对提起公诉的案件进行审查的期限计入人民法院的审理期限。

人民法院对提起公诉的案件审查后,应当按照下列情形分别处理:

(1)属于告诉才处理的案件,应当退回人民检察院,并告知被害人有权提起自诉;

(2)不属于本院管辖或者被告人不在案的,应当退回人民检察院;

(3)缺少证据材料、法律文书或者手续不齐全,需要补充材料的,应当通知人民检察院在3日内补送;

(4)依照《刑事诉讼法》第195条第(三)项规定宣告被告人无罪后,人民检察院根据新的事实、证据重新起诉的,应当依法受理;

(5)宣告判决前,人民检察院要求撤回起诉的,人民法院裁定准许撤诉的案件,没有新的事实、证据,重新起诉的,应当退回人民检察院;

(6)符合《刑事诉讼法》第15条第(二)项至第(六)项规定情形的,应当裁定终止审理或者退回人民检察院;

(7)被告人真实身份不明,但符合《刑事诉讼法》第158条第2款规定的,应当依法受理。

对公诉案件是否受理,应当在7日内审查完毕。

(二)庭前准备

人民法院决定对公诉案件审判后,为了保障法庭审判的顺利进行,在开庭审判前应进行一系列的准备工作。具体内容包括:

(1)确定审判长及合议庭组成人员;

(2)开庭10日前将起诉书副本送达被告人、辩护人;

(3)通知当事人、法定代理人、辩护人、诉讼代理人在开庭5日前提供证人、鉴定人名单,以及拟当庭出示的证据;申请证人、鉴定人、有专门知识的人出庭的,应当列明有关人员的姓名、性别、年龄、职业、住址、联系方式;

(4)开庭3日前将开庭的时间、地点通知人民检察院;

(5)开庭3日前将传唤当事人的传票和通知辩护人、诉讼代理人、法定代理人、证人、鉴定人等出庭的通知书送达;通知有关人员出庭,也可以采取电话、短信、传真、电子邮件等能够确认对方收悉的方式；

（6）公开审理的案件，在开庭3日前公布案由、被告人姓名、开庭时间和地点。

上述工作情况应当记录在案。

另外，案件具有下列情形之一的，审判人员可以召开庭前会议：

（1）当事人及其辩护人、诉讼代理人申请排除非法证据的；

（2）证据材料较多、案情重大复杂的；

（3）社会影响重大的；

（4）需要召开庭前会议的其他情形。

召开庭前会议，根据案件情况，可以通知被告人参加。

（三）法庭审判

法庭审判是指人民法院的审判组织通过开庭的方式，在公诉人、当事人和其他诉讼参与人的参加下，调查核实证据，查清案件事实，充分听取控辩双方对证据、案件事实和法律适用的意见，依法确定被告人的行为是否构成犯罪，应否受到刑事处罚以及给予何种处罚的诉讼活动。① 法庭审判程序大致包括开庭、法庭调查、法庭辩论、被告人最后陈述、评议和宣判五个步骤。

1. 开庭

开庭的时候，审判长查明当事人是否到庭，宣布案由；宣布合议庭的组成人员、书记员、公诉人、辩护人、诉讼代理人、鉴定人和翻译人员的名单；告知当事人有权对合议庭组成人员、书记员、公诉人、鉴定人和翻译人员申请回避；告知被告人享有辩护权利。

2. 法庭调查

法庭调查是在审判人员主持下，控辩双方和其他诉讼参与人的参加下，当庭对案件事实和证据进行审查、核实的诉讼活动。法庭调查是法庭审判的关键环节，所有证据必须在法庭上调查核实后才能作为定案的根据。法庭调查的范围是人民检察院所指控的被告人的犯罪事实和证明被告人有罪、无罪、罪重、罪轻的各种证据。

---

① 参见陈光中主编：《刑事诉讼法》（第三版），北京大学出版社、高等教育出版社2009年版，第326页。

根据《刑事诉讼法》及有关司法解释的规定,法庭调查的具体程序和步骤是:审判长宣布法庭调查开始后,应当先由公诉人宣读起诉书;有附带民事诉讼的,再由附带民事诉讼原告人或者其法定代理人、诉讼代理人宣读附带民事起诉状。在审判长主持下,被告人、被害人可以就起诉书指控的犯罪事实分别陈述。在审判长主持下,公诉人可以就起诉书指控的犯罪事实讯问被告人。经审判长准许,被害人及其法定代理人、诉讼代理人可以就公诉人讯问的犯罪事实补充发问;附带民事诉讼原告人及其法定代理人、诉讼代理人可以就附带民事部分的事实向被告人发问;被告人的法定代理人、辩护人,附带民事诉讼被告人及其法定代理人、诉讼代理人可以在控诉一方就某一问题讯问完毕后向被告人发问。经审判长准许,控辩双方可以向被害人、附带民事诉讼原告人发问。审判人员可以讯问被告人;必要时,可以向被害人、附带民事诉讼当事人发问。公诉人可以提请审判长通知证人、鉴定人出庭作证,或者出示证据。被害人及其法定代理人、诉讼代理人,附带民事诉讼原告人及其诉讼代理人也可以提出申请。在控诉一方举证后,被告人及其法定代理人、辩护人可以提请审判长通知证人、鉴定人出庭作证,或者出示证据。

此外,尚需注意的是,起诉书指控的被告人的犯罪事实为两起以上的,法庭调查一般应当分别进行。附带民事诉讼部分的调查,一般应在刑事诉讼部分调查结束后进行,具体程序按民事诉讼法的有关规定进行。

3. 法庭辩论

法庭辩论可以使控辩双方有充分机会阐明本方观点和依据,对于保障当事人的诉讼权利、查明案情和事实真相、依法作出公正裁决,都具有重要意义。《刑事诉讼法》第193条第1、2款规定:"法庭审理过程中,对与定罪、量刑有关的事实、证据都应当进行调查、辩论。经审判长许可,公诉人、当事人和辩护人、诉讼代理人可以对证据和案件情况发表意见并且可以互相辩论。"合议庭认为案件事实已经调查清楚的,应当由审判长宣布法庭调查结束,开始就定罪、量刑的事实、证据和适用法律等问题进行法庭辩论。法庭辩论应当在审判长的主持下,按照下列顺序进行:① 公诉人发言;② 被害人及其诉讼代理人发言;③ 被告人自行辩护;④ 辩护人辩护;⑤ 控辩双方进行辩论。对被告人认罪的案件,法庭辩论时,可以引导控辩双方主要围绕量刑和其他有争议的问题进行。对被告人不认罪或者辩护人作无罪辩护的案件,法庭辩论时,可以引导控辩双方先辩论定罪问题,后辩论量刑问题。附带民事部分的辩论应当在刑事部分的辩论结束后进行,先由附带民事诉讼原告人及其诉讼代理人发言,后由附带民事诉讼被告人及其诉讼代理人答辩。法庭辩论过程中,审判长应当充分听取控辩双方的意见,对控辩双方与案件无关、重复或者指责对方的发言应当提醒、制止。法庭辩论过程中,合议庭发现与定罪、量刑有关的新的事实,有必要调查的,审判长可以宣布暂停辩论,恢复法庭调查,在对新的事实调查后,继续法庭辩论。

4. 被告人最后陈述

被告人最后陈述不仅是被告人的一项重要诉讼权利,也是法庭审判的一个必经阶段。审判长宣布法庭辩论终结后,合议庭应当保证被告人充分行使最后陈述的权利。被告人在最后陈述中多次重复自己的意见的,审判长可以制止。陈述内容蔑视法庭、公诉人,损害他人及社会公共利益,或者与本案无关的,应当制止。在公开审理的案件中,被告人最后陈述的内容涉及国家秘密、个人隐私或者商业秘密的,应当制止。被告人在最后陈述中提出新的事实、证据,合议庭认为可能影响正确裁判的,应当恢复法庭调查;被告人提出新的辩解理由,合议庭认为可能影响正确裁判的,应当恢复法庭辩论。

5. 评议和宣判

被告人最后陈述后,审判长应当宣布休庭,由合议庭进行评议。合议庭评议案件,应当根据已经查明的事实、证据和有关法律规定,在充分考虑控辩双方意见的基础上,确定被告人是否有罪、构成何罪,有无从重、从轻、减轻或者免除处罚情节,应否处以刑罚、判处何种刑罚,附带民事诉讼如何解决,查封、扣押、冻结的财物及其孳息如何处理等,并应当按照下列情形分别作出判决、裁定:

(1)起诉指控的事实清楚,证据确实、充分,依据法律认定指控被告人的罪名成立的,应当作出有罪判决;

(2)起诉指控的事实清楚,证据确实、充分,指控的罪名与审理认定的罪名不一致的,应当按照审理认定的罪名作出有罪判决;

(3)案件事实清楚,证据确实、充分,依据法律认定被告人无罪的,应当判决宣告被告人无罪;

(4)证据不足,不能认定被告人有罪的,应当以证据不足、指控的犯罪不能成立,判决宣告被告人无罪;

（5）案件部分事实清楚，证据确实、充分的，应当作出有罪或者无罪的判决；对事实不清、证据不足部分，不予认定；

（6）被告人因不满16周岁，不予刑事处罚的，应当判决宣告被告人不负刑事责任；

（7）被告人是精神病人，在不能辨认或者不能控制自己行为时造成危害结果，不予刑事处罚的，应当判决宣告被告人不负刑事责任；

（8）犯罪已过追诉时效期限且不是必须追诉，或者经特赦令免除刑罚的，应当裁定终止审理；

（9）被告人死亡的，应当裁定终止审理；根据已查明的案件事实和认定的证据，能够确认无罪的，应当判决宣告被告人无罪。

二、刑事第二审程序

刑事第二审程序又称刑事上诉审程序，也是一般刑事案件的终审程序。通过刑事第二审程序，一方面进一步揭露和证实犯罪，依法驳回无理上诉，维护一审法院的正确判决；另一方面，纠正一审法院的错误判决，做到罚当其罪，维护被告人的合法权益，同时也有利于上级法院对下级法院刑事审判工作的监督。

（一）第二审程序的提起

1. 第二审程序的提起主体

就贪污贿赂犯罪而言，第二审程序的提起主体可以是被告人、被告人的法定代理人以及经被告人同意的辩护人、近亲属；此外，人民检察院通过提出抗诉也可以启动第二审程序。值得指出的是，贪污贿赂犯罪案件中的被害人及其法定代理人虽然也具有当事人的诉讼地位，但其并没有上诉的权利，其不服一审判决，只能向人民检察院申请抗诉。

2. 第二审程序的提起理由

与其他普通刑事犯罪一样，贪污贿赂犯罪案件的上诉也没有理由方面的限制。只要上诉人在法定期限内上诉，不管其上诉有没有理由或者理由是否成立，均可以启动第二审程序。但就人民检察院的抗诉而言，必须符合法定条件和情形才能提出。详言之，必须是人民检察院认为本级人民法院第一审的判决、裁定确有错误的时候，才应当提出抗诉。这也是人民检察院作为国家法律监督机关行使法律监督权的重要体现。

3. 上诉、抗诉的期限和方式

不服判决的上诉和抗诉的期限为 10 日,不服裁定的上诉和抗诉的期限为 5 日,从接到判决书、裁定书的第二日起算。

被告人、附带民事诉讼的原告人和被告人直接向第二审人民法院提出上诉的,第二审人民法院应当在 3 日以内将上诉状交原审人民法院送交同级人民检察院和对方当事人。地方各级人民检察院对同级人民法院第一审判决、裁定的抗诉,应当通过原审人民法院提出抗诉书,并且将抗诉书抄送上一级人民检察院。原审人民法院应当将抗诉书连同案卷、证据移送上一级人民法院,并且将抗诉书副本送交当事人。上级人民检察院如果认为抗诉不当,可以向同级人民法院撤回抗诉,并且通知下级人民检察院。

(二) 第二审程序的审判

1. 对上诉、抗诉案件的审查

对上诉、抗诉的案件,第二审人民法院采取的是全面审查原则,即应当就第一审判决认定的事实和适用法律进行全面审查,不受上诉或者抗诉范围的限制。共同犯罪的案件只有部分被告人上诉的,应当对全案进行审查,一并处理。应当着重审查上诉、抗诉案件的下列内容:

(1) 第一审判决认定的事实是否清楚,证据是否确实、充分;

(2) 第一审判决适用法律是否正确,量刑是否适当;

(3) 在侦查、审查起诉、第一审程序中,有无违反法定诉讼程序的情形;

(4) 上诉、抗诉是否提出新的事实、证据;

(5) 被告人的供述和辩解情况;

(6) 辩护人的辩护意见及采纳情况;

(7) 附带民事部分的判决、裁定是否合法、适当;

(8) 第一审人民法院合议庭、审判委员会讨论的意见。

2. 二审审理方式

我国刑事诉讼法对上诉和抗诉案件的审理方式作了不同规定。对于抗诉案件,必须开庭审理;对上诉案件,二审以开庭审理为原则,以调查讯问的审理(不开庭审理)为补充。第二审案件依法不开庭审理的,应当讯问被告人,听取其他当事人、辩护人、诉讼代理人的意见;合议庭全体成员应当阅卷,必要时应当提交书面阅卷意见。

就贪污贿赂犯罪来说,应当开庭审理的案件,主要包括以下几类:

(1)被告人及其法定代理人对第一审认定的事实、证据提出异议,可能影响定罪量刑的上诉案件;

(2)被告人被判处死刑立即执行的上诉案件;

(3)人民检察院抗诉的案件;

(4)应当开庭审理的其他案件。

被判处死刑立即执行的被告人没有上诉,同案的其他被告人上诉的案件,第二审人民法院应当开庭审理。被告人被判处死刑缓期执行的上诉案件,虽不属于对第一审认定的事实、证据提出异议,可能影响定罪量刑的情形,有条件的,也应当开庭审理。此外,对上诉、抗诉案件,第二审人民法院经审查,认为原判事实不清、证据不足,或者具有《刑事诉讼法》第227条规定的违反法定诉讼程序情形,需要发回重新审判的,可以不开庭审理。

3. 对二审案件的处理

第二审法院对不服第一审判决的上诉、抗诉案件进行审理后,应按下述情形分别作出处理:

(1)原判决认定事实和适用法律正确、量刑适当的,应当裁定驳回上诉或者抗诉,维持原判;

(2)原判决认定事实没有错误,但适用法律有错误,或者量刑不当的,应当改判;

(3)原判决事实不清楚或者证据不足的,可以在查清事实后改判;也可以裁定撤销原判,发回原审人民法院重新审判。

原审人民法院对于依照上述第(3)项规定发回重新审判的案件作出判决后,被告人提出上诉或者人民检察院提出抗诉的,第二审人民法院应当依法作出判决或者裁定,不得再发回原审人民法院重新审判。

(三)上诉不加刑原则

我国刑事诉讼中的上诉不加刑原则,是指第二审人民法院审判被告人或者他的法定代理人、辩护人、近亲属上诉的案件,不得加重被告人的刑罚。第二审人民法院发回原审人民法院重新审判的案件,除有新的犯罪事实,人民检察院补充起诉的以外,原审人民法院也不得加重被告人的刑罚。具体来说,对于被告人一方提出上诉的案件,第二审人民法院审理时应当遵守下列规定:

（1）同案审理的案件,只有部分被告人上诉的,既不得加重上诉人的刑罚,也不得加重其他同案被告人的刑罚;

（2）原判事实清楚,证据确实、充分,只是认定的罪名不当的,可以改变罪名,但不得加重刑罚;

（3）原判对被告人实行数罪并罚的,不得加重决定执行的刑罚,也不得加重数罪中某罪的刑罚;

（4）原判对被告人宣告缓刑的,不得撤销缓刑或者延长缓刑考验期;

（5）原判没有宣告禁止令的,不得增加宣告;原判宣告禁止令的,不得增加内容、延长期限;

（6）原判对被告人判处死刑缓期执行没有限制减刑的,不得限制减刑;

（7）原判事实清楚,证据确实、充分,但判处的刑罚畸轻、应当适用附加刑而没有适用的,不得直接加重刑罚、适用附加刑,也不得以事实不清、证据不足为由发回第一审人民法院重新审判。必须依法改判的,应当在第二审判决、裁定生效后,依照审判监督程序重新审判。

当然,对于人民检察院提出抗诉的贪污贿赂犯罪案件,第二审人民法院不受上诉不加刑原则的限制。

三、死刑复核程序

死刑复核程序是指人民法院对判处死刑的案件进行复审核准所遵循的特别审判程序。死刑复核程序是两审终审制的例外,是对死刑案件的特别审核监督程序。正确执行这一特别审判程序,对于统一死刑适用标准,保证死刑的正确适用,坚持少杀、慎杀,加强人权的司法保障,均具有重要意义。

1. 死刑复核程序的性质

关于死刑复核程序的性质,学术界分歧较大,主要有三种观点:

一是行政审批说。这种观点认为,死刑复核程序重在"核"而不在"审",死刑复核程序在启动方式上具有自动性,在审理方式上采用书面审查,因此,死刑复核程序的性质更侧重于行政化的审批程序,可以说这也是最早设置死刑复核程序时的基本定位。

二是特别程序说。这种观点认为,死刑复核程序是对死刑判决和裁定进行审查核准的程序,不是如同一审、二审般的诉讼程序,是刑事诉讼的特殊制度。

三是审判程序说。这种观点认为,死刑复核程序既处理程序问题又处理实体问题,将其定位于审判程序,既符合现代审判理论,又能克服行政化审查方式的弊端。[①] 笔者赞同审判程序说,死刑复核程序是基于死刑的重大性,最高人民法院对下级法院的死刑裁判所作的特别审核和监督程序,本质上属于审判程序的范畴。事实上,《刑事诉讼法》将死刑复核程序规定在第三编"审判"之中,也是将其定位于审判程序。

2. 死刑核准的权限

死刑核准权是死刑复核程序的核心问题,即应由哪一级审判机关进行复核和批准的权限。在2007年最高人民法院统一行使死刑核准权之前,除最高人民法院判处的死刑案件外,最高人民法院曾一度授权高级人民法院和解放军军事法院核准部分死刑案件。部分死刑核准权的下放,为及时打击犯罪、保护人民作出了重要贡献,但与此同时也产生了一些负面影响,既不利于死刑的严格控制和死刑适用标准的统一,也不符合国家尊重和保障人权的宪法精神。2006年12月28日,最高人民法院下发了《关于统一行使死刑案件核准权有关问题的决定》,该决定规定:"自2007年1月1日起,最高人民法院根据全国人民代表大会常务委员会有关决定和人民法院组织法原第十三条的规定发布的关于授权高级人民法院和解放军军事法院核准部分死刑案件的通知,一律予以废止。自2007年1月1日起,死刑除依法由最高人民法院判决的以外,各高级人民法院和解放军军事法院依法判决和裁定的,应当报请最高人民法院核准。2006年12月31日以前,各高级人民法院和解放军军事法院已经核准的死刑立即执行的判决、裁定,依法仍由各高级人民法院、解放军军事法院院长签发执行死刑的命令。"

3. 死刑案件的复核程序

关于死刑案件的复核程序,《刑事诉讼法》及相关司法解释作了明确

---

① 参见陈卫东:《关于完善死刑复核程序的几点意见》,载《环球法律评论》2006年第5期。

规定,报请最高人民法院核准死刑案件,应当按照下列情形分别处理:

(1) 中级人民法院判处死刑的第一审案件,被告人未上诉、人民检察院未抗诉的,在上诉、抗诉期满后 10 日内报请高级人民法院复核。高级人民法院同意判处死刑的,应当在作出裁定后 10 日内报请最高人民法院核准;不同意的,应当依照第二审程序提审或者发回重新审判;

(2) 中级人民法院判处死刑的第一审案件,被告人上诉或者人民检察院抗诉,高级人民法院裁定维持的,应当在作出裁定后 10 日内报请最高人民法院核准;

(3) 高级人民法院判处死刑的第一审案件,被告人未上诉、人民检察院未抗诉的,应当在上诉、抗诉期满后 10 日内报请最高人民法院核准。

高级人民法院复核死刑案件,应当讯问被告人。

关于死缓案件的报请核准,也应当遵循相应的程序。中级人民法院判处死刑缓期执行的第一审案件,被告人未上诉、人民检察院未抗诉的,应当报请高级人民法院核准。高级人民法院复核死刑缓期执行案件,应当讯问被告人。高级人民法院判处死刑缓期执行的一审案件,被告人不上诉、检察院不抗诉的,即作出核准死刑缓期二年执行的裁定。

报请复核的死刑、死刑缓期执行案件,应当一案一报。报送的材料包括报请复核的报告,第一、二审裁判文书,死刑案件综合报告各 5 份以及全部案卷、证据。死刑案件综合报告,第一、二审裁判文书和审理报告应当附送电子文本。同案审理的案件应当报送全案案卷、证据。报请复核的报告,应当写明案由、简要案情、审理过程和判决结果。

复核死刑、死刑缓期执行案件,应当全面审查以下内容:

(1) 被告人的年龄,被告人有无刑事责任能力、是否系怀孕的妇女;

(2) 原判认定的事实是否清楚,证据是否确实、充分;

(3) 犯罪情节、后果及危害程度;

(4) 原判适用法律是否正确,是否必须判处死刑,是否必须立即执行;

(5) 有无法定、酌定从重、从轻或者减轻处罚情节;

(6) 诉讼程序是否合法;

(7) 应当审查的其他情况。

最高人民法院复核死刑案件,应当按照下列情形分别处理:

(1) 原判认定事实和适用法律正确、量刑适当、诉讼程序合法的,应

当裁定核准;

(2) 原判认定的某一具体事实或者引用的法律条款等存在瑕疵,但判处被告人死刑并无不当的,可以在纠正后作出核准的判决、裁定;

(3) 原判事实不清、证据不足的,应当裁定不予核准,并撤销原判,发回重新审判;

(4) 复核期间出现新的影响定罪量刑的事实、证据的,应当裁定不予核准,并撤销原则,发回重新审判;

(5) 原判认定事实正确,但依法不应当判处死刑的,应当裁定不予核准,并撤销原则,发回重新审判;

(6) 原审违反法定诉讼程序,可能影响公正审判的,应当裁定不予核准,并撤销原判,发回重新审判。

死刑复核期间,辩护律师要求当面反映意见的,最高人民法院有关合议庭应当在办公场所听取其意见,并制作笔录;辩护律师提出书面意见的,应当附卷。死刑复核期间,最高人民检察院提出意见的,最高人民法院应当审查,并将采纳情况及理由反馈最高人民检察院。最高人民法院应当根据有关规定向最高人民检察院通报死刑案件复核结果。

四、审判监督程序

审判监督程序是指人民法院、人民检察院对已经发生法律效力的判决和裁定,发现在认定事实或适用法律上确有错误,依法提起并对案件进行重新审判的一项特别审判程序。审判监督程序是一种救济程序,其审理的对象是已经发生法律效力的判决和裁定,不是贪污贿赂犯罪案件的必经程序。

1. 申诉的提出、效力和理由

申诉既是当事人的权利,也是启动审判监督程序的重要材料来源。当事人及其法定代理人、近亲属,对已经发生法律效力的判决、裁定,可以向人民法院或者人民检察院提出申诉。申诉只是审判监督程序的材料来源,不具有直接提起再审的法律效力,也不能停止对判决、裁定的执行。当事人及其法定代理人、近亲属的申诉,应当具有理由,也只有符合法定的情形,人民法院才应当重新审判:

(1) 有新的证据证明原判决、裁定认定的事实确有错误,可能影响定罪量刑的；

（2）据以定罪量刑的证据不确实、不充分、依法应当予以排除，或者证明案件事实的主要证据之间存在矛盾的；

（3）原判决、裁定适用法律确有错误的；

（4）违反法律规定的诉讼程序，可能影响公正审判的；

（5）审判人员在审理该案件的时候，有贪污受贿、徇私舞弊、枉法裁判行为的。

2. 审判监督程序的提起

审判监督程序重新审理的是已经发生法律效力的判决和裁定，其启动务必特别慎重，既要使纠正错案得以实现，又要保持生效裁判的稳定性和严肃性、尊重其既判力。根据《刑事诉讼法》的规定，有权提起审判监督程序的主体是：各级人民法院院长和审判委员会、最高人民法院、上级人民法院、最高人民检察院、上级人民检察院。启动审判监督程序的法定理由是：发现已经发生法律效力的判决和裁定确有错误，具体包括认定事实上确有错误和适用法律上确有错误两类。

3. 案件的重新审理

人民法院按照审判监督程序重新审判的案件，由原审人民法院审理的，应当另行组成合议庭进行。如果原来是第一审案件，应当依照第一审程序进行审判，所作的判决、裁定，可以上诉、抗诉；如果原来是第二审案件，或者是上级人民法院提审的案件，应当依照第二审程序进行审判，所作的判决、裁定，是终审的判决、裁定。人民法院开庭审理的再审案件，同级人民检察院应当派员出席法庭。人民法院按照审判监督程序审判的案件，可以决定中止原判决、裁定的执行。

人民法院按照审判监督程序重新审判的案件，应当在作出提审、再审决定之日起3个月以内审结，需要延长期限的，不得超过6个月。接受抗诉的人民法院按照审判监督程序审判抗诉的案件，审理期限适用上述规定；对需要指令下级人民法院再审的，应当自接受抗诉之日起1个月以内作出决定，下级人民法院审理案件的期限适用前款规定。

依照审判监督程序重新审判的案件，人民法院应当重点针对申诉、抗诉和决定再审的理由进行审理。必要时，应当对原判决、裁定认定的事实、证据和适用法律进行全面审查。除人民检察院抗诉的以外，再审一般不得加重原审被告人的刑罚。再审决定书或者抗诉书只针对部分原审被告人的,不得加重其他同案原审被告人的刑罚。

再审案件经过重新审理后,应当按照下列情形分别处理:

(1)原判决、裁定认定事实和适用法律正确、量刑适当的,应当裁定驳回申诉或者抗诉,维持原判决、裁定;

(2)原判决、裁定定罪准确、量刑适当,但在认定事实、适用法律等方面有瑕疵的,应当裁定纠正并维持原判决、裁定;

(3)原判决、裁定认定事实没有错误,但适用法律错误,或者量刑不当的,应当撤销原判决、裁定,依法改判;

(4)依照第二审程序审理的案件,原判决、裁定事实不清或者证据不足的,可以在查清事实后改判,也可以裁定撤销原判,发回原审人民法院重新审判。

原判决、裁定事实不清或者证据不足,经审理事实已经查清的,应当根据查清的事实依法裁判;事实仍无法查清,证据不足,不能认定被告人有罪的,应当撤销原判决、裁定,判决宣告被告人无罪。

第五章　贪污贿赂犯罪的执行程序

生效的刑事判决、裁定仅是宣告被告人的行为是否构成犯罪以及适用何种刑罚,并没有真正实现对罪犯的惩罚。惩罚必须通过执行程序才能实现。执行程序,即公安司法机关及其他国家机关将已发生法律效力的判决、裁定所确定的内容付诸实施以及解决实施过程中出现的特定问题应遵循的步骤和采取的方法。① 执行程序是整体刑事诉讼活动的最后环节和阶段,其直接关系到刑法任务的完成和刑罚目的的实现。

一、执行的主体和依据

执行的主体即是将生效裁判所确定的刑罚付诸实施的机关。根据《刑事诉讼法》及相关法律的规定,我国刑罚的执行机关包括人民法院、监狱、公安机关、看守所、拘役所、未成年犯管教所、社区矫正执行机构等。其中,人民法院负责对无罪、免予刑事处罚、罚金、没收财产和死刑立即执行罪犯的执行;监狱负责对死缓、无期徒刑和有期徒刑罪犯的执行;未成年犯管教所负责对未成年犯的执行;看守所负责对被判处1年以下有期徒刑和余刑在1年以下的罪犯的代为执行;拘役所负责对被判处拘役的罪犯的执行;公安机关负责对被判处剥夺政治权利等罪犯的执行;社区矫正执行机构负责对被判处管制、宣告缓刑、假释或者暂予监外执行的罪犯的执行。

---

① 参见陈卫东主编:《刑事诉讼程序论》,中国法制出版社2011年版,第423页。

概言之，执行的依据是发生法律效力的判决和裁定。发生法律效力的判决和裁定包括：

（1）已过法定期限没有上诉、抗诉的判决和裁定；

（2）终审的判决和裁定；

（3）最高人民法院核准的死刑的判决和高级人民法院核准的死刑缓期二年执行的判决。

二、各种刑罚的执行程序

1. 死刑立即执行判决的执行

贪污贿赂罪犯死刑立即执行判决的执行，包括以下几项内容：

一是死刑令签发。最高人民法院判处和核准的死刑立即执行的判决，应当由最高人民法院院长签发执行死刑的命令。

二是死刑执行的期限和停止。下级人民法院接到最高人民法院执行死刑的命令后，应当在7日以内交付执行。但是发现有下列情形之一的，应当停止执行，并且立即报告最高人民法院，由最高人民法院作出裁定：

（1）在执行前发现判决可能有错误的；

（2）在执行前罪犯揭发重大犯罪事实或者有其他重大立功表现，可能需要改判的；

（3）罪犯正在怀孕。

上述第（1）项、第（2）项停止执行的原因消失后，必须报请最高人民法院院长再签发执行死刑的命令才能执行；由于上述第（3）项原因停止执行的，应当报请最高人民法院依法改判。

三是死刑执行的监督。第一审人民法院在执行死刑3日前，应当通知同级人民检察院派员临场监督。

四是死刑执行的方法和场所。死刑采用枪决或者注射等方法执行。死刑可以在刑场或者指定的羁押场所内执行。

五是死刑执行的程序。指挥执行的审判人员，对罪犯应当验明正身，讯问有无遗言、信札，然后交付执行人员执行死刑。在执行前，如果发现可能有错误，应当暂停执行，报请最高人民法院裁定。执行死刑应当公布，不应示众。执行死刑后，在场书记员应当写成笔录。交付执行的人民法院应当将执行死刑情况报告最高人民法院。执行死刑后，交付执行的人民法院应当通知罪犯家属。

2. 死缓、无期徒刑、有期徒刑和拘役判决的执行

被判处死刑缓期执行、无期徒刑、有期徒刑、拘役的罪犯,交付执行时在押的,人民法院应当在判决、裁定生效后 10 日内,将判决书、裁定书、起诉书副本、自诉状复印件、执行通知书、结案登记表送达看守所,由公安机关将罪犯交付执行。罪犯需要收押执行刑罚,而判决、裁定生效前未被羁押的,人民法院应当根据生效的判决书、裁定书将罪犯送交看守所羁押,并依照前款的规定办理执行手续。

对被判处死刑缓期二年执行、无期徒刑、有期徒刑的罪犯,由公安机关依法将该罪犯送交监狱执行刑罚。对被判处有期徒刑的罪犯,在被交付执行刑罚前,剩余刑期在 3 个月以下的,由看守所代为执行。对被判处拘役的罪犯,由公安机关执行。对未成年犯应当在未成年犯管教所执行刑罚。执行机关应当将罪犯及时收押,并且通知罪犯家属。判处有期徒刑、拘役的罪犯,执行期满,应当由执行机关发给释放证明书。

3. 管制、宣告缓刑、剥夺政治权利的执行

对被判处管制、宣告缓刑、裁定假释或者决定暂予监外执行的罪犯,依法实行社区矫正,由社区矫正机构负责执行。对被判处剥夺政治权利的罪犯,由公安机关执行;执行期满,应当由执行机关书面通知本人及其所在单位、居住地基层组织。

4. 罚金、没收财产判决的执行

对于罚金、没收财产等财产刑,均由人民法院执行。被判处罚金的罪犯,期满不缴纳的,人民法院应当强制缴纳;如果由于遭遇不能抗拒的灾祸缴纳确实有困难的,可以裁定减少或者免除。没收财产的判决,无论附加适用或者独立适用,都由人民法院执行;在必要的时候,可以会同公安机关执行。

三、执行的变更与其他处理

1. 暂予监外执行

暂予监外执行是指对被判处有期徒刑、拘役的罪犯因出现某种法定特殊情形不宜在监执行时,暂时将其放在监外交有关执行机关的一种变通方法。对被判处有期徒刑或者拘役的罪犯,有下列情形之一的,可以暂

予监外执行:

(1) 有严重疾病需要保外就医的;

(2) 怀孕或者正在哺乳自己婴儿的妇女;

(3) 生活不能自理,适用暂予监外执行不致危害社会的。

对被判处无期徒刑的罪犯,有上述第(2)项规定情形的,可以暂予监外执行。对适用保外就医可能有社会危险性的罪犯,或者自伤自残的罪犯,不得保外就医。对罪犯确有严重疾病,必须保外就医的,由省级人民政府指定的医院诊断并开具证明文件。在交付执行前,暂予监外执行由交付执行的人民法院决定;在交付执行后,暂予监外执行由监狱或者看守所提出书面意见,报省级以上监狱管理机关或者设区的市一级以上公安机关批准。

2. 死刑缓期二年执行的变更

死刑缓期二年执行是死刑执行的一种特殊执行方法,是对罪行极其严重但不是必须立即执行的罪犯实行监督改造以观后效的制度,其对严格限制、减少死刑适用发挥了重要作用。

被判处死刑缓期二年执行的罪犯,在死刑缓期执行期间,如果没有故意犯罪,死刑缓期执行期满,应当予以减刑,由执行机关提出书面意见,报请高级人民法院裁定;如果故意犯罪,查证属实,应当执行死刑,由高级人民法院报请最高人民法院核准。

3. 减刑、假释

减刑、假释是我国在长期教育改造罪犯的实践中建立并逐步完善的重要刑罚执行制度,对于鼓励犯罪分子积极改造、悔罪自新、节约刑罚资源和实现刑罚目的,都具有重要意义。

根据《中华人民共和国刑法》(以下简称《刑法》)的有关规定,被判处管制、拘役、有期徒刑、无期徒刑的犯罪分子,在执行期间,如果认真遵守监规,接受教育改造,确有悔改表现的,或者有立功表现的,可以减刑;有阻止他人重大犯罪活动等法定重大立功表现之一的,应当减刑。对于犯罪分子的减刑,由执行机关向中级以上人民法院提出减刑建议书。人民法院应当组成合议庭进行审理,对确有悔改或者立功事实的,裁定予以减刑。非经法定程序不得减刑。

被判处有期徒刑的犯罪分子,执行原判刑期 1/2 以上,被判处无期徒刑的犯罪分子,实际执行 13 年以上,如果认真遵守监规,接受教育改造,确有悔改表现,没有再犯罪的危险的,可以假释。如果有特殊情况,经最高人民法院核准,可以不受上述执行刑期的限制。

人民检察院认为人民法院减刑、假释的裁定不当,应当在收到裁定书副本后20日以内,向人民法院提出书面纠正意见。人民法院应当在收到纠正意见后1个月以内重新组成合议庭进行审理,作出最终裁定。人民检察院对执行机关执行刑罚的活动是否合法实行监督。如果发现有违法的情况,应当通知执行机关纠正。

特别值得注意的是,在以往的司法实践中,某些地方贪污贿赂罪犯逃避刑罚执行的现象比较突出,"有权人"被判刑后减刑快、假释及暂予监外执行比例高、实际服刑时间偏短等现象在一定程度上存在,特别是有的减刑、假释案件还存在徇私舞弊、权钱交易等腐败行为,严重损害司法公正和司法公信力,社会上对此也反映强烈。中央政法机关领导充分认识到了这个问题,并采取了有效措施,对减刑、假释、暂予监外执行案件可能出现的司法腐败问题进行制度上的约束。如中央政法委2014年初就出台了《关于严格规范减刑、假释、暂予监外执行切实防止司法腐败的意见》(以下简称《意见》),该指导意见着眼于提高透明度、强化监督制约和健全制度机制,是反腐制度建设在司法领域特别是刑罚执行领域迈出的一大步,必将大大减少违规减刑、假释、暂予监外执行等现象的发生,也有助于切实防范刑罚执行领域的徇私舞弊、权钱交易等腐败行为。《意见》对于职务犯罪等三类犯罪的减刑、假释也规定了指导性意见,要求从严把握减刑的起始时间、间隔时间和幅度。被判处无期徒刑的,执行3年以上方可减刑,可以减为20年以上22年以下有期徒刑;减为有期徒刑后,一次减刑不超过1年有期徒刑,两次减刑之间应当间隔两年以上。死刑缓期执行罪犯减为无期徒刑后,执行3年以上方可减刑,可以减为25年有期徒刑;减为有期徒刑后,一次减刑不超过1年有期徒刑,两次减刑之间应当间隔两年以上。这样来看,对于属于职务犯罪范畴的贪污贿赂罪案件,即使具备所有条件,无期徒刑罪犯经过几次减刑以后实际执行的刑期最低不会少于17年;死刑缓期执行罪犯经过几次减刑以后实际执行的刑期最低也不会少于22年,应当说是非常严厉的。上述中央政法委指导意见出台后,最高人民法院也于2014年3月14日专门召开贯彻落实该指导意见的视频会议,提出了"五个一律"的工作要求,并及时颁布了最高人民法院《关于减刑、假释案件审理程序的规定》,该规定抓住减刑、假释、暂予监外执行程序运行中的关键节点,提出了明确的执行要求,体现了人民法院以最坚决的意志、最坚决的行动,扫除司法领域腐败现象,坚决清除害群之马的坚强决心。

第六章 《联合国反腐败公约》与我国贪污贿赂犯罪追诉程序的完善

一、《联合国反腐败公约》及其在我国的生效

基于贪污贿赂等腐败犯罪的严重社会危害性及其蔓延发展态势,国际社会对于惩治和预防腐败犯罪普遍表现出高度重视,并积极加强国际合作,增强遏制和打击腐败犯罪的力度。从 20 世纪 90 年代开始,国际社会便开始寻求反腐败的国际合作,并缔结了一系列公约。① 其中,2000 年 11 月 15 日第 55 届联合国大会通过的《联合国打击跨国有组织犯罪公约》首次涉及贪污贿赂等腐败行为的刑事定罪,被看做是国际社会开始合作打击腐败犯罪的重要举措。由于《联合国打击跨国有组织犯罪公约》主要侧重的是打击跨国有组织犯罪,难以适应腐败犯罪的严峻形势和反腐败国际合作的迫切需要。鉴此,联合国在通过《联合国打击跨国有组织犯罪公约》的同时,于 2000 年 12 月专门成立了起草《联合国反腐败公约》的特设委员会。特设委员会成立后,先后举行了 7 届会议,并最终于 2003 年 10 月 1 日在维也纳举行的第七届会议上确定并核准了《联合国反腐败公约》草案。同年 10 月 31 日,第 58 届联合国大会全体会议审议正式通过了《联合国反腐败公约》。该公约于 2005 年 12 月 14 日正式生

---

① 如美洲国家组织于 1996 年 3 月通过的《美洲反腐败公约》、欧洲联盟理事会于 1997 年 5 月通过的《打击涉及欧洲共同体官员和欧洲联盟成员国官员的腐败行为公约》、经济合作与发展组织于 1997 年 11 月通过的《禁止在国际商业交易中贿赂外国公职人员公约》以及 2001 年 11 月 17 个亚洲国家在第三次亚太地区反腐败会议上通过的《亚太地区反腐败行动计划》,等等。

效,除序言外共分 8 个章节、71 项条款,包括总则,预防措施,定罪和执法,国际合作,资产的追回,技术援助和信息交流,实施机制以及最后条款,涉及预防和打击腐败的立法、司法、行政执法以及国家政策和社会舆论等方面,是联合国历史上通过的第一个用于指导国际反腐败斗争的法律文件,对预防腐败、界定腐败犯罪、反腐败国际合作、非法资产追缴等问题进行了规范,并确立了预防机制、刑事定罪和执法机制、国际合作机制、资产追回机制、技术援助和信息交流机制、履约监督机制等六大反腐败的机制,为各国加强国内的反腐行动、提高惩治和预防贪污贿赂等腐败犯罪的成效、促进反腐败国际合作都具有重要意义。应当说,作为国际社会反腐共同智慧的结晶,《联合国反腐败公约》奠定了反腐败国际合作的坚实法律基础,为全球反腐败事业提供了基本的法律指南和行动准则,是"迄今为止关于治理腐败犯罪的最为完整、全面而又具有广泛性、创新性的国际法律文件,集中反映出当前国际社会反腐败犯罪的基本趋势,宣示了国际社会在打击腐败犯罪问题上的态度和决心"①。

2003 年 12 月 10 日,时任我国外交部副部长的张业遂代表我国政府签署了《联合国反腐败公约》。2005 年 10 月 27 日,第十届全国人大常委会第十八次会议审议并批准加入该公约。自此,我国正式成为该公约的缔约国。全国人大常委会批准了该公约,意味着该公约在我国的生效,根据"条约必须遵守"这一国际法原则,我国在国际法上有遵守该公约规定并接受其约束的法律义务。但客观来说,在反腐败刑事法治尤其是刑事程序法治中,尚有很多方面与公约的有关规定存在差异甚至冲突。因而要全面履行公约规定的各种法律义务,有效推进贪污贿赂犯罪的科学有效治理,促进反腐败刑事法治的发展和完善,积极借鉴和吸纳公约的有关内容,就成为刑事法学界和司法实务界无法回避的一件大事。因为"刑事法治也应当根据我国反腐败新形势、新任务的需要,科学、合理地加以完善。这样才能促进我国反腐败斗争与刑事法治建设良性互动,并保证反腐败斗争取得良好的政治效果、社会效果和法律效果"②。

---

① 赵秉志、杨诚主编:《〈联合国反腐败公约〉在中国的贯彻》,法律出版社 2011 年版,序言。
② 赵秉志:《略论反腐败与我国刑事法治的完善》,载《人民法院报》2010 年 12 月 24 日。

二、当前贪污贿赂犯罪追诉程序存在的主要问题

总的来说,我国现行贪污贿赂犯罪追诉程序基本上是适应惩治贪污贿赂犯罪的实际需要的,但也确实存在一些问题,已在一定程度上影响了惩治贪污贿赂犯罪的力度和效果。贪污贿赂犯罪追诉程序包括立案、侦查、起诉、审判和执行等环节,每个环节存在的问题和表现形式不尽相同。限于篇幅,这里着重介绍以下三个方面的问题。

(一)关于贪污贿赂犯罪证明问题

目前我国有利于贪污贿赂犯罪案件事实证明的相关制度还不健全,择其要者:

一是贪污贿赂犯罪推定规则尚不完善。由于贪污贿赂犯罪特别是贿赂犯罪证据具有易变性、间接证据多、隐蔽性强等特点,行为人主观方面的证明往往是难点。在司法实践中,司法机关也经常遇到证据不足、认定事实困难的情况,致使此类犯罪的"黑数"较高。因此,针对贪污贿赂犯罪的特点,适当降低贪污贿赂犯罪案件主观方面构成要素的证明要求,确立推定规则就显得十分必要。而《刑事诉讼法》目前尚未建立贪污贿赂犯罪推定的程序规则,不能不说是一大缺憾。

二是污点证人作证豁免制度缺位。《刑事诉讼法》没有规定污点证人作证豁免制度。其实,在鼓励、敦促案件中罪行轻微者积极报告自己或他人犯罪事实,促使贪污贿赂罪"堡垒"从内部攻破,更好地发挥司法程序控制犯罪的功能和更有效地惩治贪污贿赂犯罪方面,确立污点证人作证豁免制度意义重大。对于被司法机关确定为污点证人的罪行轻微者,给予其一定的司法豁免,予以适当从宽处理,让他们积极为检控机关提供实质性配合和帮助,往往能收到迅速查清案件事实、捕获重要案犯和成功侦破腐败犯罪案件的良好效果。

三是刑事证人保护制度还不完善。《刑事诉讼法》对证人保护作了规定,初步建立了刑事证人保护制度。但毋庸讳言,我国刑事证人保护制度仍然存在证人保护主体不尽明确、缺乏对证人财产安全的保护、不同性质的特别保护措施规定在一起不甚妥当等问题,尚未达到《联合国反腐败公约》有关规定的要求,仍需要进一步改进和完善。

(二)关于贪污贿赂犯罪侦查程序问题

概括说来,主要包括以下三个问题:

一是侦查管辖体制不健全。集中表现在贪污贿赂犯罪侦查管辖权外部分割现象严重、公安检察管辖互涉案件规定不科学、侦查地域管辖规定不合理、侦查级别管辖规定不明确、侦查指定管辖自由裁量权过大和犯罪嫌疑人管辖异议权缺失等方面。

二是侦查监督乏力。主要表现在内部制约乏力和外部监督乏力两个方面。就内部制约来说,对于属于检察机关负责侦查的绝大多数贪污贿赂案件,检察机关自侦部门与诉讼监督部门同属于一个检察院,内部又存在案件沟通和协调渠道,其内部制约的效果存在一定局限性。就外部监督而言,由于贪污贿赂犯罪侦查程序运行的封闭性以及外部监督制约机制不健全等的影响,人大、政协、舆论以及其他执法司法机关的监督往往难以奏效,致使实践中贪污贿赂犯罪案件侦查的外部监督趋于疲软。

三是技术侦查措施存在滥用的可能。《刑事诉讼法》赋予了检察机关在重大贪污、贿赂犯罪案件中采取技术侦查措施的权力,但对于技术侦查措施的运用以及规制等,法条规定较为原则和概括。如《刑事诉讼法》第 148 条规定,"……根据侦查犯罪的需要,经过严格的批准手续,可以采取技术侦查措施",何谓"根据侦查犯罪的需要",怎么才算是"严格的批准手续"等,这些仍有待进一步细化和明确。

(三)关于贪污贿赂犯罪审判程序问题

贪污贿赂犯罪审判程序内容广泛,涉及问题较多,特别是以下两个问题值得重视:

一是贪污贿赂犯罪缺席审判制度缺失。确立贪污贿赂犯罪缺席审判制度,有助于提高贪污贿赂犯罪案件诉讼效率、节约诉讼成本,有利于严厉惩治贪污贿赂犯罪,更好地维护司法权威。而《刑事诉讼法》只规定了"违法所得没收程序",即财产没收特别程序,不涉及犯罪嫌疑人、被告人的定罪量刑的审理,非审判程序的范畴,因而与刑事缺席审判制度有根本的区别。

二是贪污贿赂犯罪异地审判未制度化。实践证明,这些年来对贪污贿赂犯罪案件(主要是高官贪污贿赂犯罪)实行异地审判,取得了非常好的效果,有效地排除了案件查处中的各种干扰和阻力,消除了部分社会公众对审判工作的担忧和误解。但目前贪污贿赂犯罪异地审判只是惯例,尚未制度化和规范化,而且在实践操作层面还存在一些问题。

三、完善贪污贿赂犯罪追诉程序的基本构想

《联合国反腐败公约》为全球反腐败事业提供了基本的法律指南和行动准则。积极借鉴和吸纳该公约的有关内容,对于完善我国贪污贿赂犯罪追诉程序,促进反腐败刑事法治的发展,具有重要意义。例如,公约规定的腐败犯罪特殊诉讼规则和处罚措施、污点证人作证豁免、腐败犯罪资产追回、腐败犯罪刑事推定、腐败犯罪的证人保护等内容,就集中体现了国际社会惩治贪污贿赂等腐败犯罪的发展趋势,是各国反腐败经验的总结,具有科学性和合理性,应当被我国反腐败的刑事立法和司法吸收。当然,贪污贿赂犯罪追诉程序的完善是一项复杂的系统工程,涉及惩治贪污贿赂犯罪的体制机制健全、职能分工优化等内容,应按照贪污贿赂犯罪案件诉讼程序改革的目标要求和司法规律,有计划、有步骤地推进。以《联合国反腐败公约》的有关规定为参照和借鉴,当前,对我国贪污贿赂犯罪追诉程序的改革完善,可着重从以下几个方面努力。

(一)建立健全贪污贿赂犯罪刑事推定规则

《联合国反腐败公约》中也有关于贪污贿赂犯罪刑事推定的规定,其第28条明确规定:"根据本公约确立的犯罪所需要具备的明知、故意或者目的等要素,可以根据客观实际情况予以推定。"即对于贪污贿赂等腐败犯罪的明知、故意或者目的等主观构成要素,可以实行刑事推定,以降低侦控机关证明的难度,强化对贪污贿赂等腐败犯罪的打击力度。应当指出,我国刑事实体法及相关司法解释中也有少数关于贪污贿赂犯罪刑事推定的内容。如《刑法》第395条规定的巨额财产来源不明罪,就是一种推定型罪名,实行举证责任倒置,国家工作人员的财产或者支出明显超过合法收入,差额巨大,本人不能说明其来源是合法的,差额部分的财产则推定为"非法所得"。又如1998年5月9日最高人民法院颁布的《关于审理挪用公款案件具体应用法律若干问题的解释》第6条就规定:"携带挪用的公款潜逃的,依照刑法第三百八十二条、第三百八十三条的规定定罪

处罚。"而《刑法》第382条、第383条是关于贪污罪的规定。也就是说，在"携带挪用的公款潜逃"这一基础事实成立的情况下，可以推定行为人主观上具有非法占有公款的目的，进而以贪污罪论罪科刑。但上述关于贪污贿赂犯罪刑事推定的规则还是不完善的：第一，推定的程序性规则匮乏。相比于贪污贿赂犯罪刑事推定的实体性规则已在一定程度上得以确立和适用，贪污贿赂犯罪刑事推定的程序性规则目前尚付诸阙如。而贪污贿赂犯罪刑事推定程序性规则又是贪污贿赂犯罪刑事推定得以合理运用的重要保障。第二，推定适用范围狭窄。立法规定的能运用刑事推定的贪污贿赂犯罪案件有限，基本上限于巨额财产来源不明罪以及前述的转化型贪污罪，而对于其他渎职类或者贿赂类贪污贿赂犯罪则没有明确规定。第三，推定适用的对象有限。贪污贿赂犯罪刑事推定适用的对象，主要限于特定贪污贿赂犯罪"非法所得"的推定以及"非法占有目的"的推定，而对于其他故意、明知等贪污贿赂犯罪主观方面要素和某些特定案件事实是否可以推定则没有明确规定。

鉴于此，笔者认为，应当进一步建立健全惩治贪污贿赂犯罪刑事推定的立法。具体来说，第一，建议将《刑法》第395条第1款中的"可以责令说明来源"改为"应当责令说明来源"，以完善巨额财产来源不明罪法条中"非法所得"的推定。第二，建议将"不能说明来源的"改为"本人拒不说明来源或者作虚假说明的"，以增强条文的可操作性，更好地反映立法原意，限定刑罚的打击范围。第三，可参照《联合国反腐败公约》第28条的规定，适度扩大推定和举证责任倒置的适用范围，将贪污贿赂犯罪中某些确实难以证明的主观构成要素，如以非法占有为目的、故意、明知等要素，可以根据实际情况实行刑事推定。第四，借鉴《联合国反腐败公约》有关贿赂行为推定的立法规定，设立贿赂行为的推定规则，如可考虑在《刑事诉讼法》中作如下规定："当国家工作人员被证明索取或者收受了与其公务有联系者的财物，而利用职务上的便利为其谋取利益，除非能提出有效的反证，否则该行为即应推定为受贿行为。"适用这一推定规则的首要条件，是要有确实、充分的证据证明以下基础事实的存在：① 国家工作人员索取或者收受了与其公务有联系者的财物；② 国家工作人员利用职务上的便利为给付其财物者谋取利益；③ 该国家工作人员不能提出反证或者其反证不能成立。

（二）确立贪污贿赂犯罪污点证人作证豁免制度

贪污贿赂犯罪污点证人作证豁免制度涉及刑事诉讼中当事人角色的转换，对证人权利的保护、作证豁免程序的运作等一系列程序性问题，我国《刑事诉讼法》没有规定这一制度，但有体现该制度内在精神的相关规定，而且刑事司法实践中也存在着贪污贿赂犯罪污点证人作证豁免的实践。

目前，《联合国反腐败公约》以及美、英、德、加、我国台湾地区和香港特别行政区等国家和地区纷纷确立了贪污贿赂罪污点证人作证豁免制度，并且这一制度日益焕发出旺盛的生命力。《联合国反腐败公约》第37条明确规定了贪污贿赂罪污点证人作证豁免制度，即该条第1款规定："各缔约国均应当采取适当措施，鼓励参与或者曾经参与实施根据本公约确立的犯罪的人提供有助于主管机关侦查和取证的信息，并为主管机关提供可能有助于剥夺罪犯的犯罪所得并追回这种所得的实际具体帮助。"第2款规定："对于在根据本公约确立的任何犯罪的侦查或者起诉中提供实质性配合的被告人，各缔约国均应当考虑就适当情况下减轻处罚的可能性作出规定。"第3款规定："对于在根据本公约确立的犯罪的侦查或者起诉中提供实质性配合的人，各缔约国均应当考虑根据本国法律的基本原则就允许不予起诉的可能性作出规定。"因而随着公约在我国的批准生效，积极借鉴和吸纳公约的有关内容，是我国的一项义务，也是我国刑事法学界和司法实务界无法回避的一件大事。我国贪污贿赂犯罪案件的刑事诉讼程序也越来越迫切地需要与它协调一致，其中就包括贪污贿赂犯罪污点证人作证豁免制度的确立。因而，顺应国际反贪污贿赂犯罪趋势，在《刑事诉讼法》中确立贪污贿赂犯罪污点证人作证豁免制度具有重要意义，有利于促进我国反腐败刑事法治的现代化和国际化。

（三）完善贪污贿赂犯罪刑事证人保护制度

贪污贿赂犯罪证人不出庭作证，既不利于案件事实的查明，还侵犯了被告人的质证权，对刑事诉讼的有效运行以及实体公正和程序公正的实现都不利。导致证人不出庭作证的原因很多，但是缺乏有效的刑事证人保护制度无疑是其中重要的原因之一。事实上，对证人进行有效保护，既是消除证人作证顾虑、救济其合法权利的现实需要，也是保障被告人质证权、彰显刑事诉讼正当程序的必然要求，同时也是法律程序社会价值的体现。

《联合国反腐败公约》对刑事证人保护问题作了详细规定。该《公约》第32条专门规定了"保护证人、鉴定人和被害人"，其第1款规定："各缔约国均应当根据本国法律制度并在其力所能及的范围内采取适当的措施，为就根据本公约确立的犯罪作证的证人和鉴定人并酌情为其亲属及其他与其关系密切者提供有效的保护，使其免遭可能的报复或者恐吓。"第2款规定："在不影响被告人权利包括正当程序权的情况下，本条第一款所述措施可以包括：（一）制定为这种人提供人身保护的程序，例如，在必要和可行的情况下将其转移，并在适当情况下允许不披露或者限制披露有关其身份和下落的资料；（二）规定允许以确保证人和鉴定人安全的方式作证的取证规则，例如允许借助于诸如视听技术之类的通信技术或者其他适当手段提供证言……"考虑到反腐败的全球性，该条还规定了证人等人员保护的国际合作，即"缔约国应当考虑与其他国家订立有关本条第一款所述人员的移管的协定或者安排"。其第25条"妨害司法"第1款也将在"诉讼中使用暴力、威胁或者恐吓，或者许诺给予、提议给予或者实际给予不正当好处，以诱使提供虚假证言或者干扰证言或证据的提供"等妨害证人作证的行为规定为犯罪，等等。应当说，《联合国反腐败公约》有关刑事证人保护的规定，对各国建立和健全贪污贿赂犯罪刑事证人保护制度起到了积极的推动作用。

我国没有专门关于贪污贿赂犯罪证人保护的法律规定，贪污贿赂犯罪证人保护的内容涵摄于一般刑事证人的保护之中。2012年修订的《刑事诉讼法》对刑事证人保护制度进行了增补修改，在一定程度上弥补了原刑事证人保护制度的不足，但仍然存在一些缺憾，应当进一步改革完善。当前，应着力从以下几个方面努力：

第一，进一步完善刑事证人保护立法。建议修改《刑法》第307条（妨害作证罪）和第308条（打击报复证人罪）规定的内容，适当扩大妨害作证罪和打击报复证人罪的犯罪对象范围。修改《刑事诉讼法》第61条第2款的规定，将证人及其近亲属的财产安全纳入法律保护范围。对《刑事诉讼法》第62条第1款规定的特殊保护措施按照类别作适当调整，将该条第1款规定的两类性质不同的特殊保护措施分别规定在两款之中。修改《刑事诉讼法》第62条第2款的规定，明确所在单位克扣或者变相克扣证人工资、奖金及其他福利待遇的法律后果。

第二,考虑建立分工负责,以公安机关保护为主,以检察机关和人民法院保护为辅的证人保护机制。对于检察机关自侦案件,因其侦查和起诉均由检察机关负责,由检察机关负责这类案件中证人的保护比较合适;当然,对于一些特别重大的贪污贿赂犯罪案件,需要专业保护人员较多或者需要采取其他特别保护措施的,可由检察机关商请公安机关协助以完成证人保护任务。除此之外的其他普通刑事案件,考虑到公安机关布点多元、技术手段相对完备和反应快速而机动等优势,对于证人及其近亲属的人身财产安全,可由公安机关提供保护。对于证人其他方面的保护,如保密义务等,在不同的诉讼阶段,可由各自的主管机关负责执行。

第三,健全刑事证人社会救助体系。设立刑事证人保护基金,以保障证人保护经费的来源和专款专用。建立刑事证人保险制度,国家应为证人投保人身保险和财产保险,确保因作证而遭受意外人身伤害或财产损失的证人能得到及时、足额的补偿。确立无偿法律援助制度,对于证人因作证,证人及其近亲属受到侵害提出的诉讼,法院应当免除其诉讼费用,将其作为法律援助的对象,通过法律援助的形式,尽力使证人克服恐惧出庭作证的心理障碍,确保证人不至于因作证而使自身合法权利受到损害,从而充分调动证人出庭作证的积极性。

(四)完善贪污贿赂犯罪侦查管辖体制

贪污贿赂犯罪侦查管辖的完善,不仅涉及贪污贿赂犯罪侦查权限的合理划分以及科学配置问题,而且也与惩治贪污贿赂犯罪的成效以及诉讼参与人合法权利的有效保障密切相关。从理顺贪污贿赂犯罪侦查管辖体制、规范贪污贿赂犯罪侦查权运行、有利于贪污贿赂犯罪侦查权统一行使、及时侦破贪污贿赂犯罪案件、更好地保障当事人合法权利的角度出发,笔者认为,应着力从以下几方面完善我国贪污贿赂犯罪的侦查管辖体制:

第一,遵循法定程序,明确各自职责,妥善解决贪污贿赂犯罪侦查管辖权的外部分割问题。应当在制度上划清楚纪检监察机关调查案件与检察机关、公安机关立案侦查案件之间的界限和标准,明确各自的案件管辖范围,纪检监察机关立案调查的只能限于违反党章党纪和其他行政法规和规章的违纪违法行为;涉嫌构成贪污贿赂犯罪的,则由检察机关、公安机关负责立案侦查。禁止检察机关、公安机关借用纪检监察机关的"双规"或者"双指"措施完成立案侦查任务，回避《刑事诉讼法》规定的法定办案期限，严重损害犯罪嫌疑人的合法权利；纪检监察机关也不得借用检察机关、公安机关的刑事强制措施辅助办案，混淆一般违纪违法行为和贪污贿赂犯罪行为的界限。

第二，对于公安检察管辖互涉的案件以及与贪污贿赂犯罪密切相关的牵连案件，统一由检察机关管辖。这是由我国检察机关的性质和贪污贿赂犯罪本身的特殊性决定的，当然也有利于提高诉讼效率，更好地促进贪污贿赂犯罪案件的侦破。

第三，以犯罪地为标准，重构贪污贿赂犯罪侦查地域管辖。《刑事诉讼法》第172条明确要求提起公诉要与审判管辖对应（即按照审判管辖的规定）。检察机关提起公诉应与审判管辖对应，这就要求同时作为贪污贿赂犯罪侦查主体的检察机关在确定系统内部的分工时，也应注意与审判管辖对应，即贪污贿赂犯罪案件的侦查管辖也应当确立以犯罪地为主的原则。作上述修改，不仅仅是与《刑事诉讼法》确立的审判管辖原则保持统一的客观需要，而且也是对检察机关在贪污贿赂犯罪案件侦查过程中独立性的强化。

第四，完善和规范贪污贿赂犯罪侦查指定管辖。要进一步明确指定管辖的理由，即除了"管辖不明的案件"外，还需对"需要改变管辖的案件"进行细化。

第五，确立当事人对贪污贿赂犯罪侦查管辖的异议制度。为避免出现侵害当事人合法权益以及侦查机关为利益而争管辖权或者互相推诿的情况，应当设置相应的救济机制对贪污贿赂犯罪侦查管辖权进行监督和救济。

（五）健全贪污贿赂犯罪侦查监督制约体系

从司法实际和贪污贿赂犯罪案件侦查规律及特点出发，笔者主张从横向监督、纵向监督和外部监督等三个方面来完善我国贪污贿赂犯罪案件的侦查监督制约体系。

第一，健全贪污贿赂犯罪侦查横向监督机制。通过推进司法改革，理顺公安、检察机关内部监督制约体制，规范内部机构分工管辖，积极整合和优化监督资源，强化侦、捕、诉的联动，积极做好相关线索移送及服务案件查办等工作。

第二,加大贪污贿赂犯罪侦查纵向监督力度。公安、检察机关上下级之间是领导和被领导的关系,这为上级检察机关监督下级检察机关的侦查活动提供了组织和法律保障。要切实加强上级公安、检察机关对下级公安、检察机关在办理贪污贿赂犯罪案件上的领导与监督,完善贪污贿赂罪案件备案审查制度,积极应对和稳妥实施"上提一级"审查批捕方式改革等。

第三,增强贪污贿赂犯罪侦查外部监督的权威性。贪污贿赂犯罪侦查监督实效的取得离不开有效的外部监督,要充分发挥人民监督员制度的作用,继续做好审查逮捕阶段讯问犯罪嫌疑人和听取律师意见的工作,坚持把贪污贿赂犯罪侦查工作置于人大监督之下,高度重视新闻媒体的监督,进一步健全接受外部监督的机制,增强贪污贿赂犯罪侦查外部监督的权威性。

(六)完善贪污贿赂犯罪技术侦查措施

为有效打击和遏制腐败,《联合国反腐败公约》对技术侦查措施也作了规定。《联合国反腐败公约》第50条规定:"一、为有效地打击腐败,各缔约国均应当在其本国法律制度基本原则许可的范围内并根据本国法律规定的条件在其力所能及的情况下采取必要措施,允许其主管机关在其领域内酌情使用控制下交付和在其认为适当时使用诸如电子或者其他监视形式和特工行动等其他特殊侦查手段,并允许法庭采信由这些手段产生的证据。二、为侦查本公约所涵盖的犯罪,鼓励缔约国在必要情况下为在国际一级合作时使用这类特殊侦查手段而缔结适当的双边或多边协定或者安排。这类协定或者安排的缔结和实施应当充分遵循各国主权平等原则,执行时应当严格遵守这类协定或者安排的条款。三、在无本条第二款所述协定或者安排的情况下,关于在国际一级使用这种特殊侦查手段的决定,应当在个案基础上作出,必要时还可以考虑到有关缔约国就行使管辖权所达成的财务安排或者谅解。四、经有关缔约国同意,关于在国际一级使用控制下交付的决定,可以包括诸如拦截货物或者资金以及允许其原封不动地继续运送或将其全部或者部分取出或者替换之类的办法。"由上可见,《联合国反腐败公约》第50条第1款明确要求"各缔约国均应当在其本国法律制度基本原则许可的范围内并根据本国法律规定的条件在其力所能及的情况下采取必要措施",这是各缔约国应当承担的强制性义务。也就是说,各缔约国应当允许本国主管机关在其领域中使用特殊侦查措施,赋予针对贪污贿赂犯罪使用特殊侦查措施的权力。在此基础上,这一款还进一步明确了主管机关采用特殊侦查授权所获证据的效力,即"允许法庭采信由这些手段产生的证据",这对有效惩治贪污贿赂犯罪具有重大意义。此外,基于特殊侦查手段的隐秘性和侵权性,这一款还列举了三种特殊侦查手段,即控制下交付、电子或者其他形式的监视和特工行动,由缔约国主管机关在其领域内酌情或认为适当时使用。从第50条第2款规定可以看出,《联合国反腐败公约》还明确了国际一级使用特殊侦查手段应当遵循的原则,即主权平等原则和条约必须信守原则。因为贪污贿赂犯罪现象已经不再是局部问题,而是一种影响所有社会和经济的跨国现象,有时为了侦破具有跨国性或国际性因素的贪污贿赂犯罪,往往需要在国际一级使用特殊侦查措施,各缔约国应当遵守一定的原则,确保在维护主权完整的同时,充分发挥特殊侦查措施打击贪污贿赂犯罪的效用。第50条第3款主要针对缔约国之间未就相关事宜缔结双边或多边协议的情况下,如何使用特殊侦查措施而作出的安排,即"应当在个案基础上作出"。第50条第4款主要就使用"控制下交付"这一特殊侦查手段作了指示性规范。控制下交付是指在主管机关知情并由其监控的情况下允许非法或可疑货物运出、通过或者运入一国或多国领域的做法,其目的在于侦查某项犯罪并查明参与该项犯罪的人员。作为承诺的一项国际义务,我国应当适时地修订和调整现行法律条款中与公约规定不一致的地方,及时增补规定贪污贿赂犯罪特殊侦查措施,以完善惩治和预防贪污贿赂犯罪的法律体系。

2012年新修订的《刑事诉讼法》顺应惩治贪污贿赂犯罪的实际需要,对检察机关适用技术侦查措施作出了具体规定,并将其纳入法治轨道,明确了检察机关采取技术侦查措施的案件范围、批准程序和执行主体,限制技术侦查措施的期限,严格规定技术侦查获取的信息和事实材料的保密、销毁及使用范围,还明确规定采取技术侦查措施收集的材料在刑事诉讼中可作为证据使用等,实现了检察机关采取技术侦查措施的法制化和规范化。其中,《刑事诉讼法》第148条第2、3款规定:"人民检察院在立案后,对于重大的贪污、贿赂犯罪案件以及利用职权实施的严重侵犯公民人身权利的重大犯罪案件,根据侦查犯罪的需要,经过严格的批准手续,可以采取技术侦查措施,按照规定交有关机关执行。追捕被通缉或者批准、决定逮捕的在逃的犯罪嫌疑人、被告人,经过批准,可以采取追捕所必需的技术侦查措施。"第149条规定:"批准决定应当根据侦查犯罪的需要,确定采取技术侦查措施的种类和适用对象。批准决定自签发之日起三个月以内有效。对于不需要继续采取技术侦查措施的,应当及时解除;对于复杂、疑难案件,期限届满仍有必要继续采取技术侦查措施的,经过批准,有效期可以延长,每次不得超过三个月。"第150条前3款规定:"采取技术侦查措施,必须严格按照批准的措施种类、适用对象和期限执行。侦查人员对采取技术侦查措施过程中知悉的国家秘密、商业秘密和个人隐私,应当保密;对采取技术侦查措施获取的与案件无关的材料,必须及时销毁。采取技术侦查措施获取的材料,只能用于对犯罪的侦查、起诉和审判,不得用于其他用途。"第152条规定:"依照本节规定采取侦查措施收集的材料在刑事诉讼中可以作为证据使用。如果使用该证据可能危及有关人员的人身安全,或者可能产生其他严重后果的,应当采取不暴露有关人员身份、技术方法等保护措施,必要的时候,可以由审判人员在庭外对证据进行核实。"《刑事诉讼法》对检察机关使用技术侦查措施问题作出的上述明文规定,将过去实践中使用的技术侦查措施完全纳入法治的轨道,目的之一就是通过法律手段对侦查机关使用技术侦查措施进行约束和限制,防止权力滥用。很显然,对保护公民通信自由、个人隐私等合法权益,都具有重要的现实意义,体现了法治的进步。[①]

总而言之,《刑事诉讼法》增补规定的"技术侦查措施"内容,亮点颇多,在诸多方面都取得了显著进步,尤其是将技术侦查措施的使用纳入法治轨道,更是契合了时代变迁和社会发展对刑事诉讼法立法的要求,取得了重要成就,具有十分重要的意义。当然,也还存在某些不足与问题,如某些法律规范过于原则、可操作性不强,程序性制裁机制仍显不足、难以有效彰显程序正义,某些法律规范文字表述不够准确等。这些不足与问题,多数通过制定司法解释或者司法规范性文件是可以得到解决的,但有的可能暂时难以弥补,需要日后进一步修改立法才能解决。

《刑事诉讼法》关于技术侦查措施的规定,值得进一步修改完善的地方,主要包括以下几点:

---

① 参见黄太云:《刑事诉讼法修改释义》,载《人民检察》2012年第8期。

一是要将"第二章 侦查"第八节的节名由现在的"技术侦查措施"改为"特殊侦查措施"。第八节节名用"技术侦查措施",难以涵盖第151条有关控制下交付、隐匿身份侦查等秘密侦查措施的内容。技术侦查措施不能涵盖秘密侦查措施,同样秘密侦查措施也无法包容技术侦查措施,只有采用"特殊侦查措施"的表述,才能都涵括技术侦查措施和秘密侦查措施的内容。

二是要完善第150条第1款的规定,增补程序性制裁的内容。

三是要进一步明确完善特殊侦查措施运用的原则。特殊侦查措施的运用除了要遵循重罪原则和必要性原则之外,还应当遵循相称性原则和相关性原则。

四是要在立法中增补规定"犯罪嫌疑人权利救济"的内容,以充分保障犯罪嫌疑人的合法权利。由于特殊侦查措施的秘密性、特殊性,使得特殊侦查措施的适用难以受到外界的有效监督,因而为了防止其被滥用或错误适用,应当赋予犯罪嫌疑人一定的司法救济权利。

另外,在《刑事诉讼法》赋予检察机关对重大贪污、贿赂等腐败犯罪案件采取技术侦查措施的权力后,为切实发挥特殊侦查措施在惩治腐败犯罪中的功效,同时确保其在法治的轨道上运行,当前应着力完善相关的配套制度建设,包括加强科技装备建设、健全完善检察机关与有关机关在腐败犯罪特殊侦查措施的决定和具体执行上的衔接配合机制、加强对特殊侦查措施运用的监督等。

(七)确立贪污贿赂罪缺席审判制度

《联合国反腐败公约》第五编"资产的追回"部分创设了腐败犯罪所得资产追回的两种法律机制,即直接追回机制和间接追回机制。相对而言,利用直接追回机制追回资产的成本较高。作为我国追回转移至境外的贪污贿赂犯罪所得资产,利用间接追回机制应是主要途径。但是由于在间接追回机制中,追回被贪污、挪用的公共资产,需要法院作出的生效判决,如因罪犯死亡、潜逃或者缺席无法起诉罪犯以至于无法获得生效判决时,或者在其他适当情形下,被请求缔约国应当考虑放弃对生效判决的要求。① 毋庸置疑，《联合国反腐败公约》所创设的资产追回机制，为通过国际合作追回贪污贿赂罪的资产提供了有效的国际法上的路径。然而，要在我国实施资产追回机制，还存在不少国内法律制度不匹配的难题。其中，最主要的难题就是我国没有确立贪污贿赂犯罪缺席审判制度。因而在贪污贿赂犯罪分子未到案的情况下，无法进行缺席审判，也就无法提供符合条件的生效判决。在这种情况下，我国司法机关要追回贪污贿赂犯罪资产确实困难重重。有鉴于此，积极履行公约规定的义务，推动国内立法与《联合国反腐败公约》有关规定相衔接，确立贪污贿赂犯罪缺席审判制度就实属必要。

我国《刑事诉讼法》没有对刑事缺席审判制度进行规定，而司法实践中对刑事缺席审判又往往持否定态度，对于被告人不能到庭参加法庭审判的，《刑事诉讼法》是不主张进行缺席审判的，这类案件要么终止审理，要么暂停审理，这就使得案件处于一种等待解决的状态，最终如何处理还是个未知数，而且这种不确定的状态还没有时间上的限制。② 应当说，贪污贿赂犯罪缺席审判制度在中国长期以来没有被确立，原因无疑是多方面的，但主要考虑的是对被告人人权保障的问题。不过，贪污贿赂犯罪缺席审判在制度层面上的缺失，确实引发了实践中的一些问题，如诉讼效率难以提高、转移到海外的腐败资产难以追回和司法权威难以树立等。这种情况也引起了法学界的高度关注，近年来很多学者纷纷呼吁确立刑事缺席审判制度。特别是 2012 年 3 月全国人大对《刑事诉讼法》进行了再修改，在第五编"特别程序"中增加了一章即"犯罪嫌疑人、被告人逃匿、死亡案件违法所得的没收程序"之后，围绕我国是否确立了刑事缺席审判制度以及应否确立这一制度的争论非常激烈。诚然，为严厉惩治贪污贿赂犯罪，并与我国已加入的《联合国反腐败公约》的要求相衔接，对贪污贿赂犯罪的违法所得及时采取冻结追缴措施很有必要。但这一新增设的程序，能否认为是《刑事诉讼法》中确立了刑事缺席审判制度？看来还是不无疑问的。著名刑诉法学者宋英辉教授在接受访谈时表示，此次修改后的《刑事诉讼法》关于"违法所得的没收程序"的规定，可以看做是"缺

---

① 参见陈正云：《解读〈联合国反腐败公约〉对中国反腐进程的影响》，载《检察日报》2003 年 11 月 11 日。
② 参见王剑虹：《论对外逃贪官缺席审判制度的构建》，载《求索》2007 年第 10 期。

席审判"在刑事诉讼法领域的确立。① 但也有不少学者提出了异议。如有学者认为,这一特别程序仅针对"赃款赃物或犯罪所得"的审理,不涉及对犯罪嫌疑人、被告人的定罪量刑的审理,因此它与普通诉讼程序中对没有到案的犯罪嫌疑人、被告人进行定罪量刑的缺席审判制度有根本的区别,不属于普通法意义上的刑事缺席审判制度。② 另有学者指出,"违法所得没收程序"是不定罪的财产没收程序,它不是审判程序,与缺席审判也不同,属于在刑事诉讼法中设置的"犯罪人"与"违法所得"分离处理的特别程序,不能以审判程序的标准对其进行评价。③ 在笔者看来,《刑事诉讼法》规定的"违法所得没收程序"体现了刑事缺席审判的基本精神,但不属于严格意义上的刑事缺席审判制度。主要理由在于:

其一,《刑事诉讼法》是在第五编"特别程序"而非第三编"审判"程序中规定"违法所得没收程序"的,这在很大程度上说明"违法所得没收程序"只是一种特别的刑事诉讼程序,而非审判程序的范畴。不属于审判程序的范畴,当然谈不上是刑事缺席审判了。

其二,"违法所得没收程序"是仅针对特殊案件中犯罪嫌疑人、被告人潜逃、死亡情形下的财产没收问题,不涉及被告人的定罪问题,对犯罪嫌疑人、被告人追究刑事责任仍按普通的刑事诉讼程序进行,因此,很难说"违法所得没收程序"是严格意义上的刑事缺席审判。

构建我国特色贪污贿赂犯罪缺席审判制度,应当立足我国国情和司法现实,考虑到贪污贿赂犯罪司法实践亟待解决的问题,而不是完全照搬照抄域外的刑事缺席审判制度。

第一,要严格适用范围。具体来说,实行缺席审判的贪污贿赂犯罪案件应仅限于以下两类:① 有证据证明被告人已潜逃境外且故意不到庭参加法庭审判的重大贪污贿赂犯罪案件;② 已参加法庭审判的被告人严重违反法庭秩序,经法庭劝阻或者采取相应惩戒措施后仍不悔改以致庭审无法继续进行的贪污贿赂犯罪案件。

第二,要明确适用条件。由于贪污贿赂犯罪缺席审判可能对被告人的在场权等诉讼权利造成一定程度的损害,为了防止和减少这种损害,应

---

① 参见李云虹:《6500 亿元外逃资金推动"缺席审判"》,载《法律与生活》2011 年第 9 期(下)。
② 参见陈雷:《新刑诉法:阻击贪官外逃的一把利剑》,载《法制日报》2012 年 4 月 2 日。
③ 参见孙艳敏:《不让贪官在经济上占便宜将有法律保障》,载《检察》2011 年 8 月 30 日。

当对贪污贿赂犯罪缺席审判的适用条件作出明确规定,以最大限度地保障被告人的合法权益,充分发挥缺席审判制度的功效,从而实现兼顾人权保障和惩罚犯罪的目的。

第三,要规范适用程序。贪污贿赂犯罪缺席审判制度的有效运转,需要有明确而具体的程序来保障和规范。除了要遵循一般的刑事审判规则外,还应当遵循缺席审判的准备、公告等特殊程序规范。

第四,要健全救济措施。由于贪污贿赂犯罪缺席审判的特殊性,为实现诉讼的公正性和充分保护被告人的诉讼权利,应健全贪污贿赂犯罪缺席审判的救济机制,规定相应的特殊救济措施,如赋予在逃被告人一定限度的异议权和被告人近亲属独立的上诉权等。

(八)实现贪污贿赂犯罪异地审判的制度化

自辽宁"慕马案"后,我国省部级高官贪污贿赂犯罪案件基本上都实行了跨省异地审判。实践证明,这些年来对中高级官员尤其是高级官员贪污贿赂犯罪案件实行异地审判,取得了较好的法律效果和社会效果。在我国,对高官贪污贿赂犯罪案件采取指定管辖和异地审判,其直接法律依据是《刑事诉讼法》第26条规定的指定管辖制度。《刑事诉讼法》第26条规定:"上级人民法院既可以指定下级人民法院审判管辖不明的案件,也可以指定下级人民法院将案件移送其他人民法院审判。"这一规定为实践中对高官贪腐案件实行异地审判提供了合法依据。但目前贪污贿赂犯罪异地审判尚存在缺乏具体的评判标准、耗费较多的司法资源、影响司法效率的提高、异地审判与检察机关异地侦查起诉的衔接协调不畅等问题,已难以适应贪污贿赂犯罪异地审判制度发展完善的需要。鉴于此,笔者建议应尽快实现对贪污贿赂犯罪案件异地审判的制度化和规范化:

第一,要明确异地审判中"异地"的含义。根据我国刑事案件审判地域管辖的相关规定,结合贪污贿赂犯罪异地审判的实际情况,从尽可能维护司法公正的角度考虑,笔者主张对异地审判中的"异地"作严格限定,应当是指排除犯罪地、工作地、被告人居住地、出生地、户籍所在地以及与被告人身份或者职务有密切关系地以外的国内其他地方。

第二,要规定异地审判的条件和标准。即对贪污贿赂犯罪异地审判的原则、具体条件、适用范围、评判标准等都应进行必要的细化和具体化。包括哪些贪污贿赂犯罪案件应当进行异地审判,哪些贪污贿赂犯罪案件可以进行异地审判,哪些情形下可以不进行异地审判,涉及共同贪污贿赂犯罪的情况下如何处理等,都应确立相应的依据和标准,从而便于司法适用。

第三,要完善指定异地审判的程序。要明确异地审判程序的启动、操作、变更、中止和终结等具体程序,合理确定指定异地审判的主体层级,严格禁止二次指定,设置指定异地审判的异议和救济程序等,从而增强指定异地审判程序的透明度与可操作性。

第四,要健全异地审判的相关配套措施。重点是要加强对贪污贿赂犯罪案件异地审判的人、财、物的保障,并统筹协调好异地羁押、证人保护等工作,确保贪污贿赂犯罪案件异地审判的顺利进行。

下编

贪污贿赂犯罪的典型案例

以法治思维和法治方式反腐败
——薄熙来受贿、贪污、滥用职权案

目　次

一、基本案情
　　（一）受贿罪
　　（二）贪污罪
　　（三）滥用职权罪
二、诉讼经过
三、法理研析
　　（一）薄熙来案件审判的程序法问题
　　（二）薄熙来案件审判的实体法问题

一、基本案情

根据山东省济南市中级人民法院一审判决的认定，被告人薄熙来犯受贿罪、贪污罪和滥用职权罪三种犯罪。

（一）受贿罪

1999年至2012年，被告人薄熙来在担任大连市人民政府市长、中共大连市委书记、辽宁省人民政府省长、商务部部长期间，利用职务上的便利,为大连国际公司及该公司总经理唐肖林和实德集团谋取利益,收受唐肖林给予的钱款,明知并认可其妻薄谷开来、其子薄瓜瓜收受实德集团董事长徐明给予的财物,共计折合人民币 20 447 376.11 元。

(二) 贪污罪

2000 年,在被告人薄熙来担任中共大连市委书记期间,大连市人民政府承担了一项上级单位涉密场所改造工程。该工程由薄熙来负责,时任大连市城乡规划土地局局长王正刚具体承办。2002 年 3 月工程完工后,该上级单位通知王正刚,决定向大连市人民政府拨款人民币 500 万元。王正刚遂就如何处理该款项向已调任辽宁省人民政府省长的薄熙来请示,薄熙来未明确表态。不久之后,王正刚再次就此事向薄熙来请示,并提出大连市有关领导及相关部门均不知晓该款,可将该款留给薄熙来补贴家用。薄熙来即将此事通过电话告知薄谷开来,让王正刚与薄谷开来商议处理。薄谷开来与王正刚商定,将该款转至与薄谷开来关系密切的昂道律师事务所主任赵东平处。后薄谷开来安排赵东平与王正刚办理转款事宜,并让赵东平为其代管。为掩人耳目,王正刚要求上级单位将 500 万元汇至承揽该改造工程的大连经济技术开发区艺声视听系统有限公司。2002 年 5 月至 2005 年 3 月,上述款项陆续汇至赵东平指定的其朋友李石生名下公司账户和昂道律师事务所账户。

(三) 滥用职权罪

2012 年 1 月至 2 月,被告人薄熙来作为中共中央政治局委员兼中共重庆市委书记,在有关人员告知其薄谷开来涉嫌故意杀人后,以及在时任重庆市人民政府副市长的王立军叛逃前后,违反规定实施了一系列滥用职权行为。具体如下:

2012 年 1 月 28 日晚,王立军将薄谷开来涉嫌投毒杀害尼尔·伍德一事告知被告人薄熙来,次日上午,薄熙来召集王立军、郭维国、吴文康(时任中共重庆市委副秘书长兼市委办公厅主任)谈话,斥责王立军诬陷薄谷开来,打了王立军一记耳光,并将杯子摔碎在地上。当晚,薄熙来得知"11·15"案件原侦查人员王智、王鹏飞根据王立军授意,以提交辞职信方式揭发薄谷开来涉嫌杀人后,根据薄谷开来的要求,安排吴文康对该二人进行调查。

2012年1月29日起,被告人薄熙来先后向重庆市委多名领导提议,免去王立军中共重庆市公安局党委书记、局长职务。在未报经公安部批准的情况下,薄熙来于2012年2月1日下午主持召开中共重庆市委常委会议,决定免去王立军的中共重庆市公安局党委书记、局长职务。次日上午,按照薄熙来的要求,中共重庆市委组织部宣布了该决定。

2012年2月6日,王立军叛逃至美国驻成都总领事馆。次日凌晨,时任重庆市委常委、秘书长的翁杰明及吴文康等人到被告人薄熙来住处向其报告此事。在研究应对措施过程中,薄熙来纵容薄谷开来参与。薄谷开来提出可由医院出具诊断证明以表明王立军系因患精神疾病而叛逃,薄熙来对此表示同意。当日,薄谷开来和吴文康协调重庆市大坪医院出具了"王立军存在严重抑郁状态和抑郁重度发作"的虚假诊断证明。2月8日上午,经薄熙来批准,重庆市有关部门对外发布了"据悉,王立军副市长因长期超负荷工作,精神高度紧张,身体严重不适,经同意,现正在接受休假式的治疗"的虚假信息。

2012年2月15日,在薄谷开来向重庆市公安局举报王鹏飞诬告陷害其杀人后,重庆市公安局按照被告人薄熙来的要求对王鹏飞进行审查并移送重庆市渝中区公安分局侦查。次日,渝中区公安分局以涉嫌诬告陷害为由对王鹏飞立案侦查,后决定对王鹏飞采取禁闭措施。2月17日,经薄熙来提议和批准,重庆市渝北区第十七届人民代表大会主席团会议取消了时任渝北区副区长王鹏飞继续作为该职务候选人的提名。

被告人薄熙来的上述行为,是导致"11·15"案件不能依法及时查处和王立军叛逃事件发生的重要原因,并造成特别恶劣的社会影响,致使国家和人民利益遭受重大损失。

二、诉讼经过

2013年7月25日,山东省济南市人民检察院以鲁济检公二刑诉〔2013〕12号《起诉书》指控被告人薄熙来犯受贿罪、贪污罪、滥用职权罪一案,向济南市中级人民法院提起公诉。该院遵照最高人民法院指定管辖决定于2013年7月26日立案受理,并依法组成合议庭于2013年8月14日召开庭前会议,2013年8月22日至26日公开开庭进行了审理,并于同年9月22日作出(2013)济刑二初字第8号刑事判决,判决认定薄熙来犯有受贿罪、贪污罪和滥用职权罪,三罪并罚,决定对其执行无期徒刑,剥夺政治权利终身,并处没收个人全部财产。一审判决后,薄熙来不服,依法向山东省高级人民法院提出上诉。2013年10月25日,山东省高级人民法院二审公开宣判,裁定驳回薄熙来上诉,维持原判。

三、法理研析

在一段时间内,薄熙来案件成为国内外关注的焦点和公共空间热议的话题。围绕薄熙来案件的各种声音和观点不断汇集、碰撞、博弈和交锋,在我国社会各领域引发广泛回响。薄熙来案件的深层影响及意义显然已超越了个案本身,它不仅仅是我国推进依法治国进程中具有里程碑意义的标志性案件,也是继20世纪80年代初期由最高人民法院特别法庭对"林彪、江青反革命集团案"审判以来,最为引人注目、社会影响最大的党和国家领导人涉嫌犯罪的严重刑事案件,该案必然会在我国司法史和反腐倡廉史上留下浓墨重彩的一笔。薄熙来案件所展示的复杂场域、对于法治的意义及其带给我们的启示和教训是多方面的,留给我们的思考也是沉重而久远的。笔者立足于刑事法治的视角,拟对薄熙来案件审判涉及的程序法和实体法方面的诸多重要法理问题进行研讨。

(一)薄熙来案件审判的程序法问题

薄熙来案件审判是一次公开、公正、透明、严肃的审判,树立了司法权威和司法公信,体现了程序正义与实体正义的诉讼理念,彰显了依法治国的法治精神,经得起法律和历史的检验,受到了海内外的高度评价和普遍赞誉。薄熙来案件审判中的程序法问题尤为世人关注,也是一审庭审中突出的亮点和看点。下面就这方面的若干重要问题略作探讨。

1. 关于公开审判问题

公开审判是我国刑事诉讼的一项基本原则。在薄熙来案件审判中,法庭始终坚持公开审判的原则,这也是薄熙来案件审判最为突出的亮点之一。山东省济南市中级人民法院不仅在开庭前3日公布了薄熙来案件的案由、被告人的姓名、开庭时间和地点,准许包括薄熙来5名亲属在内的人大代表、政协委员、专家学者、媒体记者以及社会各界人士100余人进行了旁听,公开进行举证、质证和辩论,而且还积极探索和创新公开审判的方式,在本案审理过程中设立新闻发言人,庭审期间每半天召开一次媒体通气会,由新闻发言人通报薄熙来案件庭审的有关情况;还在新浪网、人民网开设官方微博对庭审实况进行直播,向社会及时、全面、准确披露庭审信息,让民众能够第一时间了解案件审理过程和庭审信息;最后还公开进行宣判,将一审判决在网上向社会公布,裁判依据、理由和判决结果全部公开。可以说,本案审判对公开审判原则的贯彻是相当彻底的,也是超乎人们预期的,给人一种身临其境的现场感,其不但充分保障了民众的知情权,而且也有助于程序公正的实现和司法权威的树立,取得了良好的法律效果和社会效果。

  特别值得指出的是,在这次薄熙来案件审判中,山东省济南市中级人民法院通过官方微博直播庭审实况,系国内首例高官腐败犯罪案件审判微博直播,具有标志性的意义。尽管采用微博直播庭审的方式,此前已有过尝试[①],但大都是"雷声大雨点小"[②],社会影响不大。但自薄熙来案件审判采用微博直播以后,对于社会关注度高的案件或者大要案,各地法院纷纷效仿,如前段社会影响较大的"北京大兴摔童案""南京饿死女童案"等案件,相关法院都通过官方微博进行了庭审直播。由上可见,薄熙来案件审判的微博直播已为司法公开带来了一股清新之风,产生了广泛的影响。相比传统的平面媒体,微博作为一种社会化网络"自媒体",具有传播方式便捷、传播范围广、互动性强和社会影响大等特点,对满足民众的知情需要,创新审判公开的方式和促进阳光司法,确实具有积极的示范作用。对于法院为确保本案依法公开审判所作的种种努力尤其是运用微博直播的探索和尝试,应予以充分肯定。在互联网时代和信息化条件下,司法机关理当学会充分利用微博、微信等新媒体服务于我们的司法公开,以此作为促进司法公正和司法文明的重要举措,真正让当事人在审判过程中感受到公平正义。

---

  ① 如2013年6月,河北省高级人民法院开设微博对"王书金案"进行了两次庭审直播;2013年7月,湖南省高级人民法院对"唐慧案"也进行了微博直播。
  ② 如湖南省高级人民法院对"唐慧案"的微博直播,其内容更多为法庭外当事人的活动"花絮",包括唐慧家属的旁听、媒体采访情况、安检入场等情况,属于庭审情况"干货"的微博只有两条,分别为开庭时间和宣布结束(参见《湖南高院微博直播唐慧案 有"始终"无过程被批评》,载《新京报》2013年7月3日)。

2. 关于实质审判问题

所谓实质审判，就是要求法庭对案件的审理是进行实质性的真审而非搞"形式"，即法庭对案件事实的认定、证据的采信以及被告人刑事责任的评判都应当在公开的法庭上进行，要有充分的法庭调查和法庭辩论，法官心证的形成以及裁判结论都应当建立在法庭查明的事实和证据的基础之上。如果庭审并非实质审判，而是流于形式或者"走过场"，成为对侦查卷宗或者起诉卷宗的审查和对起诉意见的确认过程，那么就无异于剥夺了被告人的辩护权、质证权，这会在很大程度上弱化甚至消解庭审的功能，损害司法公信力，容易导致冤假错案的发生。所以，在审判实践中，必须坚决摒弃"走过场"或者流于形式的审判活动。

这次一审法院对薄熙来案件的审判，公诉人有理有据地依法指控犯罪，薄熙来及其辩护人充分进行质证和发表辩护意见，关键证人出庭接受交叉询问，控辩双方均围绕案件事实、证据而展开质证和辩论，庭审表现符合法律理性，未在法律之外横生枝节。除此之外，法庭居中审判，审判长理性平和驾驭庭审，给予控辩双方不偏不倚的举证、质证和辩论机会，开庭审理的时间长短也未事先设置时间表，而是完全根据查明案情和充分质证、充分辩论的需要来定，总共历时四天半，创下了高官腐败犯罪案件庭审时间最长的纪录。可以说，薄熙来案件的审判控辩双方平等对抗、针锋相对、角力激烈，其对抗性和公开性都达到了非常高的程度，且庭审内涵丰富、信息量大，而且判决结果也完全是根据法庭查明的事实和证据依法作出，与过去某些大案要案的审判让人产生"走过场""形式化"的疑惑不同，是一次庭辩有序、控辩双方深度参与的实质性的公开审判，较好地体现了程序正义的理念。

3. 关于独立审判问题

独立审判也是现代司法制度的一项重要原则，是指人民法院在审判各类案件时，应根据对案件事实和证据的认定以及对法律的理解，独立自主地作出裁判，不受行政机关、社会团体和个人等外部的干涉。《中华人民共和国宪法》（以下简称《宪法》）第126条规定："人民法院依照法律规定独立行使审判权，不受行政机关、社会团体和个人的干涉。"《刑事诉讼法》第5条又对上述《宪法》规定作了重申，即："人民法院依照法律规定独立行使审判权，人民检察院依照法律规定独立行使检察权，不受行政机关、社会团体和个人的干涉。"《中华人民共和国法官法》（以下简称《法官法》)第8条有关法官权利的规定中,也明确指出法官享有"依法审判案件不受行政机关、社会团体和个人的干涉"的权利。应当说,审判权独立行使是司法独立的核心,独立审判是司法公正的前提,没有独立审判就没有司法公正。虽然独立的审判并不必然产生司法公正的结果,但不独立的审判,则肯定会导致审判的不公正。在一个民主法治社会,法院应依法有权独立公正地对案件作出终极的司法审查。在薄熙来案件审判中,也涉及独立审判的问题。薄熙来本人在第一天庭审刚开始时就表示:"我希望法官能够合理地、公正地来审判,按照我国法律的程序来审判这个问题。"审判长回应称:"被告人,你的意见本庭已听明白,法院会依法独立公正地行使好审判权,依法审判好你的案件。"①事实上,本案法庭对薄熙来案件的审理也是依法相当彻底地实行了独立审判原则,较为全面、严格地遵循了刑事诉讼法的各项规范,贯彻了正当程序与人权保障的现代刑事诉讼的相关原则与精神,堪称依法独立公正审判的典范。

其一,本案的审判未受到媒体舆论的不当影响。薄熙来案件审判前后,海内外媒体以及网络空间大致有两种舆论:一种是为薄熙来鸣"冤"叫"屈"的,认为薄熙来无罪或者将被"轻罪重判";另一种是对薄熙来的人格及其涉嫌的犯罪事实大加挞伐的,认为薄熙来罪无可恕或者罪大恶极。例如,有关媒体、网络针对薄熙来在庭审中的翻供,在庭审尚在进行的过程中,就密集发表评论对薄熙来进行抨击,说他是"诡计多端、飞扬跋扈、两面三刀""欺上瞒下、表里不一"②"背地里是公器私用、胡作非为"③"当政时大言炎炎,私下却蝇营狗苟"④"无赖与狡辩""虚伪最后的疯狂"⑤,是"腐

---

① 山东省济南市中级人民法院新浪官方微博关于薄熙来案件审判的"庭审现场"播报,载http://e.weibo.com/jinanzhongyuan? page=4&pre_page=2&end_id=3637261201966977,访问日期:2013年9月27日。
② 子言:《薄熙来诡计多端、飞扬跋扈、两面三刀》,载光明网 http://news.ifeng.com/mainland/special/boxilaian/content-2/detail_2013_08/22/28921986_0.shtml,访问日期:2013年9月27日。
③ 严成:《审理薄熙来案件昭示"法网恢恢疏而不漏"铁律》,载中青网 http://pinglun.youth.cn/wztt/201307/t20130725_3589352.htm,访问日期:2013年9月27日。
④ 李泓冰:《人民网评:杜绝空谈,改进党风先要改进表达》,载人民网 http://opinion.people.com.cn/n/2012/1201/c1003-19756895.html,访问日期:2013年9月27日。
⑤ 《无赖与狡辩:虚伪最后的疯狂》,载环球网 http://china.huanqiu.com/politics/2013-08/4276516.html,访问日期:2013年9月27日。

败分子异常狡诈、不轻易放弃、不轻易投降的一个极致典型"①等。笔者认为,新闻媒体对薄熙来案件的广泛关注和报道,可以将案件审理和审判工作置于大众监督之下,有助于增加司法透明度、提高司法公信力和维护司法公正。这也是新闻媒体对审判工作进行舆论监督的重要形式。但是,也应当注意到,新闻媒体如果对正在审理的案件报道严重失实或者恶意进行倾向性报道,甚至歪曲事实、恶意炒作,进行违背法理或者不符合法治精神的报道,也难免会在一定程度上损害司法权威和司法公正。如有的海外媒体就对薄熙来案件的有关素材断章取义,故意作煽情式报道,刻意突出某些人为"编排"的事实;还有的海外媒体对法庭的审理过程以及结果胡乱猜测、无端指责或者乱扣帽子等。这些都是无视事实和法律的主观臆测或者"舆论审判",是严重违背法治精神的。特别是对于薄熙来的当庭辩解乃至翻供,新闻媒体完全没有必要上纲上线,断不可因为所谓的薄熙来"不老实"、不作有罪或罪重供述就放弃司法理性而予以抨击乃至影响司法的公正裁判。需要指出的是,"文革"中奉行的"罪行不在大小,关键在于态度"的诛心主义的流毒应当彻底抛弃。

其二,本案的审判未受到任何个人或者外部因素的不当干涉。这里关键是要正确理解法院依法独立审判与党对审判工作的领导的关系问题。海外媒体有一种观点认为,薄熙来的命运或者说薄熙来判决的决定权不在法院,而是取决于中共"高层",受制于党内"政治力量博弈"云云。也就是指摘所谓薄熙来案件的审判乃至判决结果受到党内政治因素的影响,并非真正的独立审判。这实际上涉及如何正确认识党的领导与司法独立的关系问题。这个问题也是我国政治体制改革与司法改革面临的共同难题。笔者认为,不能将党的领导与司法独立对立起来,两者不是非此即彼的矛盾对立关系,而是辩证统一的关系。党是领导中国特色社会主义事业的核心力量,党的领导地位是在领导中国人民进行革命、建设、改革的长期实践中形成的,是历史的必然选择,这是中国政治的一种特色。坚持党的领导是一项基本原则,包括审判工作在内的司法工作自然不能例外。诚如原国家主席江泽民同志所言:"各级政权机关,包括人大、政府、法院、检察院和军队,都必须接受党的领导,任何削弱、淡化党的领导

---

① 听风者:《从薄熙来案件首日庭审 看反腐斗争之复杂艰巨》,载新华网 http://news.xinhuanet.com/politics/2013-08/22/c_117057860.htm,访问日期:2013 年 9 月 27 日。

的想法和做法,都是错误的。"①也就是说,司法独立的前提条件是坚持党的领导,这在任何时候都是不能动摇的政治原则。当然,党委及其政法委也要自觉在宪法和法律的范围内活动,要支持司法机关依法独立公正行使职权,不插手、不干预司法机关具体的司法活动,不代替司法机关对案件的定性处理。因为"党对司法工作的领导,主要是保证司法机关严格按照宪法和法律,依法独立行使职权。各级党组织和广大党员,特别是党政军领导机关和领导干部要坚决支持司法机关坚持原则,秉公执法"②。这就要求改善党对司法工作的领导方式,将注意力从个案协调督办转移到对司法工作的政治领导、思想领导、组织领导上来,从而形成党的领导与独立审判之间的合理关系。当然,在党委的统一领导下,党委政法委充分发挥自身职能作用,"组织协调维护社会稳定的工作,指导推动大案要案的查处工作,检查监督司法机关的执法情况"③,也是合法合理的,并不会影响人民法院依法独立行使审判权。薄熙来案件作为一起涉及原党和国家领导人实施严重腐败犯罪的大要案,牵涉面广,社会影响大,司法机关按照程序向上级党委或党的有关部门汇报案情,紧紧依靠党委的支持,从而推动该案的顺利审判,应当说是无可厚非的。

可喜的是,这次法庭对薄熙来案件的审判,保持了应有的司法定力,在司法公开与舆论监督、依法独立审判与坚持党的领导之间维持了合理平衡,依法独立公正行使审判权,在庭审查明的事实和证据的基础之上,对薄熙来作出了罚当其罪的有罪判决,是经得起法律和历史检验的。

4. 关于辩护权的保障问题

辩护权是犯罪嫌疑人、被告人在刑事诉讼中的核心权利,其落实和加强既是对尊重和保障人权基本原则的体现,也是维护司法公正的客观要求。辩护权的行使和保障应当贯穿于刑事诉讼的全过程。《刑事诉讼法》第11条规定:"人民法院审判案件,除本法另有规定的以外,一律公开进行。被告人有权获得辩护,人民法院有义务保证被告人获得辩护。"

---

① 参见江泽民:《关于坚持和完善人民代表大会制度》(1990年3月18日),载中共中央文献研究室编:《十三大以来重要文献选编》(中册),中央文献出版社2011年版,第941—942页。
② 《中共中央关于全党必须坚决维护社会主义法制的通知》,载中共中央文献研究室编:《十二大以来重要文献选编》,人民出版社1988年版,第1061页。
③ 中央政法委机关理论学习中心组:《加强和改进党对政法工作的领导》,载《求是》2006年第15期。

第 14 条规定:"人民法院、人民检察院和公安机关应当保障犯罪嫌疑人、被告人和其他诉讼参与人依法享有的辩护权和其他诉讼权利。"可见,不仅犯罪嫌疑人、被告人在刑事诉讼中依法享有辩护权,可以自行辩护和委托辩护人辩护,而且公安司法机关也有义务保证犯罪嫌疑人、被告人获得辩护。2012 年新修订的《刑事诉讼法》对我国刑事辩护制度作了进一步的改革完善,从多个方面加强和充实了犯罪嫌疑人、被告人的辩护权利,为犯罪嫌疑人、被告人辩护权利的行使提供了全面而坚实的法律保障。联合国《公民权利和政治权利国际公约》亦将辩护权的保障视为公正审判的核心内容。如《公民权利和政治权利国际公约》第 14 条第 3 款(乙)项规定:"有相当时间和便利准备他的辩护并与他自己选择的律师联络。"(丁)项规定:"出席受审并亲自替自己辩护或经由他自己所选择的法律援助进行辩护;如果他没有法律援助,要通知他享有这种权利;在司法利益有此需要的案件中,为他指定法律援助,而在他没有足够能力偿付法律援助的案件中,不要他自己付费。"由此可见,充分保障刑事诉讼中犯罪嫌疑人、被告人的辩护权利,具有十分重要的意义。

这次山东省济南市中级人民法院对薄熙来案件的审理,充分尊重和保障了被告人薄熙来的辩护权。

首先,在本案开庭审理前的侦查、审查起诉等阶段,司法机关均在法定期限内依法告知了薄熙来有权委托辩护人。据媒体报道,在侦查阶段,薄熙来的家属曾为其聘请了多名律师,后经薄熙来本人选择确认,聘请北京德恒律师事务所的律师李贵芳、王兆峰两人担任其辩护人;在审查起诉和审判阶段,则由薄熙来直接确认继续聘请两人出庭辩护。薄熙来的两位辩护人接受委托后,依法查阅了全部案卷材料,复制了相关证据,并 20 余次会见薄熙来,就辩护思路等与薄熙来充分交换了意见。而且司法机关还安排专人为薄熙来的辩护人查阅案卷提供了帮助。①

其次,在庭审过程中,薄熙来本人对公诉机关指控的犯罪事实进行了充分辩解,向出庭作证的多名证人进行了数十次的交叉询问、反复对质,对有关证据详细质证,发表了长达 90 分钟的自行辩护意见,充分进行最后陈述,而且薄熙来当庭提出的所有发言申请法庭均予以准许,无论是公

---

① 参见《薄熙来亲选辩护律师 薄案共调查近百名知情人》,载《新京报》2013 年 8 月 27 日。

诉人还是合议庭,都没有随意限制、打断薄熙来的发问、质证和辩解。相反,公诉人在举证阶段不当地发表质证意见和辩论意见时,审判长几次予以制止,提醒公诉人对被告人辩解的质证意见应在质证阶段再行发表,辩论意见则应在辩论阶段再发表,从而充分保障了薄熙来辩护权的行使。除此之外,薄熙来的两位辩护人在庭审中也认真履行职责,依据事实和法律为薄熙来辩护,依法维护薄熙来的诉讼权利和其他合法权益,对他们认为案件事实不清、证据不足的问题,也都充分发表了辩护意见,不仅整个辩护过程专业、文明,而且还充分尊重薄熙来的辩护意见和辩护思路,较好地贯彻了控辩平等原则。

再次,法庭对薄熙来辩护权利的尊重和保障,也得到了薄熙来本人及其家属的认可。如薄熙来在2013年8月23日第二天庭审中,当庭表示:"对昨天的审判,我感觉审判长的掌握是文明的、是理性的、是公允的,我感到满意。"[①]在最后陈述中,薄熙来又再一次表示:"这次审判历时五天,让控辩双方都有机会充分发表意见,还有微博传送了信息,表明了中央搞清事实、追求公正的决心,也使我对中国司法的未来又增添了信心。"[②]薄熙来的长子李望知在旁听庭审之后便发表声明,该声明称:"感谢党中央、感谢法庭给予了被告人比他预期更多的辩护权利和自由,使得我父亲可以讲出真心话……"[③]由上可见,本案中薄熙来的辩护权利得到了切实而充分的保障,贯彻和体现了现代刑事诉讼的要求,值得充分肯定。

5. 关于证人出庭作证问题

按照我国《刑事诉讼法》的相关规定,证人证言是法定证据的一种,对于证明案件事实具有重要作用;证人有作证的法定义务;证人证言必须在法庭上经过控辩双方质证并且查实以后,才能作为定案的根据。对于控辩双方有异议且对案件定罪量刑有重大影响的证人证言,为了能够进行充分的质证并保证其属实而作为定案的根据,人民法院认为证人有必

---

① 山东省济南市中级人民法院新浪官方微博关于薄熙来案件审判的"庭审现场"播报,载 http://e.weibo.com/jinanzhongyuan? page = 4&pre_page = 2&end_id = 3637261201966977,访问日期:2013年9月27日。

② 山东省济南市中级人民法院新浪官方微博关于薄熙来案件审判的"庭审现场"播报,载 http://e.weibo.com/jinanzhongyuan? page = 4&pre_page = 2&end_id = 3637261201966977,访问日期:2013年9月27日。

③ 方乐迪:《薄熙来之子李望知六年之后首见父》,载 http://news.takungpao.com/mainland/focus/2013-08/1849561.html,访问日期:2013年9月27日。

要出庭作证的,证人应当出庭作证;经人民法院通知,除了被告人的父母、子女和配偶外,证人没有正当理由不出庭作证的,人民法院可以强制其到庭作证等。上述规定基本确立了我国刑事证人出庭作证制度的法律框架。然而,在司法实践中,证人不出庭作证的现象却相当普遍。据有关研究表明,各级人民法院审理刑事案件证人出庭作证的较少,一般仅占案件数的6%左右;而且出庭作证的大部分是被害人一方和附带民事诉讼原告一方的证人,其他的证人到庭的很少,即使是在证言非常重要如证据出现矛盾的情况下也是如此。① 还有学者指出,实践中刑事证人出庭作证的比例较低,就全国范围而言,刑事案件的证人出庭率只有5%左右。② 应当说,证人尤其是关键证人不出庭作证,既不利于案件真相的查明,也不利于充分保障辩护权、质证权的行使,对于庭审功能的发挥以及刑事诉讼正当程序价值的实现也会产生消极影响。而证人出庭作证,当面接受控辩双方的询问和质证,既有助于充分保障被告人的诉讼权利,更好地实现程序公正与实体公正,而且也是还原案件真实情况的最佳途径,往往能令真相大白。

薄熙来案件的庭审,在保障证人出庭作证方面是比较成功的,除了当庭展示有关书证、证人证言、音视频证据外,法庭还传唤了关键证人大连实德集团有限公司董事长徐明(证实被告人受贿)、时任大连市城乡规划土地局局长王正刚(证实被告人贪污)、重庆市原副市长兼公安局局长王立军(证实被告人滥用职权)到庭作证,接受控辩双方交叉询问,保证了较高的证人出庭率,被告人也充分行使了质证权,对三位证人各进行了多次发问和质询,其诉讼权利得到充分保障。至于同样是关键证人的薄谷开来未出庭作证,法庭只是宣读和展示了她的书面证词以及同步录音录像资料,并不违反法律规定。因为根据《刑事诉讼法》第188条第1款的规定,经人民法院通知,证人没有正当理由不出庭作证的,人民法院可以强制其到庭,"但是被告人的配偶、父母、子女除外"。正是这个"但书"规定,赋予了被告人近亲属拒绝出庭作证的特权。而薄谷开来作为被告人薄熙来的妻子,其明确表示拒绝到庭作证,法庭显然是不能强制她出庭作

---

① 参见陈光中主编:《审判公正问题研究》,中国政法大学出版社2004年版,第46页。
② 参见赵丽:《浅论我国的刑事证人保护制度》,载《重庆科技学院学报(社科版)》2011年第11期。

证的,否则就违反了法律的规定。因此在薄熙来因质疑薄谷开来的证言及其精神状况而两次强烈要求薄谷开来直接到庭作证的情况下,审判长也依法并合理地作了释明,表示:"控辩双方都曾申请薄谷开来到庭作证,根据双方的申请,本庭经过审查也认为薄谷开来应到庭作证,在庭审前本庭曾派法官到羁押她的监狱面见她要求她出庭作证,但她明确表示拒绝到庭作证;所以在法庭依法通知她后,薄谷开来明确表示拒绝出庭作证,本庭依法不能强制她出庭。"[1]应当说,法律赋予被告人近亲属拒绝出庭作证的权利,司法机关不能采取强制出庭措施,在某种意义上,可以说是对中国古代"亲亲相隐"传统和理念的回归,有利于维护家庭关系的稳定和正常的亲情伦理,符合我国国情民意和文化传统,是一种科学的、人性化的立法。

不过,需要注意的是,被告人近亲属可以拒绝出庭作证,司法机关不能对其采取强制到庭措施,并不意味着被告人近亲属享有"拒证权",更不代表他们在侦查、审查起诉阶段也可以拒绝作证。不强制到庭,也不是鼓励不到庭,被告人的近亲属愿意到庭作证甚至主动揭露被告人犯罪事实,也是可以的。当然,还有一个问题值得思考,就是在被告人近亲属已提供证言尤其是不利于被告人的证言的情况下,如果其拒绝出庭接受询问和对质(如薄谷开来就是这种情况),势必会影响被告人辩护权和质证权的行使,这既不利于保护被告人的诉讼权利,也不利于案件事实的查清。而且也不是《刑事诉讼法》再修改时赋予被告人近亲属拒绝出庭作证权利的立法本意(即强调家庭关系和亲情伦理的维系)。鉴于此,笔者认为,《刑事诉讼法》第188条第1款还有待进一步修改完善,应规定在"被告人近亲属提供的证言不利于被告人或者对定罪量刑有重大影响的"情况下,赋予司法机关可以采取强制证人到庭措施的权力。总而言之,薄熙来案件审判中注意传唤多位关键证人出庭作证的做法值得肯定和弘扬,而以往在一些刑事案件甚至是重大刑事案件审判中往往不注意保证证人出庭作证的陋习则值得检讨和纠正。

6. 关于翻供问题

所谓翻供,一般是指犯罪嫌疑人、被告人推翻或者改变自己原有供述

---

[1] 山东省济南市中级人民法院新浪官方微博关于薄熙来案件审判的"庭审现场"播报,载http://e.weibo.com/jinanzhongyuan? page = 4&pre_page = 2&end_id = 3637261201966977,访问日期:2013年9月27日。

的行为。翻供既可能是推翻原来无罪或罪轻的供述,也可能是推翻原来有罪或罪重的供述,但常见的翻供现象主要是后者。毋庸讳言,翻供是当前司法实践中具有普遍性的一种现象,其作用具有双重性,如实翻供可能有助于公安司法工作人员转变观念,提高业务素质,防止出现刑讯逼供等非法取证行为,减少冤假错案的发生,而不实翻供则会增加诉讼成本,影响刑事诉讼机制的正常运行和对犯罪的惩罚。司法实践中翻供的原因和动机也是多种多样的,有的是基于趋利避害之本能、意图逃避法律追究,有的是心存侥幸、想钻立法或司法的空子,有的是在先前供述时遭受了刑讯逼供,有的是因监管漏洞出现的串供,还有的是良心发现、真诚悔罪,等等,无论基于何种原因和动机,表明翻供现象具有一定的复杂性,翻供的内容有真有假,需要司法机关认真进行审查判断。

在薄熙来案件审理中,对于起诉书的有罪指控,薄熙来当庭予以否认,推翻了其在纪律审查、侦查、审查起诉阶段所作的有罪供述,并屡屡以"不知情""受到压力"等理由来辩解,宣称自己先前是"违心认罪""当时有机会主义,有软弱"①,可谓全盘翻供、拒不认罪。相比同类高官腐败犯罪案件审判中被告人认罪的情况,薄熙来当庭翻供,确实让人感到些许意外,这也引发了社会各界的热议和讨论。笔者认为,薄熙来虽然当庭全盘翻供,法庭也充分保障了他的诉讼权利,让其充分表达,但这不意味着有翻供就不能定案。其实,被告人供述只是法定证据的一种,但不是定罪的充分证据或者必要证据,更不是唯一证据。定罪主要不是依靠口供,而是以口供以外的证据为主要根据。刑事审判工作坚持的是证据裁判原则,即法官对于被告人是否有罪的认定必须基于证据证明的事实。诚如最高人民法院院长、首席大法官周强在 2013 年 10 月召开的第六次全国刑事审判工作会上所强调指出的,要坚持证据裁判,严格把握证明标准,认定被告人有罪必须做到证据确实、充分,依法排除非法证据。② 我国《刑事诉讼法》第 53 条第 1 款明确规定:"对一切案件的判处都要重证据,重调查研究,不轻信口供。只有被告人供述,没有其他证据的,不能认定被告

---

① 山东省济南市中级人民法院新浪官方微博关于薄熙来案件审判的"庭审现场"播报,载 http://e.weibo.com/jinanzhongyuan? page =4&pre_page =2&end_id =3637261201966977,访问日期:2013 年 9 月 27 日。

② 参见张先明:《第六次全国刑事审判工作会议在京召开》,载《人民法院报》2013 年 10 月 15 日。

人有罪和处以刑罚;没有被告人供述,证据确实、充分的,可以认定被告人有罪和处以刑罚。"这表明"即使没有被告人供述或者被告人全盘翻供,但只要口供以外的其他证据之间能够相互印证,形成完整的证据链条,排除合理怀疑,达到了有罪证明标准,照样可以对被告人定罪处刑"①。重证据、不轻信口供,这是证据裁判原则的基本要求。法庭要对全案证据进行综合审查、认定,判断是否达到了确实、充分的证明标准,进而得出案件结论。另外,2013年1月1日起施行的最高人民法院《关于适用〈中华人民共和国刑事诉讼法〉的解释》第83条也规定:"审查被告人供述和辩解,应当结合控辩双方提供的所有证据以及被告人的全部供述和辩解进行。被告人庭审中翻供,但不能合理说明翻供原因或者其辩解与全案证据矛盾,而其庭前供述与其他证据相互印证的,可以采信其庭前供述。被告人庭前供述和辩解存在反复,但庭审中供认,且与其他证据相互印证的,可以采信其庭审供述;被告人庭前供述和辩解存在反复,庭审中不供认,且无其他证据与庭前供述印证的,不得采信其庭前供述。"薄熙来当庭翻供,但其辩解及理由只是对有关证人证言的否定以及对相关问题的情理分析,不仅没有提出证据来反驳起诉书对其有罪指控,并且其辩解也与全案客观证据矛盾,显得苍白无力,是完全站不住脚的。而薄熙来的庭前供述较为稳定且有关联性的证据,与公诉机关出示的证人证言、书证、物证能相互印证,故而法庭可以采信其庭前供述。而且公诉机关出示的证据环环相扣、相互印证,已经形成了比较完整的证据链,足以证实薄熙来的行为构成了受贿罪、贪污罪、滥用职权罪。事实上,一审判决也未受到薄熙来翻供的影响,而是根据法庭查明的案件事实,综合全案证据以及其辩解的具体情况,认为薄熙来在法庭上所作的无罪辩解不能成立,公诉机关指控薄熙来犯罪的事实清楚,证据确实、充分,故而依法作出有罪判决。一审的有罪判决也得到了二审的依法维持。

7. 关于非法证据排除问题

所谓非法证据排除,简言之,就是指以非法手段收集的证据不得作为认定犯罪事实的根据。非法证据排除规则是现代西方法治国家司法中的通行规则,也是联合国的一项重要司法准则,其对于遏制侦查人员违法取证,强化刑事诉讼中的人权保障,促进案件实体真实发现,防止发生冤

---

① 陈光中:《经得起法律和历史检验的正义审判》,载《法制日报》2013年9月27日。

假错案,维护司法公正和法治尊严,具有重要意义。2012 年修改后的《刑事诉讼法》对"非法证据排除"问题作了较为全面而详细的规定,明确了非法证据排除的范围、程序和公检法三机关对排除非法证据的义务,并且还规定了启动非法证据排除程序的证据要求、证据合法性的证明责任、证明程度和非法证据排除的条件等内容。这是我国健全刑事证据规则方面的显著进步以及刑事证据制度的创新和重大突破,必将为非法证据排除在我国司法实践中的实现提供有力保障。

在薄熙来案件的审理中,也涉及非法证据排除这一重要问题。薄熙来及其辩护人在一审时就提出了"薄熙来有关收受唐肖林贿赂及知晓徐明为薄谷开来母子支付费用的两份自书材料系在办案人员施加的不正当压力和诱导下违心所写,该两份自书材料及之后与此相关的供述和亲笔供词均属于《中华人民共和国刑事诉讼法》第 54 条规定的非法证据,应当予以排除;或者属于《中华人民共和国刑事诉讼法》第 50 条规定的'以威胁、引诱、欺骗以及其他非法方法收集'的证据,应当不予采信"[①]的辩解和辩护意见。上诉后,薄熙来又再次将"其供认犯罪的自书材料和亲笔供词系在办案人员的压力下形成,应作为非法证据予以排除,不应作为证据采信"[②]作为其重要的上诉理由。对此,一、二审法院均认为薄熙来及其辩护人的前述辩解意见和上诉理由不能成立,未予采纳。笔者认为,一、二审法院关于本案非法证据排除的评判意见是于法有据的,因而也是正确的。《刑事诉讼法》50 条规定:"审判人员、检察人员、侦查人员必须依照法定程序,收集能够证实犯罪嫌疑人、被告人有罪或者无罪、犯罪情节轻重的各种证据。严禁刑讯逼供和以威胁、引诱、欺骗以及其他非法方法收集证据,不得强迫任何人证实自己有罪……"第 54 条规定:"采用刑讯逼供等非法方法收集的犯罪嫌疑人、被告人供述和采用暴力、威胁等非法方法收集的证人证言、被害人陈述,应当予以排除……"至于何谓"刑讯逼供等非法方法",最高人民法院《关于适用〈中华人民共和国刑事诉讼法〉的解释》第 95 条第 1 款也作了解释,规定:"使用肉刑或者变相肉刑,或者采用其他使被告人在肉体上或者精神上遭受剧烈疼痛或者痛苦

[①] 山东省济南市中级人民法院新浪官方微博关于薄熙来案件审判的"庭审现场"播报,载 http://e.weibo.com/jinanzhongyuan? page=4&pre_page=2&end_id=3637261201966977,访问日期:2013 年 9 月 27 日。

[②] 山东省高级人民法院(2013)鲁刑二终字第 110 号《刑事裁定书》。

的方法,迫使被告人违背意愿供述的,应当认定为刑事诉讼法第五十四条规定的'刑讯逼供等非法方法'。"具体到薄熙来案件,薄熙来及其辩护人所称的"受到办案人员的压力",若属实虽然也涉及精神方面的压力,但这种压力并非办案人员使用刑讯逼供或者其他使薄熙来精神上遭受剧烈痛苦的方法形成的,并不属于《刑事诉讼法》规定的"刑讯逼供等非法方法",不符合非法证据排除的条件。而且在案证据也表明,薄熙来本人亦承认本案不存在上述刑讯逼供等非法取证的情形。综上所述,薄熙来供认犯罪的自书材料和亲笔供词,并非办案人员采用刑讯逼供等非法方法取得的,法庭可以将其作为定案根据予以采信,不能搞所谓的非法证据排除。事实上,薄熙来庭前的有罪供述内容也得到了唐肖林、徐明、薄谷开来等人的证言佐证和相关书证、物证的印证,足以确认其书写内容的真实性。

8. 关于证人资格问题

所谓证人资格,是指一个国家的法律用来承认或判断某人是否能成为诉讼中的证人的标准。① 通俗地讲,就是在诉讼中能够成为证人所需具备的资格和条件,即哪些人能作为证人,哪些人不能作为证人。证人资格问题是刑事诉讼过程中的一个重要问题,正确把握证人的资格及其限制条件是保证证人证言可采性的前提,也是判断证人证言证据力的重要依据。一个根本没有作证资格的人,其所提供的证言的可信度和证明力都是存在问题的,不能作为认定案件事实的依据。证人资格作为一种自然人能动性的表征,它是人的自然属性与社会属性的综合产物,各国法律除一般性地赋予公民作证资格以外,还考虑到自然人对社会生活普遍现象的感知、记忆和陈述能力,作证人的年龄,以及就特定案件事实的利害关系、知识经验、基本态度、身份关系等因素②,对证人资格还设置了一些例外情形或者限制条件,以最大限度地保障证人证言的可信性与证明力。尽管因两大法系的法律文化、诉讼模式以及证据制度存在差异,对证人资格的限制也各不相同,但在证人资格问题上表现出了相同的发展趋势,即对证人资格的限制越来越少,具有证人资格的人的范围越来越广

---

① 参见邬小骋、胡祺春:《我国刑事诉讼证人资格》,载《上海市政法管理干部学院学报》2001年第6期。
② 参见相启俊:《论证人资格及其限制条件》,载《政法论丛》2003年第2期。

泛。① 现在各国在证人资格问题上基本上都倾向于不作出限制,原则上任何人都有出庭作证的资格。② 就我国刑事证人的资格而言,《刑事诉讼法》第60条规定:"凡是知道案件情况的人,都有作证的义务。生理上、精神上有缺陷或者年幼,不能辨别是非、不能正确表达的人,不能作证人。"上述条款对我国刑事证人资格问题作出了原则性的规定。根据这一规定,只要不是生理上、精神上有缺陷或者年幼,凡是能辨别是非并能正确表达的人,都具有刑事证人资格。可见,我国刑事证人的范围是十分广泛的。

在薄熙来案件审理中,也涉及刑事证人资格这一程序法问题。从薄熙来及其辩护人提出的有关辩解和辩护意见看,实际上包括有精神障碍的人、有犯罪污点的人能否作为刑事证人作证这两个问题。下面分别述之。

第一,关于有精神障碍的人之证人资格问题。薄熙来及其辩护人在一审中就公诉机关的指控提出了"证人薄谷开来有精神障碍,其作证能力存疑……"③等辩解和辩护意见。一审宣判后,薄熙来不服一审判决,提出上诉,并再次提出了"薄谷开来系本案关键证人,但作证能力存疑,又未到庭接受质证,薄谷开来的证言不应采信作为定案根据"④的上诉理由。笔者认为,薄熙来及其辩护人所提的上述辩解和辩护意见缺乏事实和法律依据,是不能成立的。不可否认,有精神障碍的人的作证能力在客观上确实会受到一定影响,但这并不代表其会丧失证人资格,更不意味着法庭不能采信其证言。《刑事诉讼法》有关条文并未规定有精神障碍或者说精神上有缺陷的人就不能作为证人,只有在精神上有缺陷并且同时不能辨别是非、不能正确表达时,才丧失证人资格,其证言不能作为定案的依据。诚然,薄谷开来故意杀人案中经生效判决确认的司法鉴定意见书载明,薄谷开来在2011年11月13日实施杀人犯罪时辨认能力完整,控制能力削弱,鉴定诊断为精神活性物质所致精神障碍,但其仍能辨别是非和

---

① 参见聂昭伟:《论我国刑事证人资格的扩张》,载《中国刑事法杂志》2005年第3期。
② 参见姚莉、吴丹红:《证人资格问题重述》,载《中国刑事法杂志》2002年第5期。
③ 山东省济南市中级人民法院新浪官方微博关于薄熙来案件审判的"庭审现场"播报,载http://e.weibo.com/jinanzhongyuan?page=4&pre_page=2&end_id=3637261201966977,访问日期:2013年9月27日。
④ 山东省高级人民法院(2013)鲁刑二终字第110号《刑事裁定书》。

正确表达,而且当庭播放的薄谷开来作证录音录像亦显示,薄谷开来对办案人员的询问有明确的认知,语言流畅,表情自然,情绪稳定,不存在丧失辨别是非或者正确表达能力的情形,故而其具有刑事证人资格是不存在问题的。当然,考虑到薄谷开来曾被鉴定诊断为精神活性物质所致精神障碍,故对其所提供的证言确实要慎重使用,应结合在案其他证据进行综合分析认定。最高人民法院《关于适用〈中华人民共和国刑事诉讼法〉的解释》第109条第1款第(一)项规定,"下列证据应当慎重使用,有其他证据印证的,可以采信:(一)生理上、精神上有缺陷,对案件事实的认知和表达存在一定困难,但尚未丧失正确认知、表达能力的被害人、证人和被告人所作的陈述、证言和供述"。而从本案来看,自2012年3月薄谷开来被羁押以后,其已无接触致使其精神障碍的精神活性物质的条件,而且其所提供的证实薄熙来确实受贿、贪污事实的证言,有经过庭审举证、质证并经法庭确认的徐明、王正刚等证人的证言、薄熙来的自书材料及亲笔供词、有关书证、物证等证据予以印证,足以确认薄谷开来证言的真实性,是可以作为定案的依据的。

第二,关于有犯罪污点的人之证人资格问题。薄熙来在一审庭审中也提出了"唐肖林……是一个地地道道的贪腐分子和经济骗子""对于一个十几年前的骗子、贪腐分子今天说的话,今天我认为是不可信的""唐肖林收了250万元,本身就已犯罪,在此情况下他还作证,是不合适的"等辩解意见。① 这实际上涉及污点证人的作证资格问题。所谓污点证人,是指有犯罪污点,但因了解案情而被司法机关通知作证的诉讼参与人。② 在本案中,不仅唐肖林是污点证人(唐肖林曾因在他案中收受他人财物而构成犯罪,已另案处理),其实薄谷开来等也是污点证人(薄谷开来因犯故意杀人罪被安徽省合肥市中级人民法院判处死缓,已另案处理)。笔者认为,首先,有犯罪污点的人,只要其知道案件有关情况,同样可以作为证人,除非其生理上、精神上有缺陷或者年幼,不能辨别是非、不能正确表达。在此意义上,所谓的"污点"即是指犯罪前科,有无犯罪污点与是否

---

① 参见山东省济南市中级人民法院新浪官方微博关于薄熙来案件审判的"庭审现场"播报,载http://e.weibo.com/jinanzhongyuan?page=4&pre_page=2&end_id=3637261201966977,访问日期:2013年9月27日。
② 参见陈富、王蕙:《查处渎职侵权案件应建立污点证人制度》,载《人民检察》2007年第1期。

具有作证资格没有必然联系,有无犯罪污点不是判断证人资格的标准。其次,在同一案件中,对于罪行较轻的犯罪嫌疑人或者被告人,是否可以作为污点证人指控被追诉人,是一个值得深入思考的问题。这也是刑事诉讼法理论界通常所讲的"污点证人作证制度",这种意义上的污点证人,是指了解案件情况并具有某种犯罪嫌疑,经司法机关指定,赋予其作证的刑事责任豁免权,而被强制作为控方证人,提供证据证明被追诉者犯罪事实的人。① 因污点证人作证制度涉及刑事诉讼中当事人角色的转换,对证人权利的保护、作证豁免程序的运作等一系列程序性问题,我国《刑事诉讼法》目前还没有规定这一制度。当然,就薄熙来案件而言,所涉及的证人唐肖林有犯罪污点的问题,主要是指前述犯罪前科意义上的污点证人。因为唐肖林知道有关案件情况,在本案中作为证人(行贿人)指证薄熙来(受贿人),不会发生角色冲突,因而是具有作证资格的。

9. 关于证据的适格性问题

证据适格性,又称证据资格、证据能力,是指某一材料能够用于严格证明的能力或者资格,亦即其在法律上允许采用的能力,解决的是证据资格问题。② 证据适格性或者证据能力主要是大陆法系国家的概念,在英美法系国家则被称为证据的可采性,可采性是证据规则的灵魂,英美证据法确定的关联性规则、传闻规则、自白规则、非法证据排除规则、意见规则、最佳证据规则等,都是用于规范证据的资格或者证据能力的,只有证据补强规则等极少数证据规则涉及证据的证明力问题。③ 尽管两大法系国家对证据适格性的称谓不同,但从功能上看,大陆法系国家的证据适格性与英美法系国家的证据可采性的旨趣相同,均是对证据的资格或者能力进行一定的限制,缩小证据调查的范围。就我国而言,一般认为,证据必须同时具备客观性、关联性和合法性三个属性,才能作为定案的根据。诚如有学者指出:"证据经审查判断后被认为符合客观性、关联性与合法性的要求,因而可以作为认定事实的依据。"④

---

① 参见谷志平:《污点证人制度研究》,载《湖北省社会主义学院学报》2004年第6期。
② 参见宋英辉、汤唯建主编:《我国证据制度的理论与实践》,中国人民公安大学出版社2006年版,第119页。
③ 参见宋英辉、汤唯建主编:《证据法学研究述评》,中国人民公安大学出版社2006年版,第168页。
④ 何家弘主编:《证据学论坛》(第4卷),中国检察出版社2002年版,第88页。

薄熙来案件审理中亦涉及证据的适格性问题。详言之,主要包括对来自境外的证据材料以及纪委调查案件所收集的证据材料的证据适格性判断。

第一,关于来自境外的证据材料的适格性问题。薄熙来的辩护人在一、二审阶段都提出"涉及法国别墅的书证均来源于境外,但未经公证、认证程序,亦非通过司法协助途径调取,真实性无法确认,不能作为证据使用"[①]。也就是认为涉及法国尼斯别墅的相关书证系来自境外的证据材料,未经公证、认证等程序,不具有证据适格性,不能将其作为证据使用。对此,一、二审法院审查后均评判指出,涉及枫丹·圣乔治别墅的相关书证系办案机关依法从徐明境内住所调取或者由证人德维尔、姜丰向办案机关提供,其来源合法,无需通过司法协助途径调取,相关法律规定亦未要求必须经过公证、认证程序,且上述书证所证明的内容与证人证言及其他书证能够相互印证,足以确认其内容的真实性,可以作为证据使用。[②]我们认为,法院的上述评判意见并无不妥。对于来自境外的证据材料的审查以及认定,有关司法解释是作了明确规定的。最高人民法院《关于适用〈中华人民共和国刑事诉讼法〉的解释》第405条第1款规定:"对来自境外的证据材料,人民法院应当对材料来源、提供人、提供时间以及提取人、提取时间等进行审查。经审查,能够证明案件事实且符合刑事诉讼法规定的,可以作为证据使用,但提供人或者我国与有关国家签订的双边条约对材料的使用范围有明确限制的除外;材料来源不明或者其真实性无法确认的,不得作为定案的根据。"该条第2款规定:"当事人及其辩护人、诉讼代理人提供来自境外的证据材料的,该证据材料应当经所在国公证机关证明,所在国中央外交主管机关或者其授权机关认证,并经我国驻该国使、领馆认证。"可见,需要经公证、认证等程序确认的情形,是专门针对当事人及其辩护人、诉讼代理人提供的来自境外的证据材料,而不包括办案机关依法收集的来自境外的证据材料。当然,办案机关依法收集的境外的证据材料,也必须经过法院审查,在确保材料来源清楚、真实性能确认的情况下,才能作为证据使用。薄熙来案件中,涉及法国尼斯别墅的

[①] 山东省济南市中级人民法院(2013)济刑二初字第8号《刑事判决书》、山东省高级人民法院(2013)鲁刑二终字第110号《刑事裁定书》。

[②] 同上注。

相关书证是由办案机关依法从徐明境内住所调取或者由证人德维尔、姜丰向办案机关提供,来源清楚,取证手段合法,无须经过公证、认证等程序,且上述书证所证明的内容与薄谷开来、徐明等证人的证言及其他书证能够相互印证,足以确认其内容的真实性,因而具有证据的适格性,是可以作为定案根据的。

　　第二,关于纪委收集的证据材料的适格性问题。一审法庭调查中,公诉人将中纪委办理此案过程中薄熙来写的亲笔供词、自书材料等作为指控证据出示,还当庭宣读了薄熙来于 2012 年 7 月 26 日还处在中纪委审查阶段①写的自书材料节录。有评论认为此举不妥,认为这些材料依法没有证据能力,因为中纪委没有刑事司法侦查权;2012 年 8 月 24 日上午,济南市中级人民法院在其官方微博中则认可了检方的做法,并提出其根据是我国《刑事诉讼法》第 48 条第 1 款"可以用于证明案件事实的材料,都是证据"的规定。笔者认为,对于纪委调查案件所收集的证据材料可否在刑事诉讼中作为证据直接使用,应当辨证分析,不能一概而论。《刑事诉讼法》第 52 条第 2 款规定:"行政机关在行政执法和查办案件过程中收集的物证、书证、视听资料、电子数据等证据材料,在刑事诉讼中可以作为证据使用。"由上可见,行政机关在行政执法和查办案件过程中收集的物证、书证等实物证据材料,在刑事诉讼中可以作为证据使用,经法院审查后可以作为定案的根据。这主要是因为实物证据材料具有稳定性、不可替代性和较强的客观性等特点,认定其在刑事诉讼中的证据资格是具有合理性的。与此同时,从上述立法规定也可以看出,行政机关在行政执法和查办案件过程中收集的被调查人的供认、证人证言等言词证据材料,不得在刑事诉讼中作为证据使用,而应当由司法机关重新依法收集。上述立法规定中所指的行政机关显然是包括行政监察机关在内的,而行政监察机关与纪委在我国是合署办公,在查办案件时往往是作为一个整体出现,行政监察机关的首长也同时兼任同级纪委的副书记,行政监察机关的副职领导通常也是同级纪委的常委,这是我国纪检监察体制的特色。因

---

①　2012 年 9 月 28 日,中共中央政治局会议审议并且通过中共中央纪律检查委员会《关于薄熙来严重违纪案的审查报告》,决定给予薄熙来开除党籍、开除公职处分,对其涉嫌犯罪问题及犯罪问题线索移送司法机关依法处理。也就是说,直至 2012 年 9 月 28 日薄熙来被"双开"后,其涉嫌犯罪问题及犯罪线索才移送司法机关处理,之前都处在中纪委立案检查阶段,而未进入刑事诉讼过程中。

而由此可以逻辑地推断出,纪委调查案件收集的证据材料,如果属于物证、书证、电子数据等实物证据材料,在依法审查后是可以作为证据使用的;但对于被调查人的供认笔录、证人证言等言词性证据材料,在刑事诉讼中是不能直接作为证据使用的,而必须经过一定的程序进行转换或者由检察机关重新依法收集。否则,就是于法无据,欠缺正当性。事实上,在我国现阶段的刑事诉讼中,虽然有不同的主张和实践,但较为普遍的做法是将纪委调查案件所收集的材料转换成为检察机关侦查取证的材料,纪委收集的言词证据材料一般不直接用于庭审中作为指控证据。因此可以说,本案中公诉人将中纪委所收集的薄熙来的自书材料等直接作为指控证据在法庭出示并宣读的做法是欠妥的,济南市中级人民法院对此种做法的认可也是不当的,有违《刑事诉讼法》的规定。

从长远来看,笔者建议,今后我国应当进一步顺在腐败犯罪案件查处纪检监察机关与检察机关的关系并形成规范和制度。在我国当前反腐败体制下,纪委、检察院都是反腐败的重要力量,纪委负责组织协调,检察院是职能机关,两者不是领导与被领导的关系,而是协调与配合的关系。检察机关应依法独立行使检察权包括查处腐败犯罪案件,而不应一味或者无原则地顺从纪委的意见。纪委立案调查期间,检察机关原则上不应提前介入;案件移送检察机关立案侦查后,纪委也不应加以干涉,而应尊重和支持检察机关依法独立办案。诚如有学者指出,要把纪委的权力也关进正当程序的笼子里,只有进一步理顺纪、法关系,才能有效维护司法的独立和权威以及法律的统一、正确实施。①

10. 关于证明力问题

所谓证明力,又称证据效力,是指一个证据对待证事实证明上的强弱程度,即证据在多大程度上对待证事实有证明作用。任何一个证据要转化为定案的根据,就必须同时具有证据能力和证明力。证据能力属于法律问题,而证明力则属于事实问题。在大陆法系国家,按照其"自由心证"原则,证据的证明力大小强弱要由裁判者根据自己的理性、经验和良心,进行自由判断,法律不作任何限制性的规定。② 在我国,证据的证明

---

① 参见陈光中、龙宗智:《关于深化司法改革若干问题的思考》,载《中国法学》2013年第4期。

② 参见陈瑞华:《关于证据法基本概念的一些思考》,载《中国刑事法杂志》2013年第3期。

力大小强弱,也基本是由法官根据在庭审中对该证据所形成的直观印象,依据经验、理性、良心和逻辑等加以评判。不过,为了限制法官的自由裁量权和约束法官的心证,从而确保法官准确、公正和高效地认定案件事实,我国法律还确立了一系列旨在限制证据证明力的证据规则,包括证明力的否定规则(如孤证不能定案)、补强规则、减等规则、优先规则、推定规则等内容。证明力主要由真实性和相关性两个基本的侧面组成,真实性是对证明力所作的"定性"(有无),而相关性则带有"定量"(强弱)的特点。具体到薄熙来案件,从薄熙来及其辩护人提出的辩解和辩护意见看,主要涉及品格证据的证明力、利害关系证人证言的证明力、外围证据的证明力这三个方面的问题。

第一,关于品格证据的证明力问题。这涉及证人品格对其证言真实性的影响,以及对品格证据的排除或者采信问题。在一审庭审中,薄熙来多次指摘王立军"品质极其恶劣""当场造谣""做人的基本道德没有秉持"等,并认为把"这种人作为重要证人进行举证,有失法律公信力"。[①] 此外,薄熙来还认为指证其滥用职权犯罪事实的证人关某某道德品质有问题,据此认为关某某的证言不真实。如薄熙来在一审庭审中说:"实际上关某某是王立军第二,他是钻这个空子,走夫人路线,他当时的心态完全是讨好我,讨好谷开来""过去在涉及我的问题上,我不想涉及别人,但现在我看见关某某这么造谣,我觉得这个人在道德品质上实际上让我感觉遗憾"[②]等。也就是说,薄熙来认为王立军、关某某的品格有问题,进而对王立军、关某某证言的真实性表示质疑。关于品格问题,不同法系、不同国家对品格的理解都不尽相同。大陆法系经常以人格代替品格,是指某人身上所拥有的独特而稳定的心理品质的总和。英美法系对品格一词的理解则有广义和狭义之分,广义的品格包括声誉、性格倾向和某人历史上的事件(主要是犯罪前科),狭义的品格仅指名声和行为倾向。[③] 在我国,品格又谓品性、品行风格,一般是指专属个人的道德品质的总和,大致包括声誉和行为的倾向性两个方面。我国《刑事诉讼法》及相关司法解

[①] 参见山东省济南市中级人民法院新浪官方微博关于薄熙来案件审判的"庭审现场"播报,载 http://e.weibo.com/jinanzhongyuan?page=4&pre_page=2&end_id=3637261201966977,访问日期:2013 年 9 月 27 日。

[②] 同上注。

[③] 参见谭世贵、李莉:《刑事被告人品格证据规则初探》,载《法学论坛》2006 年第 2 期。

释均未规定品格证据这一证据形式,也未涉及证人品格与证明力、证言可采性的关系等问题。在司法实践中,证人品格的好坏一般不会直接影响对证言的可靠性和可信性的判断,更不会使证人丧失作证资格。相反,根据最高人民法院2013年1月1日施行的《关于适用〈中华人民共和国刑事诉讼法〉的解释》第213条的规定,向证人发问时"不得损害证人的人格尊严"。众所周知,证人的品格与证人的人格尊严是紧密联系在一起的,故而上述司法解释的规定,实际上在无形中为品格证据的排除提供了一个语境上的支持。放眼国外,虽然不少国家特别是英美法系国家对品格证据及其排除规则等都作了较为详细的规定,并且品格证据的主体涉及被告人、被害人和证人,不同主体的品格证据有着不同适用范围和法律效力,但对于品格证据一般规定、限制比较严格,其证据法对品格证据保持高度警惕,以品格来证明案件事实的做法原则上是不允许的,当然也存在一些例外。如《美国联邦证据规则》第404条规定:"有关某人品格或品格特征的证据,不能用以证明该人在某特定场合的行为与其品格或品格特征相一致。"①即在一般情况下,品格证据与案件事实以及证言的可采性没有必然的关联性。就薄熙来案件而言,姑且不论王立军、关某某等人的品格是否真如薄熙来所言的"极其恶劣"或者"让其遗憾",即使王立军等人的品格确实不好,但仅以此就否定其证言的真实性和客观性,认为有损法律的公信力,显然依据不足,是缺乏说服力的。

第二,关于有利害冲突的证人所作证言的证明力问题。在一审庭审中,薄熙来提出了"不能排除证人徐明、唐肖林、王正刚、吴文康、王立军等人因被刑事追诉或者与薄熙来存在重大利害冲突而推卸责任的可能性,其证言的真实性存在疑问"②等辩解意见。王立军出庭作证时更是当庭声称其"不仅是证人,还是薄熙来案件的被害人"③。薄熙来的辩护人在发表质证意见时也表示:"证人王立军与被告人之间存在重大利益冲突,因为打过他耳光、免过他的职。在这种情况下,他的证言真实性和客观性

---

① 〔美〕迈克尔·H.格莱姆:《联邦证据法》(影印本),法律出版社1999年版,第96页。
② 山东省济南市中级人民法院新浪官方微博关于薄熙来案件审判的"庭审现场"播报,载http://e.weibo.com/jinanzhongyuan?page=4&pre_page=2&end_id=3637261201966977,访问日期:2013年9月27日。
③ 同上注。

值得怀疑。他一出庭就对被告人表现出极大的敌意……"①可见,本案确实不能排除有关证人与薄熙来可能存在利害冲突关系。那么,如何来判断和衡量与被告人有利害冲突的证人所提供证言的证明力?其实,最高人民法院《关于适用〈中华人民共和国刑事诉讼法〉的解释》第 109 条第(二)项就作了原则性规定,即对于"与被告人有亲属关系或者其他密切关系的证人所作的有利被告人的证言,或者与被告人有利害冲突的证人所作的不利被告人的证言",应当慎重使用,有其他证据印证的,可以采信。具体到本案,王立军、徐明、王正刚等关键证人的证言,尽管绝大部分是不利于薄熙来的,但其证明的内容与在案其他证人证言、书证等能相互印证,形成了较为完整的证据链条,足以证实薄熙来的行为符合受贿罪、贪污罪、滥用职权罪的有关构成要件,相反薄熙来及其辩护人对此提出的质疑只是一种主观推测,没有事实依据,法庭是不能采纳的。

第三,关于外围证据的证明力问题。薄熙来在一审庭审中进行证据答辩时多次提到"外围证据"的意见,认为公诉人出示的有关证据是外围证据,无法证明其有罪。例如,在对公诉人出示的唐肖林的证言进行质证时,薄熙来就表示:"公诉人提出的证词证言都是外围证言,绝大部分都是外围证据,与本案关系不大,不能证明我有罪,这只是行走的公文而已。"②又如,在公诉人出示证明薄熙来利用职务上的便利为唐肖林谋取利益的证据后,薄熙来又答辩称:"我认为这组证据、书证都是客观的,但这些证据和我犯罪关系不大,都属于外围证据,而且我作的批示都是例行公事。"③应当说,所谓的外围证据,是相对于核心证据而言的,我国刑事诉讼立法、司法解释和理论中并无"外围证据"这一概念,但从薄熙来所提"与本案关系不大""不能证明我有罪"的表述来看,应当是指不能直接证明案件主要事实(即证实被告人实施了犯罪行为)的证据,也就是间接证据。尽管间接证据(外围证据)证明的方式具有推理性,证明关系具有间接性,而且有赖于若干间接证据相互组合,形成一个相互依赖、相互联系的证据体系,但丝毫不能否认其证明力,更不意味着其不能作为定案的

---

① 山东省济南市中级人民法院新浪官方微博关于薄熙来案件审判的"庭审现场"播报,载 http://e.weibo.com/jinanzhongyuan?page=4&pre_page=2&end_id=3637261201966977,访问日期:2013 年 9 月 27 日。
② 同上注。
③ 同上注。

根据。最高人民法院《关于适用〈中华人民共和国刑事诉讼法〉的解释》第 105 条明确规定:"没有直接证据,但间接证据同时符合下列条件的,可以认定被告人有罪:(一)证据已经查证属实;(二)证据之间相互印证,不存在无法排除的矛盾和无法解释的疑问;(三)全案证据已经形成完整的证明体系;(四)根据证据认定案件事实足以排除合理怀疑,结论具有唯一性;(五)运用证据进行的推理符合逻辑和经验。"可见,案件中即使没有直接证据而仅有间接证据,但只要间接证据已经查证属实,并且间接证据之间形成了证据链条,达到排除合理怀疑、结论具有唯一性的程度,仍然可以认定被告人有罪。何况,在薄熙来案件中,关于薄熙来受贿的犯罪事实,除了有大量的间接证据相互印证外,还有薄谷开来、唐肖林等证人的证言、薄熙来供认犯罪的自书材料和亲笔供词等直接证据予以证实。所以,薄熙来以所谓的外围证据的辩解意见来否认公诉机关的相关指控是不能成立的。

(二)薄熙来案件审判的实体法问题

从法律性质上分析,薄熙来案件是一起主要涉及原党和国家领导人腐败犯罪的刑事案件。归根结底,其刑事追诉、审判的最终结果是要解决其刑事责任问题,即定罪量刑问题。一段时间内,围绕薄熙来案件的定罪是否准确,量刑是否适当,薄熙来对收受财物的过程和具体细节等不知情是否影响其主观之明知,"公事公办"是否不属于为他人谋取利益,"利用职务上的便利"如何理解,"特定关系人"共同受贿如何看待,执行上级命令的职务行为可否免除刑责,拒不认罪应否严惩,贪污数额如何认定,个人社会贡献能否"将功折罪",是否漏诉薄熙来的包庇罪等问题,在法律界、法学界乃至社会公共空间都引发了热议乃至纷争。应当说,这些问题与刑法适用紧密相关,都是实体法层面应当研究和解决的问题。鉴于此,下面试对薄熙来案件审判涉及的几个主要实体法问题作些探讨。

1. 关于"明知并认可"的问题

受贿罪是典型的权钱交易性质的腐败犯罪,是指国家工作人员利用职务上的便利,索取他人财物的,或者非法收受他人财物并为他人谋取利益的行为。构成受贿罪,主观方面要求是直接故意,即行为人明知自己利用职务上的便利,索取他人财物,或者非法收受他人财物为他人谋取利益,会损害国家工作人员职务的廉洁性,仍希望这一危害结果的发生。具体到薄熙来案件,一、二审裁判认定"被告人薄熙来身为国家工作人员,接受唐肖林、徐明请托,利用职务便利,为相关单位和个人谋取利益,直接收受唐肖林给予的财物,明知并认可其家庭成员收受徐明给予的财物,其行为已构成受贿罪"①。由上可见,一、二审裁判认定的事实是:薄熙来除了直接收受唐肖林给予的财物(折合人民币110.9万余元)外,还明知并认可其家庭成员收受徐明给予的财物(折合人民币19 337 930.11元)。那么,如何看待薄熙来对其家庭成员收受徐明财物明知并认可就构成受贿罪,这里可从以下两个方面进行阐述:

其一,薄熙来是否明知并认可? 在一审中,尽管薄熙来及其辩护人提出了"薄熙来对别墅的运作过程、产权关系、面积、价值等全部细节均不知晓,不能认定薄熙来对薄谷开来收受徐明钱款用于购买枫丹·圣乔治别墅一事知情""薄熙来对徐明为薄谷开来和薄瓜瓜等人支付机票、住宿、旅行费用以及购买电动平衡车,归还信用卡欠款均不知情"②等辩护意见,而关于薄熙来是否"明知并认可"也是控辩双方争诉的焦点,但根据庭审查证属实的薄谷开来、徐明的证言以及相关书证等多种在案证据,法院是足以认定薄熙来对其家庭成员收受徐明财物明知并认可的。

其二,薄熙来明知并认可其家庭成员收受徐明的财物是否符合了受贿罪的主观要件? 答案无疑是肯定的。因为在国家工作人员的家庭成员收受请托人财物的场合,国家工作人员主观上是否"明知并认可"乃成为是否构成受贿罪的关键。就薄熙来案件来说,薄熙来及其家庭成员(妻、子)与徐明之间,自1999年至2012年长达十几年的时间里,双方已形成权钱交易的概括的、长期的意思联络即故意心态,即薄熙来利用职务便利为徐明的实德公司谋取利益,徐明给予薄熙来之妻、子和家庭以财物回报。对双方这种权钱交易的实质关系,双方均心知肚明,对此不仅有薄谷开来、徐明的证言证实,被告人薄熙来在其自书材料和亲笔供词中也有合乎情理的描述与认可。在这种权钱交易的概括故意、长期故意的心态之下,被告人薄熙来对其家庭成员收受徐明财物不知具体细节(如涉案别墅的运作过程、产权关系、面积、价值等)当然不影响其主观之明知;其对具

---

① 山东省济南市中级人民法(2013)济刑二初字第8号《刑事判决书》;山东省高级人民法院(2013)鲁刑二终字第110号《刑事裁定书》。
② 山东省济南市中级人民法(2013)济刑二初字第8号《刑事判决书》。

体财物的事后知情和认可也是包含在其事前、事中的概括性权钱交易主观意图之中的,并不影响对其受贿罪主观要件的认定。① 也就是说,在这种概括故意心态的视界下,只要薄熙来明知其家庭成员收受的财物是徐明提供或者支付的并且认可,而不论其是否知晓其家庭成员所收受财物的过程或具体细节,也不管其是在事后知情还是事前知情或者事中知情,亦勿需考虑其是否特意为此或者在某个特定的时间段利用职务便利为徐明谋取某个具体的利益,都符合了受贿罪主观方面的构成要件,应以受贿论处。正如中国政法大学阮齐林教授所言:"薄熙来身居高位,其权势及于其管辖的省市范围,任何时候都有条件为请托人谋取利益。高官与商人权钱交易的方式也转换为特殊的'朋友'关系,高官与大款相伴形成长期稳定的互助互利关系,不一定采取请托人给予财物、受请托官员利用职务便利为其谋利这样具体一一对应形式。"② 应当说,阮齐林教授的这一分析是有道理的。

2. 关于"为他人谋取利益"问题

对于收受他人财物型的受贿,必须同时具备"为他人谋取利益"的要件,才构成受贿罪。正确理解和认定受贿罪构成要件中的"为他人谋取利益"要件,要注意以下两点:

一是"为他人谋取利益"既包括客观上实施了为他人谋取利益的行为或者已为他人谋取到了利益的情形,也包括承诺为他人谋取利益的情形。不能将"为他人谋取利益"狭隘理解为已经为他人谋取到了利益。2003年11月13日发布的《全国法院审理经济犯罪案件工作座谈会纪要》(法〔2003〕167号)明确规定:"为他人谋取利益包括承诺、实施和实现三个阶段的行为。只要具有其中一个阶段的行为,如国家工作人员收受他人财物时,根据他人提出的具体请托事项,承诺为他人谋取利益的,就具备了为他人谋取利益的要件。明知他人有具体请托事项而收受其财物的,视为承诺为他人谋取利益。"如果国家工作人员非法收受他人财物,没有利用职务便利为他人谋取利益或者不能证实其意图或准备为他人谋取利益的,不应以受贿论处。

---

① 参见赵秉志:《试析薄熙来案件的定罪量刑问题》,载《法制日报》2013年9月26日。
② 阮齐林:《从薄熙来案件看高官贪贿案件的认定处罚》,载《人民法院报》2013年9月27日。

二是"为他人谋取利益"中的"利益",既包括正当利益也包括不正当利益,既包括物质性利益也包括非物质性利益,这亦是我国刑法规定、刑法理论与司法实践所明确认可的。

就薄熙来案件而言,也涉及对受贿罪构成要件中"为他人谋取利益"要件的理解和认定问题。

首先,本案有经庭审查证属实的确实、充分的证据证明薄熙来利用职务便利为徐明的实德集团等谋取了利益。也就是说,薄熙来实施了利用职务便利为他人谋取利益的行为,而且也为他人谋取到了利益(如为实德集团收购大连万达、建设定点直升飞球项目、申报实德石化项目、列入成品油非国营贸易进行经营备案企业名单提供帮助等)。退一步说,即使薄熙来未来得及为徐明的实德集团谋取利益或者最终没有实施为其谋取利益的行为,仍不影响薄熙来受贿罪的成立,因为本案还有大量的证据表明薄熙来确实意图或者承诺为徐明的实德集团谋取利益。如经法院确认的徐明的证言就证明:2004 年 8 月的一天晚上,薄熙来在商务部一楼停车场和其散步时表示,薄谷开来一直说其很好,这些年对薄谷开来和薄瓜瓜在国外的帮助支持很大,这些事薄熙来他都记着。① 从常理不难分析出,薄熙来说的这些话显然是包含了感谢徐明为薄谷开来、薄瓜瓜等人提供帮助和承诺为其谋利的意思的。否则,薄熙来就用不着专门给徐明说"薄谷开来一直说其很好""这些事他都记着"之类的话。薄熙来之所以对徐明说"他都记着",就是让其相信不会白付出,将来肯定会有回报,实质上就是承诺为徐明的实德集团谋取利益,而且薄熙来当时身居高位、手握重权,在其权势范围内,随时都是有条件、有能力为徐明的实德集团谋取利益的。

其次,"公事公办"并不影响"为他人谋取利益"要件的成立。在一审庭审和上诉理由中,薄熙来多次辩解其为大连国际公司、实德集团提供帮助是"正常履行职责、公事公办,不属于受贿罪中的谋利事项"②等,因而对指控其犯受贿罪予以否认。笔者认为,薄熙来提出的上述辩护意见和上诉理由都是不能成立的,前文已提到,行为人为他人谋取的"利益"既

---

① 参见《薄熙来向徐明连发 20 多问 徐明回答:没有没有没有没有》,载《都市快报》2013 年 8 月 23 日。
② 山东省济南市中级人民法(2013)济刑二初字第 8 号《刑事判决书》;山东省高级人民法院(2013)鲁刑二终字第 110 号《刑事裁定书》。

可以是正当的利益,也可以是不正当的利益。因为受贿罪的本质是权钱交易,只要行为人实施了权钱交易的行为,哪怕为请托人谋取的是正当利益,也不影响其受贿罪的成立。换言之,无论行为人是"贪赃枉法"还是"贪赃不枉法",均不影响"为他人谋取利益"行为性质的认定,尽管这两种不同的情形在受贿罪成立的基础上对危害程度是有不同影响的。所以,薄熙来以"正常履行职责、公事公办"等为理由否认其行为的受贿性质是站不住脚的。事实上,一、二审裁判也对薄熙来及其辩护人提出的这一辩护意见和上述理由予以了反驳和否定。如一审判决就指出:"只要行为人实施了权钱交易的行为,无论行为人为请托人谋取利益的手段是否合法,为请托人谋取的利益是否属于不正当利益,是为请托人个人谋取利益还是为与请托人相关的单位谋取利益,也无论在为他人谋利时是否已有收受财物的故意,均不影响受贿罪的成立。"①

再次,为他人谋取非物质利益亦不影响"为他人谋取利益"要件的成立。在一审庭审中,薄熙来与证人徐明当庭对质时,多次向徐明发问:"直升飞球、足球队赚钱了没有,大石化办成了没有?"试图以上述涉案项目并没有赚钱或者未获得实际经济利益来否认其为实德集团"谋取利益"。徐明在回答薄熙来的提问时亦表示:"没有实际经济利益,只是无形资产的提升""对我们的品牌价值和无形资产有提升,大石化到现在还没有批准"等。应当说,对于直升飞球、足球队这些项目,尽管薄熙来并没有因其利用职务便利为实德集团谋取物质性的经济利益,但其却使徐明的实德集团获得了巨大的非物质性利益,具体表现为"品牌价值和无形资产的提升",这也为日后实德集团的发展壮大奠定了基础。薄熙来在自书材料、亲笔供词中也曾交代和供述,"我从多方面积极支持、大力帮助实德的发展""仔细回想,是因为我曾经在他企业发展的关键阶段给予了巨大的支持,其中有些是超乎寻常的"②。亦即薄熙来承认其对实德集团给予了巨大支持。可以说,对实德集团近年来品牌价值和无形资产的大幅提升,薄熙来是功不可没的。总而言之,尽管在这些项目上,薄熙来利用职务便利为实德集团谋取更多的是非物质性的利益,但丝毫不影响其"为他人谋取利益"行为性质的认定,不能否认其犯受贿罪之权钱交易的本质。

---

① 山东省济南市中级人民法(2013)济刑二初字第8号《刑事判决书》。
② 同上注。

3. 关于"利用职务上的便利"问题

从我国《刑法》第 382 条、第 385 条关于贪污罪、受贿罪的规定看，"利用职务上的便利"是贪污罪、受贿罪客观方面的必备构成要件。何谓"利用职务上的便利"，1999 年 8 月 6 日最高人民检察院颁布的《关于人民检察院直接受理立案侦查案件立案标准的规定（试行）》，贪污罪中"利用职务上的便利"，是指利用职务上主管、管理、经手公共财物的权力及方便条件。受贿罪中"利用职务上的便利"，是指利用本人职务范围内的权力，即自己职务上主管、负责或者承办某项公共事务的职权及其所形成的便利条件。另根据《刑法》第 388 条关于"斡旋受贿"的规定，国家工作人员利用本人职权或者地位形成的便利条件，通过其他国家工作人员职务上的行为，为请托人谋取不正当利益，索取请托人财物或者收受请托人财物的，以受贿论处。可见，贪污罪与受贿罪中"利用职务上的便利"的含义是不同的，贪污罪中"利用职务上的便利"一般仅限于利用本人职务上主管、管理、经手公共财物的权力及方便条件；而受贿罪中的"利用职务上的便利"的范围更广，除了可以直接利用本人职务上行为为请托人谋取利益，索取或收受请托人财物外，还可以是通过其他国家工作人员的职务行为，为请托人谋取不正当利益，索取或收受请托人财物。

具体到薄熙来案件，就其"利用职务上的便利"而言，既有薄熙来直接利用本人职务行为的情形，如其亲自签批大连国际公司、徐明等提交的请示报告，从而完成相关请托事项；也有利用其他国家工作人员职务行为的情形，如薄熙来亲自出面给时任辽宁省副省长夏德仁或者相关部门"打招呼"为唐肖林及大连国际公司谋取利益等。上述这些薄熙来"利用职务上的便利"的情形相对清楚，争议不大，也比较容易认定。这里值得探讨的主要是以下两个问题：

其一，薄熙来给时任深圳市人民政府市长于幼军写信请其支持"大连大厦"建设，是否属于受贿罪构成要件中的"利用职务上的便利"？对此，薄熙来的辩护人在庭审中提出："薄熙来与时任深圳市人民政府市长的于幼军之间没有职务上的隶属、制约关系，其批请于幼军支持'大连大厦'建设，没有利用职务上的便利。"① 令人遗憾的是，一、二审裁判均回避了这一问题。如一审判决只是指出："经查，公诉机关未将被告人薄熙来批

---

① 山东省济南市中级人民法(2013)济刑二初字第 8 号《刑事判决书》。

请于幼军支持'大连大厦'建设的行为作为其受贿犯罪的谋利事项予以指控,本院也未在受贿事实中予以认定。"①笔者认为,尽管薄熙来当时作为大连市人民政府市长与时任深圳市人民政府市长的于幼军之间,确实没有职务上的隶属、制约关系,但仍然不能否认薄熙来"利用职务上的便利"的实质。薄熙来之所以给于幼军写信请其支持"大连大厦"建设,也正是利用了其作为大连市人民政府市长这一职务或者地位上形成的便利条件。详言之,薄熙来写信时是以其大连市人民政府市长的身份,代表的是大连市人民政府,请作为时任深圳市人民政府市长的于幼军对在深圳的大连市的项目予以支持,相当于是城市与城市之间的关系,而非基于薄熙来与于幼军之间的个人感情或者私人关系。2003年11月13日发布的《全国法院审理经济犯罪案件工作座谈会纪要》(法〔2003〕167号)在解释《刑法》第388条规定的"利用本人职权或者地位形成的便利条件"时,也明确指出:"'利用本人职权或者地位形成的便利条件',是指行为人与被其利用的国家工作人员之间在职务上虽然没有隶属、制约关系,但是行为人利用了本人职权或者地位产生的影响和一定的工作联系,如单位内不同部门的国家工作人员之间、上下级单位没有职务上隶属、制约关系的国家工作人员之间、有工作联系的不同单位的国家工作人员之间等。"薄熙来与于幼军的关系正是上述纪要所提到的"有工作联系的不同单位的国家工作人员之间",因而薄熙来写信给于幼军请其支持"大连大厦"建设的行为,认定为"利用职务上的便利"是完全没有问题的。

其二,在侵占大连市人民政府承担的一项上级单位涉密场改造工程的500万元工程款的问题上,薄熙来是否具有"利用职务上的便利"?对此,薄熙来的辩护人在一审庭审时提出:"指控的贪污事实发生时,薄熙来系担任辽宁省人民政府省长一职,不能直接决定、支配大连市的财务事务,故其不具有贪污的职务便利。"②薄熙来在其上诉理由中亦表示:"其在涉案工程款拨付时已调任辽宁省省长,不再兼任大连市的职务,且其亦非相关工程的负责人,没有贪污涉案工程款的职务便利。"③但一、二审裁判予以了驳斥,其主要理由有两点:一是薄熙来作为辽宁省人民政府省

---

① 山东省济南市中级人民法(2013)济刑二初字第8号《刑事判决书》。
② 同上注。
③ 山东省高级人民法院(2013)鲁刑二终字第110号《刑事裁定书》。

长,其职权覆盖辽宁省辖下的大连市,对大连市人民政府具有管理职权,故薄熙来具有管理、支配涉案款项的职务便利;二是薄熙来作为该涉案工程的原负责人,他当时对该工程仍负有特定的延续、管理职责,具有管理、支配涉案款项的职务便利。①

笔者认为,一、二审法院的这两点理由是合乎案件事实并有充分确凿证据支持的,是合乎法理、情理的,因而其结论也是成立的。而且更为重要的还在于,薄熙来事实上也是行使了支配此笔款项的职权,利用职务便利实际支配了涉案款项。当然,薄熙来对涉案款项的贪污有其特殊性,不同于一般的利用职务上主管、管理、经手公共财物的权力及方便条件直接侵吞公共财物,而是伙同他人(王正刚)并在他人(王正刚)的帮助下,由其妻最终非法占有此笔款项。尽管贪污的过程较为复杂、行为方式相对隐蔽,但涉案款项被侵吞的犯罪行为的脉络是清晰的,贪污的性质是不容否认的。

4. 关于"特定关系人"共同受贿问题

随着近年来我国反腐败斗争的深入开展,新情况、新问题不断涌现,腐败犯罪也呈现与以往不同的特点和发展趋势。其中,腐败犯罪官员与特定关系人共同受贿已成为当前我国腐败犯罪的一个新动向,在腐败犯罪案件中占有较大比例。所谓特定关系人,根据 2007 年 7 月 8 日最高人民法院和最高人民检察院联合发布的《关于办理受贿刑事案件适用法律若干问题的意见》②的规定,是指与国家工作人员有近亲属、情妇(夫)以及其他共同利益关系的人。特定关系人在近年来的官员腐败犯罪中扮演了十分重要的角色,有的还是官员腐败犯罪的催化剂和加速器。由于腐败犯罪官员与特定关系人关系的紧密性、经济的关联性和活动的隐蔽性,使得对这种新型腐败犯罪的证明、发现和查处,比传统型腐败犯罪难度更大,任务更为艰巨。

在薄熙来案件中,薄谷开来、薄瓜瓜都是薄熙来的"特定关系人",公诉机关所指控的薄熙来受贿的犯罪事实中,大部分也是涉及薄熙来通过其妻薄谷开来、其子薄瓜瓜收受徐明给予的财物(折合人民币 19 337 930.11

---

① 参见山东省济南市中级人民法(2013)济刑二初字第 8 号《刑事判决书》;山东省高级人民法院(2013)鲁刑二终字第 110 号《刑事裁定书》。

② 参见最高人民法院、最高人民检察院《关于办理受贿刑事案件适用法律若干问题的意见》(法发〔2007〕22 号,2007 年 7 月 8 日)。

元)。这就涉及薄熙来的"特定关系人"薄谷开来、薄瓜瓜是否构成受贿罪共犯的问题。其中,以薄熙来被指控受贿最大的一笔即薄熙来通过其妻薄谷开来收受徐明出资购买的法国尼斯别墅为例,有学者认为,薄谷开来的行为性质属于《中华人民共和国刑法修正案(七)》(以下简称《刑法修正案(七)》)规定的利用影响力受贿罪,而在行为时该行为在刑法上不为罪。① 按照上述学者的观点,薄谷开来收受徐明给予的购买别墅的出资款时,当时《刑法》还没有规定"利用影响力受贿罪",所以按照罪刑法定原则,自然结论就是薄谷开来收受徐明出资款的行为不构成犯罪。笔者认为,这一意见是不妥的,不符合本案的实际情况。《刑法修正案(七)》所增补的我国《刑法》第388条之一的"利用影响力受贿罪",是指国家工作人员的近亲属或者其他与该国家工作人员关系密切的人,通过该国家工作人员职务上的行为,或者利用该国家工作人员职权或者地位形成的便利条件,通过其他国家工作人员职务上的行为,为请托人谋取不正当利益,索取请托人财物或者收受请托人财物,数额较大或者有其他较重情节的行为。就薄熙来案件而言,对于薄谷开来收受的徐明给予的购买尼斯别墅的资金,如果薄熙来不知情或者不认可,那么薄谷开来的行为性质,确属于《刑法修正案(七)》增补规定的"利用影响力受贿罪",按照罪刑法定原则和刑法溯及力从旧兼从轻原则,即不应以犯罪论处;但本案一、二审法院庭审查明的事实是:薄熙来利用职务便利为实德集团谋取利益,明知并认可薄谷开来、薄瓜瓜收受徐明给予的财物折合人民币19 337 930.11元(其中就包括了薄谷开来收受徐明给予的购买尼斯别墅的购房款)。上述事实,有经庭审举证、质证并被法院予以确认的多种证据证实,足以认定。既然薄熙来利用职务便利为实德集团谋取利益,是明知并认可薄谷开来收受徐明所给予的财物的,那么按照相关刑法规定、司法解释和刑法理论,这种情况下薄熙来与薄谷开来应成立受贿罪的共犯,两人不仅有共同的受贿犯罪行为,而且主观上亦在收受徐明给予的购房款上达成了默契(意思联络),理应以受贿罪追究薄谷开来的刑事责任。从本着法治反腐、实事求是的原则出发,司法机关应对上述共同犯罪问题依法审查和处理,并对薄谷开来等是否构成共同犯罪、是否追究刑事责任

---

① 参见阮齐林:《从薄熙来案件看高官贪贿案件的认定处罚》,载《人民法院报》2013年9月27日。

进行合理衡量;即使不追诉有刑事政策、办案策略、危害程度等方面的考量,也要妥善处理,必要时应予以说明,以避免造成社会公众误解。

5. 关于执行上级命令之职务行为的正当化问题

所谓职务行为,一般是指公务人员根据法律行使职权或履行职责的行为。既包括基于法律的直接规定实施的行为,也包括基于上级的职务命令实施的行为。① 职务行为属于正当行为的范畴,除此之外,还有正当防卫、紧急避险、正当业务行为、自救行为等正当行为,不过我国《刑法》仅规定了正当防卫和紧急避险这两种正当行为。对于其他的正当行为,我国刑法理论和司法实践中也普遍认为它们不具有刑事违法性,一般不以犯罪论处。当然,对于正当行为的外延范围以及正当化的条件等问题,除了正当防卫、紧急避险外,理论上仍然存在一定争议。如就执行上级命令的职务行为来说,对于其正当化的条件,我国刑法学界就存在"四要件说"与"五要件说"的分野;"四要件说"中有"明知命令为犯罪例外说""明知命令违法例外说""命令违法说"三种不同的观点,"五要件说"中也还有两种修正的观点。② 限于篇幅,这里不再一一评述。在充分考虑我国《中华人民共和国公务员法》(以下简称《公务员法》)的有关规定以及司法实践中处理职务行为情况的基础上,我们试提出"明知命令明显违法例外说"这一主张。根据《公务员法》第 54 条的规定:"公务员执行公务时,认为上级的决定或者命令有错误的,可以向上级提出改正或者撤销该决定或者命令的意见;上级不改变该决定或者命令,或者要求立即执行的,公务员应当执行该决定或者命令,执行的后果由上级负责,公务员不承担责任;但是,公务员执行明显违法的决定或者命令的,应当依法承担相应的责任。"可见,公务员执行明显违法的决定或者命令的,是应当依法承担相应责任的。同理,按照"举轻以明重"的解释原则,公务员执行比"明显违法"危害程度更大的属于"犯罪"的决定或者命令的,更应依法承担相应责任。概言之,执行上级命令的职务行为之正当化,应具备以下要件:① 命令来源特定。即发布命令的应当是具有管理、监督关系的上级机关及其相关工作人员;② 发布命令的形式和程序合法;③ 发布的命令

---

① 参见张明楷:《刑法学》(第三版),法律出版社 2007 年版,第 194 页。
② 参见高铭暄、朱本欣:《依命令之职务行为正当化研究》,载《中国刑事法杂志》2003 年第 1 期。

必须是属于上级国家机关及其相关工作人员的职权范围;④ 下级国家工作人员必须不明知命令有明显违法或者犯罪的内容。

在薄熙来案件一审庭审中,薄熙来提出"在同意出具王立军虚假诊断证明的问题上,他是基于上级的六条指示"①,据此否认同意出具王立军患精神疾病的诊断证明及批准发布王立军接受"休假式治疗"的微博是滥用职权。对于薄熙来提出的这一辩护意见,公诉人当庭给予了驳斥,表示:"在案证据证实,薄熙来同意出具虚假诊断证明在前,其所说的上级六条指示在后,而且上级指示中没有出具虚假诊断证明的要求。"②笔者认为,公诉人的反驳是有理有力的,也是符合案件实际情况的。在此姑且不论薄熙来是否明知"上级六条指示"明显违法等,但在案证据证实,在薄熙来同意出具王立军患精神疾病的虚假诊断证明时,上级根本就没有作出相关指示,故薄熙来的行为不属于执行上级命令的职务行为,不能因此而免责。而且所涉及的"上级六条指示"之一,也只是提出"以健康为由,用人道主义的名义,处理王立军逃馆事件"③,这一指示相对概括、原则和中性,并不当然包括"出具虚假诊断证明和发布王立军接受'休假式治疗'的虚假微博"等内容。所以,薄熙来以"基于上级六条指示"为由来否定其滥用职权,实属混淆事实、曲解指示精神,从而达到推卸责任的目的,根本就站不住脚。

6. 关于拒不认罪应否严惩问题

拒不认罪涉及认罪态度问题。所谓认罪态度,泛指行为人作案后对其所犯罪行的认识态度和所采取的行动。认罪态度是一种重要的罪后酌定量刑情节,在实践中对量刑有一定的影响。如公诉机关常在《起诉书》中对被告人的认罪态度作出评价,比如"被告人认罪态度尚好""被告人认罪态度不好""被告人拒不认罪"等;辩护律师也常常把被告人的认罪态度情况列入辩护内容,对能如实供述主要犯罪事实的被告人,大都会提出"认罪态度较好"或者"有悔罪表现"等,要求人民法院从轻判处;人民法院在《刑事判决书》之"判决理由"部分一般也会介绍被告人的认罪态

---

① 《公诉人:薄熙来当庭翻供拒不认罪 必须严惩》,载 http://news.qq.com/a/20130826/009694.htm,访问日期:2013 年 12 月 3 日。
② 同上注。
③ 《给薄熙来六条"秘密指示"的上级曝光》,载 http://news.netbirds.com/31/90285.html,访问日期:2013 年 12 月 1 日。

度情况并将其作为量刑的依据之一,如表述为"被告人某某尚能认罪,从轻判处……"或者"被告人某某拒不认罪,应予严惩"等判语。① 下面不妨再举一则现实案例进行说明,如西藏某地法院处理的一起共同抢劫案,范某和胡某系共同抢劫财物的同伙,被捕后因认罪态度不同受到的处罚迥异,认罪态度较好的范某被判处有期徒刑3年,而态度较差的胡某被判处有期徒刑5年。审理法院在对该案释疑时指出,人民法院之所以对共同犯抢劫罪的胡某、范某处以不同的刑罚,主要就是考虑到范某认罪态度好,积极退赃,反映了其人身危险性有所减弱,比较容易改造;而胡某拒不认罪、态度不好,表明其人身危害性大,比较难以改造,需要从严处罚。② 由上述案件不难看出,认罪态度好坏(包括是否拒不认罪等)在实践中对量刑的影响之大。

在薄熙来案件中,一审公诉人在发表公诉意见时也指出,"在几天的庭审中,被告人薄熙来不仅对有大量确凿证据证明的犯罪事实予以矢口否认,而且连自己庭前亲自书写的材料和亲笔供词也予以推翻;对滥用职权罪,被告人仅承认自己有错误、负有责任,但同样不承认犯罪。这足以说明其拒不认罪的态度"。"根据宽严相济的刑事政策和国家法律,被告人罪行极其严重,又拒不认罪,不具有法定从轻处罚情节,必须依法从严惩处。"③从上可见,公诉方认为薄熙来在庭审中"翻供""矢口否认"等行为,属于拒不认罪,即认罪态度不好,从而建议法院对其予以从严惩处。如何看待公诉方的上述公诉意见呢?拒不认罪到底应否严惩呢?笔者认为,要注意以下几点:

其一,不能把被告人行使诉讼权利的行为当做拒不认罪或者认罪态度不好。辩护权是被告人的核心诉讼权利,充分保障被告人的辩护权等诉讼权利,不仅是维护被告人的合法权益、防止冤假错案发生的必然要求,而且也是程序公正和法治文明的重要体现。被告人对自己行为的性质、涉嫌犯罪的事实等积极进行辩解,甚至当庭翻供,都是其行使辩护权等诉讼权利的体现,不应加以苛责,不能把被告人行使诉讼权利的行为当做拒不认罪。否则,就会让被告人行使辩护权等诉讼权利时顾虑重重,担

---

① 参见彭新林:《酌定量刑情节限制死刑适用研究》,法律出版社2011年版,第345页。
② 参见向泽:《一起抢劫认罪态度不同判决结果迥异》,载《拉萨晚报》2009年10月23日。
③ 《薄熙来拒不认罪 须严惩》,载《法制晚报》2013年8月28日。

心因此而被从严处罚,从而产生实质上剥夺被告人的辩护权等诉讼权利的后果。正如有学者指出:"被告人在法庭上翻供实际上仍然是在行使辩护权利,不应再被视为'抗拒'的表现。如果因此对其给予严厉处罚,本质上是一个人因为行使了辩护权而遭受惩罚,这显然不利于有效保障犯罪嫌疑人、被告人进行无罪辩护的权利,进而也不利于切实保障被告人与国家追诉机构进行平等、理性地抗争。"①其实,2004年3月26日最高人民法院发布的《关于被告人对行为性质的辩解是否影响自首成立问题的批复》(法释〔2004〕2号)就规定:"被告人对行为性质的辩解不影响自首的成立。"这实际上也是间接表明了"被告人对行为性质的辩解"不应影响被告人认罪态度好坏的判断。除此之外,我国政府于1998年10月5日签署联合国《公民权利和政治权利国际公约》第14条第3项明确规定:"在判定对他提出的任何刑事指控时,人人完全平等地有资格享受以下的最低限度的保证:……(庚)不被强迫作不利于他自己的证言或强迫承认犯罪。"公约的这条规定实际上是赋予了被告人不被强迫自证其罪权。尽管该公约在我国的正式生效尚待全国人大批准,但毋庸置疑的是,该公约必将对我国的刑事司法产生重大影响,我国的刑事司法实践也应当与该公约的精神尽力保持一致。"被告人在行使权利时,可以沉默,也可以进行自我辩解。不过,从实质上看,无论是沉默还是自我辩解,都是对被强迫自证其罪的否定。"②

具体到薄熙来案件,薄熙来在法庭上积极为自己辩解,甚至当庭翻供,我们暂且不论其辩解理由能否成立或者有无事实依据,但这显然是其行使辩护权、不被强迫自证其罪权等诉讼权利的体现,而非刑法意义上的拒不认罪或者认罪态度不好,公诉方似没有必要上纲上线、予以指责,认定其"拒不认罪"并建议法院"必须予以严惩"。诚如薄熙来自己在庭上所言:"在法庭上我如实陈述自己的意见是法律赋予我的权利,我希望公诉人不要把我在法庭上讲我的意见当做是恶劣的行为。"③事实上,法院对薄熙来的量刑并未受其翻供的影响或者因此而从重处罚,之所以对其

---

① 李奋飞:《"翻供"不应从严》,载《财经》2013年9月9日。
② 马长生主编:《国际公约与刑法若干问题研究》,北京大学出版社2004年版,第21页。
③ 山东省济南市中级人民法院新浪官方微博关于薄熙来案件审判的"庭审现场"播报,载http://e.weibo.com/jinanzhongyuan?page=4&pre_page=2&end_id=3637261201966977,访问日期:2013年9月27日。

所犯受贿罪判处无期徒刑,乃是根据其犯罪的事实、性质、情节和对社会的危害程度,依照刑法的有关规定进行判决的。

其二,一般的认罪态度不好,不应作为从严量刑的依据。在司法实践中,由于认罪态度好坏(包括是否属于拒不认罪)之判断尚没有统一的认定标准,在很大程度上受办案人员各自经验、习惯以及情感等因素的影响和左右,在认定上有一定的随意性和非规范性。如被告人没有主动供述犯罪事实,甚至积极为自己行为的性质等进行辩解,一般都会被司法机关认定为拒不认罪,从而在量刑时酌情从重处罚,但其法律效果和社会效果往往并不好。而且从期待可能性理论分析,被告人犯罪后通常不会自动认罪;相反,通常会千方百计寻找无罪或罪轻以及逃避刑罚惩罚的理由,这乃是人性的弱点。如有学者指出,否认指控现象在刑事案件中相当普遍,在职务犯罪案件中,这种现象更为严重。① 既然很难期待被告人归案后会"主动、彻底地如实交代罪行,自愿接受刑罚惩罚",那么考虑到人有趋利避害的人性弱点,就不应过于苛责被告人,对其一般的认罪态度不好给予从重处罚。

其三,认罪态度较好的,可作为从宽量刑的依据。司法实践中属于认罪态度好的情形,一般包括:犯罪人归案后如实交代自己的全部或者主要犯罪事实②;交代犯罪事实主动、彻底;交代犯罪事实不编造,不隐瞒,不避重就轻,不狡辩抵赖,无翻供和串供现象;对自己的罪行追悔莫及,决心痛改前非、重新做人;积极提供违法犯罪线索等。犯罪后认罪态度好或者较好,往往反映出行为人的人身危险性程度有所降低,因而在量刑时可予以从宽处罚。这里值得一提的是,2011年2月25日全国人大常委会通过的《中华人民共和国刑法修正案(八)》(以下简称《刑法修正案(八)》)第8条将原作为酌定从宽情节的"坦白"规定为法定从宽处罚的情节,即如实供述自己罪行的,可以从轻处罚;因其如实供述自己的罪行,避免特别严重后果发生的,可以减轻处罚。这实际上是在法律上明确认可了"认罪态度好"可以作为从宽量刑的依据。

---

① 参见李奋飞:《对薄熙来的"否认指控"不必过度阐释》,载《检察日报》2013年8月28日。

② 这里的犯罪事实,既包括犯罪人自己的罪行,也包括共同犯罪中其他同案犯的主要犯罪事实。

7. 关于贪污数额的认定问题

数额作为犯罪构成的罪量要素,是犯罪定量的重要体现,对于犯罪成立和刑罚轻重都具有重要意义。贪污数额是贪污罪客观方面的重要构成要素,既是体现贪污行为社会危害性程度的重要指标,也是贪污罪司法认定中的难点问题。关于"贪污数额"究竟是指什么、如何认定"贪污数额"等,刑法没有明确规定,理论上存在较大分歧,实践中的做法也不尽一致。概括来说,刑法理论界和实务界大致有三种观点:一是"损失说",认为贪污罪中的犯罪数额指公共财物损失数额。二是"控制说",认为贪污罪中的犯罪数额就是行为人通过贪污实际占有(控制)的公共财物数额。三是"实得说",认为贪污犯罪数额就是行为人的实际得赃数额。① 笔者基本赞同"控制说"。因为贪污罪是一种以非法占有为目的的财产性职务犯罪,与盗窃、诈骗、抢夺等侵犯财产罪一样,应当以行为人是否实际控制财物作为区分贪污罪既遂与未遂的标准。对于行为人利用职务上的便利,实施了虚假平账等贪污行为,但公共财物尚未实际转移,或者尚未被行为人控制就被查获的,应当认定为贪污未遂。行为人控制公共财物后,是否将财物据为己有,不影响贪污既遂的认定。②

关于贪污数额的认定,尤应注意以下几点:

一是"贪污个人所得数额"与"个人贪污数额"不同。"贪污个人所得数额"是指贪污后个人分得赃款的数额,而《刑法》第383条关于贪污罪处罚条文中的"个人贪污数额",则是指个人参与贪污犯罪的数额,两者是完全不同的概念。另根据2013年11月13日《全国法院审理经济犯罪案件工作座谈会纪要》(法〔2003〕167号)的规定,在共同贪污犯罪案件中,"个人贪污数额"应理解为个人所参与或者组织、指挥共同贪污的数额,不能只按个人实际分得的赃款数额来认定。对共同贪污犯罪中的从犯,应当按照其所参与的共同贪污的数额确定量刑幅度,并依照《刑法》第27条第2款的规定,从轻、减轻处罚或者免除处罚。

二是贪污的公共财物所生利息不应计入贪污犯罪数额。笔者认为,贪污、挪用公款后至案发前,被贪污、挪用的公款所生利息,不应作为贪

---

① 参见徐清:《"贪污数额"认定中的若干疑难问题探究》,载《中国检察官》2012年第2期。

② 参见《全国法院审理经济犯罪案件工作座谈会纪要》(法〔2003〕167号)。

污、挪用公款的犯罪数额计算,而应认为是非法所得。因为公款被贪污、挪用后,其存入银行所生利息的性质发生了变化,不能再简单地视为公款,应根据其产生的根源来判断其性质,即贪污、援用公款存入银行这一行为的违法所得。实际上该利息是贪污、挪用公款行为给被害单位造成实际经济损失的一部分,应作为被告人的非法所得,连同其贪污、挪用的公款一并依法追缴。

三是实施贪污行为所支付的犯罪成本不应从贪污数额中扣除。在某些情况下,行为人实施贪污行为,非法占有公共财物,可能需要先期交付一定的财物或者扣除税费等,即预先支付或者必然要付出的犯罪成本。笔者认为,在认定贪污数额时不应扣除这部分为实施贪污行为或者贪污得逞所支付的犯罪成本,而应以行为人实际控制或者占有的公共财物数额为准。

薄熙来案件也涉及贪污数额的认定问题。薄熙来的辩护人在一审庭审中提出:"涉案人民币500万元(贪污)在流转过程中,有150万元被李石生挪用,并未进入赵东平账户,另有32万余元用于缴税,起诉指控赵东平收到500万元并按500万元追赃有误。"[①]对此,一审判决评判认为:"该150万元系按照赵东平的要求转入李石生的账户,被李石生使用不影响该笔款项由赵东平代薄谷开来保管,已被薄谷开来占有的事实的认定。至于32万余元的税款支出,属于薄谷开来、王正刚实施侵吞公款行为过程中支付的犯罪成本,不应从犯罪数额中扣除。"[②]笔者认为,一审判决的上述认定及论证是成立的。前文已述,实施贪污行为所支付的犯罪成本不应从贪污数额中扣除。易言之,涉案的500万元工程款在转款过程中有32万余元的税款支出,这32万余元系属于薄熙来、薄谷开来、王正刚等实施贪污行为过程中所支付的犯罪成本,应计入贪污数额。此外,尽管案发前确有150万元被李石生使用,未进入赵东平的账户,但涉案的150万元是王正刚与赵东平商量后并按照按赵东平的要求,才转入李石生(赵东平的朋友)的山河世纪公司的账户,该笔款项被李石生使用确实不影响赵东平代薄谷开来保管、已被薄谷开来占有事实的认定。这主要是因为该笔款项经过王正刚等人复杂、隐秘的操作,已然脱离了财物所有人——

---

① 山东省济南市中级人民法(2013)济刑二初字第8号《刑事判决书》。
② 同上注。

大连市人民政府的控制,而被薄谷开来、赵东平(代薄谷开来保管)实际控制,赵东平现实地具有随时支配财物的可能性,随时可要求李石生将涉案的150万元归还,李石生只是将暂存于其公司账户的涉案款项挪用,并未否认该笔款项系赵东平所有。如果赵东平提出归还该款,李石生也是会归还的,并不会因为李石生暂时挪用该款而改变该款的所有权性质。需要注意的是,贪污罪中行为人实际控制财物的方式是多种多样的,是本人直接控制财物还是将财物置于由其委托的他人保管之下,抑或是将财物直接打入关系人账户,等等,都在所不问。只要行为人已经现实地具有随时支配财物的可能性就是实际控制,就成立非法占有,这种实际控制既无时间长短的要求,也不要求行为人实际上已利用了该财物。

8. 关于徇私舞弊型滥用职权罪的认定问题

所谓滥用职权罪,是指国家机关工作人员违反法律规定的权限和程序,滥用职权或者超越职权,致使公共财产、国家和人民利益遭受重大损失的行为。根据我国《刑法》第397条第1款的规定,犯滥用职权罪的,处3年以下有期徒刑或者拘役;情节特别严重的,处3年以上7年以下有期徒刑。另根据该条第2款的规定,国家机关工作人员徇私舞弊,犯滥用职权罪的,处5年以下有期徒刑或者拘役;情节特别严重的,处5年以上10年以下有期徒刑。也就是说,《刑法》第397条规定了两种类型的滥用职权罪,第1款为普通的滥用职权罪,第2款为徇私舞弊型的滥用职权罪。上述两种类型的滥用职权罪都包括基本犯和加重犯,并分别规定了不同的法定刑,情节特别严重的滥用职权或者情节特别严重的徇私舞弊滥用职权,都属于加重实行行为,应归属于滥用职权罪的加重构成而对应加重法定刑。

就薄熙来案件来说,公诉机关指控薄熙来所犯的罪行中也包括滥用职权罪,法院也以薄熙来犯滥用职权罪,判处其有期徒刑7年。但从一审判决的措词和表述来看,即认定"薄熙来身为国家工作人员,滥用职权,致使国家和人民利益遭受重大损失,其行为已构成滥用职权罪,情节特别严重"[①],明显是以《刑法》第397条第1款规定的普通滥用职权罪的加重犯对薄熙来判处相应刑罚的,未认定其属于《刑法》第397条第2款规定的徇私舞弊的滥用职权犯罪。笔者认为,一审判决的上述认定有所不妥,薄

---

① 山东省济南市中级人民法(2013)济刑二初字第8号《刑事判决书》。

熙来的行为构成的应是徇私舞弊型滥用职权犯罪,且属情节特别严重。

首先,薄熙来是犯徇私舞弊滥用职权罪。所谓徇私舞弊,就是指为徇个人私利或者亲友私情的行为。由于这种行为是从个人利益出发,置国家利益于不顾,所以主观恶性比滥用职权罪基本犯的主观恶性要大,因而要适用加重的法定刑。就薄熙来所实施的滥用职权行为而言,完全符合徇私舞弊型的滥用职权犯罪构成。薄熙来实施的一系列滥用职权行为,其主要目的就是徇私(为了包庇薄谷开来),表明其严禁重新调查薄谷开来涉嫌故意杀人案件("11·15"案件)的态度。如经法庭查证属实的王立军的证言证明:"薄熙来当面辱骂其诬告陷害薄谷开来并打了其脸部一拳,还将茶杯摔在地上,说'这就是我的态度,我让你们看看'。"① 郭维国的证言也证明:"薄熙来怒斥王立军诬陷薄谷开来杀人,打了王立军一记耳光,并冲其喊道,'郭维国,我叫你来,就是要让你看看我的态度,让吴文康来也是让他作个见证。'"② 事实上,一审判决也认定了"2012年1月至2月,被告人薄熙来作为中共中央政治局委员兼中共重庆市委书记,在有关人员告知其薄谷开来涉嫌故意杀人后,以及在时任重庆市人民政府副市长王立军叛逃前后,违反规定实施了一系列滥用职权行为"等事实,并认为"被告人薄熙来的上述行为,是导致'11·15'案件不能及时依法查处和王立军叛逃事件发生的重要原因"③。以上证人证言以及一审判决认定的内容,实际上都非常清楚地表明薄熙来是徇私舞弊,为徇私情而严禁重新调查薄谷开来涉嫌故意杀人案件。包括薄熙来违规免除王立军的重庆市公安局党委书记兼局长职务、安排吴文康对王智和王鹏飞进行审查、纵容薄谷开来参与王立军逃馆事件的研究对策等诸多具体的滥用职权行为,都是在薄熙来为徇私情、私利这一总的动机和目的之下实施的。一言以蔽之,薄熙来的滥用职权是典型的徇私舞弊型滥用职权犯罪行为。

其次,薄熙来滥用职权的行为情节特别严重。尽管何谓滥用职权罪中的"情节特别严重",《刑法》和司法解释都没有作出明确规定。但在司法实践中,应注意从滥用职权的具体犯罪事实、手段、主观恶性、社会危害程度等方面进行综合分析认定,一般应包括下述情形:造成多人伤亡的;

---

① 山东省济南市中级人民法(2013)济刑二初字第8号《刑事判决书》。
② 同上注。
③ 同上注。

直接经济损失特别巨大的;特别严重损害国家声誉或者造成极其恶劣社会影响的;犯罪手段特别狡诈的;犯罪动机和目的特别卑鄙的;犯罪时间长,作案次数多的;其他致使公共财产、国家和人民利益遭受特别重大损失的情形等。就薄熙来的滥用职权行为而言,可以说造成了极其严重的危害后果,其中就包括导致王立军叛逃事件的发生。一审判决已认定薄熙来滥用职权的行为是导致"11·15"案件不能及时依法查处和王立军叛逃事件发生的重要原因。而王立军是副省级领导干部,掌握大量国家机密,有着"打黑英雄""全国劳动模范"等诸多耀眼的光环,其叛逃性质严重,国内外影响极其恶劣,是新中国成立以来第一起省部级高官私自进入外国领事馆滞留事件。① 对于王立军叛逃事件的发生,薄熙来负有不可推卸的重要责任。2012 年 3 月 15 日重庆市委主要领导调整时,李源潮同志代表中央所作的重要讲话中也明确指出,这次重庆市委主要领导的调整,是鉴于王立军事件造成的严重政治影响,中央从当前的形势和大局出发,经过慎重研究决定的。② 由上不难得出,薄熙来滥用职权的行为是情节特别严重的。

最后,还值得一提的是,无论是符合基本构成的滥用职权犯罪还是符合加重构成的滥用职权犯罪,其客观方面的一个重要构成要件要素乃是"致使公共财产、国家和人民利益遭受重大损失"。对上述构成要件要素中的"重大损失"不能作褊狭的理解,以为只能是经济损失或者人员伤亡等情况;除此之外,还包括导致国家声誉严重受损或者造成恶劣社会影响等情形。其实,2006 年 7 月 26 日最高人民检察院颁布的《关于渎职侵权犯罪案件立案标准的规定》中,就将涉嫌"严重损害国家声誉,或者造成恶劣社会影响的"作为滥用职权罪案应予立案追诉的情形之一;最高人民法院、最高人民检察院 2012 年 12 月 7 日颁布的《关于办理渎职刑事案件适用法律若干问题的解释(一)》第 1 条也明确规定"造成恶劣社会影响的"情形,应认定为《刑法》第 397 条规定的"致使公共财产、国家和人民利益遭受重大损失"。薄熙来滥用职权的行为,虽然没有造成重大经济损失或者重大人员伤亡的情况,但却极大地损害了党和国家的声誉,在国内外产生了特别恶劣的社会影响,给党和人民的事业造成了重大损失,完全

---

① 王立军在美国驻成都领事馆内曾请求美方提供庇护,并书写了政治避难申请等。
② 参见张雪峰:《中央决定调整市委主要领导》,载《重庆日报》2012 年 3 月 16 日。

符合"致使公共财产、国家和人民利益遭受重大损失"的要件,且属情节特别严重,理当依法判处 5 年以上 10 年以下的有期徒刑。

9. 关于受贿罪的死刑适用问题

我国刑法目前对受贿罪仍配置有死刑,对于受贿数额特别巨大且情节特别严重的犯罪分子,可依法判处死刑包括死刑立即执行。我国历来有"从严治吏"的传统,而在目前腐败现象还比较严重的情况下,基于国家基本的政治形势和刑事政策,还将在相当长的一段时间内保留受贿罪等严重腐败犯罪的死刑,司法实践中也将依法对严重腐败犯罪适用死刑。如改革开放以来因犯受贿罪被判处死刑立即执行的高官就已有四位,分别是江西省原副省长胡长清、全国人大常委会原副委员长成克杰、安徽省原副省长王怀忠和国家药品食品监督局原局长郑筱萸。应当说,对这些罪行极其严重的腐败分子,判处死刑不是对限制、减少死刑适用的否定,而是我国限制、减少死刑适用并逐步废止死刑进程中正常的、合法合理的步骤与现象。诚然,限制、减少死刑适用并逐步废止死刑是我国构建和谐社会对刑事法治进步的要求,也是符合国际社会理性抗制犯罪之大趋势的,但我国有关的死刑立法、司法改革措施需要逐步展开,需要结合社会的发展状况并考虑国情民意。因此,笔者主张我国现阶段应将逐步废止非暴力犯罪之死刑立法提上改革日程,同时也主张对受贿罪、贪污罪这些严重的腐败犯罪之死刑目前不宜马上废止,而是要逐步予以严格限制,待条件成熟时再予以废止。

这里需要注意的是,对受贿罪的死刑适用,并非仅仅看受贿数额的多少(尽管这是一个重要的方面),还应当通盘考虑全案的罪中、罪前、罪后各个环节的各种主客观因素综合决定的情节是否特别严重。一言以蔽之,受贿数额不是判处并执行死刑与否的唯一根据。如安徽省原副省长王怀忠案,尽管其受贿数额相比有些未被判处死刑立即执行的贪官所受贿的数额要低得多,但其除受贿数额特别巨大之外,还有多次索贿的法定从重处罚情节。更为恶劣的是,王怀忠为逃避法律制裁,在有关部门查处其涉嫌经济犯罪期间仍向他人索贿,且企图阻止有关部门对其犯罪问题的调查,其犯罪情节与危害后果均属特别严重,而且在确凿的证据面前,他还百般狡辩,拒不认罪,毫无悔过之心,态度极为恶劣,故法院对其判处死刑立即执行是合法、合情、合理的。再如,国家食品药品监督局原局长郑筱萸案,虽然其坦白了部分受贿事实,且有积极退赃的表现,但综合全案看,其犯罪情节与危害实在太严重了,其身居国家食品药品监督局局长这样关系国计民生的重要岗位,出于贪欲收受巨额贿赂,不仅严重侵害公务的廉洁性,而且置国家和人民的重要利益于不顾,为有关企业谋取不法利益,导致国家药品监管秩序混乱失控,严重危及广大人民群众的生命健康,严重损害了国家食品药品监督管理机关的公信力,社会影响十分恶劣,社会危害及犯罪情节均特别严重,郑筱萸犯罪后在追诉过程中的一些酌定从宽情节和因素从整体上仍无法降低其犯罪行为的极其严重的危害程度,故而法院判处郑筱萸死刑立即执行是罚当其罪,符合我国量刑原则和规则。

回到薄熙来案件,一审判决对薄熙来所犯受贿罪判处无期徒刑,剥夺政治权利终身,并处没收个人全部财产,未适用死刑。如同薄熙来本人及其所作所为充满争议一样,一审判决对薄熙来的量刑也引发了海内外的广泛关注,有人认为判得太重了,对于薄熙来这样充满争议的政治人物,似乎15年至20年的有期徒刑即已足够;有人认为判得太轻了,薄熙来罪行极其严重,依法应当适用死刑,而不应"法外开恩";还有人认为,一审判决量刑适当、无可非议。如何看待薄熙来所犯受贿罪的量刑?应当说,一审判决没有认定其所犯受贿罪为"情节特别严重",若作此认定依法就必须判处死刑(包括死缓)。对于受贿罪的"情节特别严重",尚未有司法解释予以明确界定,一般认为可以包括:数额特别巨大,远远超出10万元;犯罪集团的首要分子;因犯罪行为造成其他严重后果或者极其恶劣的社会影响,如因受贿为行贿人谋利益而造成国家、社会重大损失等。薄熙来受贿达2 044万余元,当属数额特别巨大,由此而认定为"情节特别严重"也似无不可;但如前文所述,受贿罪的处罚规定特别强调要结合受贿数额及情节考虑,不能单纯以受贿所得数额多少决定刑罚的轻重,而本案的受贿除数额特别巨大以外其他情节尚属一般,若认定为"情节特别严重"似为过分强调了数额而未注意其他情节;更为重要的是,我国近年来正进行死刑改革,尤其强调对非暴力犯罪要严格限制、努力减少死刑的适用。综合考虑上述情况,一审法院没有认定薄熙来所犯受贿罪属于"情节特别严重",这样也就避免了适用死刑(包括死缓),这一掌握应该说是妥当的、理性的。[①] 而且从国家政治策略和法治发展的高度衡量,薄熙来案

---

① 参见赵秉志:《试析薄熙来案件的定罪量刑问题》,载《法制日报》2013年9月26日。

件毕竟有一定的特殊性,国内广泛关注,国际影响也较大,涉及面广,需要综合考虑我国的国情民意和政治现实,而对薄熙来适用死刑,既不利于彰显我国的人道主义形象,也不一定能实现判决的法律效果、社会效果和政治效果的统一。当然,若对薄熙来从轻判处有期徒刑甚或15年以下有期徒刑也是不妥当的,这不仅不符合罪责刑相适应的要求,无法做到罚当其罪,而且也势必引发社会上"刑不上大夫"的质疑,有损法律面前人人平等的原则。因此,根据薄熙来所犯罪的事实、犯罪的性质、情节和对于社会的危害程度,判处其无期徒刑,是合乎我国法律和刑事政策的理性选择。

10. 关于是否漏诉包庇罪的问题

在薄熙来案件一审阶段,有观点认为公诉机关漏诉了薄熙来也涉嫌构成的包庇罪。如知名律师陈有西在其个人网站上发表文章指出,薄熙来干预王立军和其他警察依法办案,目的不只是滥用职权,而是明显地为了包庇薄谷开来故意杀人案,使她免暴露、免追究,最后逃避法律的打击,进一步保住自己。这很清楚是薄熙来利用职权包庇家人犯罪,而不是利用公权力随心所欲滥用职权、损害公共权力。薄熙来在促成王立军叛逃问题上,构成滥用职权罪;在薄谷开来杀人问题上,明显性质属于包庇罪。他的起诉罪名至少应是四个,应进行数罪并罚。① 该律师的上述观点,也得到了一些网友的认可和呼应。② 笔者认为,这种主张是值得商榷的,实际上是混淆了滥用职权罪与包庇罪的界限。

首先,包庇罪中的"包庇"有特定的含义,并非泛指一般意义上的庇护行为。根据我国《刑法》第310条的规定,包庇罪是指明知是犯罪的人而作假证明以掩盖其犯罪事实的行为。诚然,薄熙来利用职权阻碍对薄谷开来涉嫌故意杀人案("11·15"案件)的重新调查,这在行为性质上,既是其滥用职权的行为,也是一种庇护犯罪的人的行为,但薄熙来并没有用作假证明的方式予以庇护,其行为不符合包庇罪客观方面的构成要件。

其次,包庇罪的犯罪构成要求行为人主观方面必须明知是犯罪的人而进行包庇。而从本案查实的有关证据看,尽管有关人员曾向薄熙来汇报和揭发薄谷开来涉嫌故意杀人,但薄熙来一直不相信薄谷开来会故意

---

① 参见陈有西:《成功的审判 遗憾的侦查》,载 http://wqcyx.zfwlxt.com/,访问日期:2013年10月28日。

② 参见《中通社:薄熙来、王立军仍有可能涉嫌包庇罪》,载 http://www.takungpao.com/news/content/2012-08/13/content_924444.htm,访问日期:2013年10月28日。

杀人（薄谷开来也曾向薄熙来表示其并未故意杀人），相反认为是王立军基于个人目的诬陷薄谷开来，故不能认为是薄熙来明知是犯罪的人而予以包庇，所以也不符合包庇罪主观方面的构成要件，依法不应构成包庇罪。前文已述，在有关人员向薄熙来告知薄谷开来涉嫌故意杀人以及在王立军叛逃前后，薄熙来利用职权实施的一系列行为，无论是在促成王立军叛逃上还是表明其严禁重新调查"11·15"案件的态度上，性质上都是滥用职权的行为，以滥用职权罪追究其刑事责任是合理、妥当的，因而薄熙来案件不存在漏诉包庇罪的问题。

---

* 本篇系与赵秉志教授合作，收入本书时作了较大增删、修改，原载赵秉志、彭新林编著：《薄熙来案件的罪与罚》，台湾新学林出版社2015年版。

如何正确把握贪污受贿犯罪的定罪量刑标准

——柴卫荣、郎东华受贿案

目　次

一、基本案情

二、诉讼经过

三、法理研析

（一）现行贪污受贿犯罪定罪量刑标准及其存在的问题

（二）《中华人民共和国刑法修正案（九）》对贪污受贿犯罪定罪量刑标准的修改

（三）建议设置比贪污罪更为严格的受贿罪定罪量刑标准

一、基本案情

2011年，临安市湍口镇人民政府根据上级规划开展中心村培育建设项目并成立领导小组。时任洪岭村党总支书记、经济合作社主任的被告人柴卫荣，时任洪岭村村委会主任的被告人郎东华，均系湍口镇中心村培育建设领导小组成员。2013年至2014年4月，被告人柴卫荣、郎东华利用上述职务便利，共同收受洪岭村中心村建设安置房一期工程承包人张某（另案处理）所送现金10万元，并在工程招投标、施工建设、工程结算等方面为张某谋取利益,赃款予以均分。案发后,两被告人家属代为退出赃款各5万元。

二、诉讼经过

2014年12月5日,浙江省临安市人民法院作出(2014)杭临刑初字第615号刑事判决,判决认定被告人柴卫荣、郎东华身为农村基层组织人员,在协助人民政府从事行政管理工作过程中,利用职务上的便利,非法收受他人财物,为他人谋取利益,其行为均已构成受贿罪,且系共同犯罪,分别判处被告人柴卫荣、郎东华各有期徒刑10年,并处没收财产6万元;没收两被告人的犯罪所得各5万元,上缴国库。柴卫荣、郎东华不服,提出上诉。2015年3月10日,浙江省杭州市中级人民法院作出(2015)浙杭刑终字第105号刑事裁定,裁定驳回上诉、维持原判。

三、法理研析

2015年9月9日,中纪委网站发布了每月通报"151起群众身边的'四风'和腐败问题"。本案就是其中被通报的一起基层党员干部贪污受贿犯罪的典型案件。[①] 应当说,基层存在的这些腐败问题,严重损害群众切身利益,侵蚀党群干群关系,动摇党的执政根基,人民群众对此深恶痛绝。因此,采取得力措施,着力解决发生在群众身边的腐败问题,彻底破除"苍蝇"的侥幸心理,坚决拍掉这些损害群众切身利益的"苍蝇",防止"苍蝇"满天飞,切实维护人民群众的合法权益,具有非常重要的意义。当然,本案除了是典型的发生在群众身边的基层干部腐败犯罪案件之外,其中被告人收受贿赂的数额10万元,也具有相当的代表性,是现行《刑法》第383条规定的处10年以上有期徒刑或者无期徒刑的基准额度。从法院对本案被告人柴卫荣、郎东华的定罪量刑来看,也可以看出规定具体数额的现行贪污受贿犯罪定罪量刑标准在实践中面临的困境。故而这里着重对该案折射出的贪污贿赂犯罪定罪量刑标准问题进行研讨。

[①] 参见《中纪委通报151起群众身边的"四风"和腐败问题》,载人民网 http://fanfu.people.com.cn/n/2015/0909/c64371-27562524.html。

（一）现行贪污受贿犯罪定罪量刑标准及其存在的问题

1997年3月14日，第八届全国人大五次会议表决通过了现行《刑法》（同年10月1日起施行）。现行《刑法》是在结合改革开放以来的立法司法实践经验，吸收全国人大常委会有关补充规定、决定的内容的基础上，对1979年《刑法》作出的系统而重大的修改，其中也涉及对贪污受贿犯罪法条的修订。现行《刑法》第383条规定："对犯贪污罪的，根据情节轻重，分别依照下列规定处罚：（一）个人贪污数额在十万元以上的，处十年以上有期徒刑或者无期徒刑，可以并处没收财产；情节特别严重的，处死刑，并处没收财产。（二）个人贪污数额在五万元以上不满十万元的，处五年以上有期徒刑，可以并处没收财产；情节特别严重的，处无期徒刑，并处没收财产。（三）个人贪污数额在五千元以上不满五万元的，处一年以上七年以下有期徒刑；情节严重的，处七年以上十年以下有期徒刑。个人贪污数额在五千元以上不满一万元，犯罪后有悔改表现、积极退赃的，可以减轻处罚或者免予刑事处罚，由其所在单位或者上级主管机关给予行政处分。（四）个人贪污数额不满五千元，情节较重的，处二年以下有期徒刑或者拘役；情节较轻的，由其所在单位或者上级主管机关酌情给予行政处分。对多次贪污未经处理的，按照累计贪污数额处罚。"第386条规定："对犯受贿罪的，根据受贿所得数额及情节，依照本法第三百八十三条的规定处罚。索贿的从重处罚。"从上可以看出，现行《刑法》对贪污受贿犯罪的定罪量刑标准规定了具体数额。因《刑法》第386条规定对犯受贿罪的，根据受贿数额及情节，依照本法第383条（即关于贪污罪的处罚）的规定处罚。故而受贿罪与贪污罪适用的是同一定罪量刑标准。上述贪污受贿犯罪定罪量刑标准确立后，不容否认，在有效惩治贪污受贿犯罪、便于刑法规范解释和适用、增强司法的可操作性等方面发挥了相当作用，而且这样规定是1998年全国人大常委会根据当时惩治贪污贿赂犯罪的实际需要和司法机关的要求作出的。①但随着经济社会的发展变化和惩治贪污贿赂犯罪实践的发展，这一标准的实际施行效果并不理想，而且也饱受诟病，理论界和实务界要求修改贪污受贿犯罪定罪量刑标准的呼声不绝于耳。如有论者指出，这种立法方式更符合罪刑法定原则的明确性

---

① 参见赵秉志：《贪污受贿犯罪定罪量刑标准问题研究》，载《中国法学》2015年第1期。

要求，但是相应的也会导致其他一系列不利效果，因而产生了立法的明确性与司法实践相脱节的现实问题。① 有论者表示，这样规定存在标准单一、僵化，操作性不强等缺陷，量刑数额标准严重滞后于经济社会的发展，且没有考虑到经济发展水平的地区差异性，无法合理体现犯罪数额在量刑上的差别。② 还有论者呼吁，在制定刑法修正案时，应考虑修改贪污罪、受贿罪以具体数额为定罪量刑主要标准的规定。③

应当说，"从实践的情况看，规定数额虽然明确具体，但此类犯罪情节差别较大，情况复杂，单纯考虑数额，难以全面反映具体个罪的社会危害性。同时，数额规定过死，有时难以根据案件的不同情况做到罪刑相适应，量刑不统一"④。特别是随着经济社会的快速发展和改革开放的深入，现阶段贪污受贿5 000 元（起刑点）所对应的社会危害性远比1997 年《刑法》制定时贪污受贿5 000 元的社会危害性要小，因为相同数额货币代表的社会财富和购买力都发生了变化，现阶段相同数额货币代表的社会财富大幅降低，人们对贪污受贿犯罪数额标准的容忍度也在逐步提高。诚如有学者所言："2013 年人均可支配收入是1997 年的5.2 倍，可见通货膨胀、货币贬值导致现在的5 000 元已经和当时的5 000 元所代表的社会财富和社会危害性不能同日而语。"⑤"随着经济的发展以及剩余财产数额的增加，以及用于食物、服饰、住所方面的支出占总支出（总收入）的比例越来越低，发展和享受资料（奢侈品）越来越多，财产犯罪的数额标准应越高。"⑥而且我国区域经济发展不平衡，尤其是东部与西部经济发展的差异性很大，同一时期不同区域的居民人均收入、相同数额货币的购买力和代表的社会财富也不同，同样是贪污5 000 元，在经济发达地区和欠发达地区，其社会危害性和人们的容忍度也是大不一样的。而我国贪污受贿犯罪的定罪量刑标准规定具体数额，确实很难全面适时反映个罪

---

① 参见张亚平、皇甫忠：《贪污罪数额标准的修改》，载赵秉志等主编：《现代刑法学的使命（下卷）》，中国人民公安大学出版社2014 年版，第764 页。
② 参见曾凡燕：《贪污贿赂犯罪起刑数额研究》，载《法学杂志》2010 年第3 期。
③ 参见蔡宁：《贪污受贿罪不宜以数额为量刑标准》，载《人民日报》2014 年4 月16 日。
④ 李适时：《关于〈中华人民共和国刑法修正案（九）（草案）〉的说明》，2014 年10 月27 日在第十二届全国人民代表大会常务委员会第十一次会议上。
⑤ 刘敬新、郭赛：《贪污罪与受贿罪数额标准的修改完善》，载赵秉志等主编：《现代刑法学的使命（下卷）》，中国人民公安大学出版社2014 年版，第807 页。
⑥ 刘四新、郭自力：《恩格尔定律与财产犯罪数额标准之确定》，载《法学家》2008 年第4 期。

的社会危害性。另 2013 年最高人民法院刑二庭庭长裴显鼎在当年的全国刑法学术年会上也曾就贪污受贿犯罪定罪量刑的数额标准问题作专题演讲，分析列举了这一数额标准所导致人们感受司法不公正的种种问题。① 他所言并非言过其实，司法实践中的情况事实上大致如此。如上海市检察机关 2010 年 1—12 月查办的贪污贿赂案件中，大要案比例仍然居高不下，贪污受贿 5 万元、挪用公款 10 万元以上的大案 307 件，占 91.4%。② 这反映出司法机关（特别是法院）在当前惩治贪污贿赂犯罪实践中存在的普遍问题，也显示出检察机关并没有依法将所有符合法定标准的职务犯罪都移交到人民法院进行审判，而是做了自我内部"消化"处理。③ 出现这一现象，应当说与贪污受贿犯罪定罪量刑标准设置不科学不无关系。

在本案中，柴卫荣、郎东华身为农村基层组织人员，在协助人民政府从事行政管理工作过程中，利用职务上的便利，非法收受他人财物 10 万元，为他人谋取利益，其行为构成受贿罪没有疑义，但其受贿数额刚刚达到受贿罪判处 10 年以上有期徒刑或者无期徒刑这一刑罚档次的基准数额，并且两被告人家属代为退出了全部赃款（各 5 万元），情节也不是很严重。相比于那些受贿几十万元、几百万元、几千万元也被判处十多年有期徒刑的受贿案件，以及相比于那些受贿几万元（如 5 万元以下）未被移送司法的案件④，判处他们 10 年有期徒刑确实有点过重，不仅使得不少受贿数额相差悬殊的案件在量刑上拉不开距离，难以体现罪责刑相适应原则，而且其案件裁判的社会效果并不好，难以让公众在该受贿案件中感受到公平正义。从本案对两被告人的量刑即可窥见我国贪污受贿犯罪定罪量刑标准在实践中的尴尬困局。

---

① 参见赵秉志、黄晓亮：《刑法的界分、协调与腐败犯罪的防制对策——2013 年全国刑法学术年会综述》，载《法制日报》2013 年 10 月 30 日。
② 参见林中明：《上海通报去年贪污贿赂案件查办情况》，载《检察日报》2011 年 1 月 14 日。
③ 参见游伟：《惩治贪污贿赂抓大也别放小》，载《法制日报》2009 年 11 月 11 日。
④ 2009 年时任最高人民法院副院长张军在一次学术讲演中就曾提到，在目前的司法实践中，许多贪贿涉案金额为几万元的案件，并没有被移送到法院；但一旦移送过来，法院又得依法判处。这本身就缺乏社会公正性。（参见《最高法副院长：贪污贿赂罪起刑点应调整》，载《重庆晚报》2009 年 11 月 4 日。）

（二）《中华人民共和国刑法修正案（九）》对贪污受贿犯罪定罪量刑标准的修改

《中华人民共和国刑法修正案（九）》（以下简称《刑法修正案（九）》）进一步完善了我国反腐败的刑法规范，包括修改贪污受贿犯罪的定罪量刑标准，删去了对贪污受贿犯罪规定具体数额，原则规定数额较大或者情节严重、数额巨大或者情节严重、数额特别巨大或者情节特别严重三种情况，相应规定三档刑罚，并对数额特别巨大并使国家和人民利益遭受特别重大损失的贪污受贿犯罪保留适用死刑。同时，把贪污受贿犯罪各档刑罚调整为从轻到重的排列顺序。修改后的《刑法》第383条第1款规定为："对犯贪污罪的，根据情节轻重，分别依照下列规定处罚：（一）贪污数额较大或者有其他较重情节的，处三年以下有期徒刑或者拘役，并处罚金。（二）贪污数额巨大或者有其他严重情节的，处三年以上十年以下有期徒刑，并处罚金或者没收财产。（三）贪污数额特别巨大或者有其他特别严重情节的，处十年以上有期徒刑或者无期徒刑，并处罚金或者没收财产；数额特别巨大，并使国家和人民利益遭受特别重大损失的，处无期徒刑或者死刑，并处没收财产。"上述修改，实际上确立了我国贪污受贿犯罪"数额+情节"的两元弹性定罪量刑标准，其汇集了各方面的意见和建议，凝聚了近年来各界要求修改贪污受贿犯罪定罪量刑标准的思想共识和行动智慧，必将对科学有效地治理贪污受贿犯罪产生重要影响。

《刑法修正案（九）》删去了对贪污受贿犯罪规定的具体数额，规定了概括数额加情节的标准。那么，概括数额在司法实践中具体如何掌握，仍然需要明确。可以预见，伴随着《刑法修正案（九）》的实施，相应的司法解释也将及时出台，对具体的数额标准进行明确。尽管关于具体数额标准如何科学、合理确定，刑法学界可谓众说纷纭，见仁见智。但不可逆转的趋势是，相比于1997年《刑法》的规定，《刑法修正案（九）》通过以后，司法解释确定的贪污受贿犯罪具体数额标准肯定会有较大幅度的提升，以更好地适应经济社会的发展水平和体现罪责刑相适应原则。有理由相信，《刑法修正案（九）》实施以后，像本案这样犯罪主体系基层组织人员，共同受贿10万元（各分赃5万元），退缴全部赃款，情节不是特别恶劣的案件，是不可能判处10年以上（包括10年）有期徒刑的，判处2～5年有期徒刑也许更为合适。

(三）建议设置比贪污罪更为严格的受贿罪定罪量刑标准

《刑法修正案（九）》对我国《刑法》有关规定的修改，为惩贪肃腐提供了坚实的法律制度保障，对新形势下我国反腐败工作的开展、反腐败刑事法治的完善和法治反腐进程的推进都将产生深远而积极的影响。不过，也需要指出，《刑法修正案（九）》对惩治腐败犯罪法律规定的修改并非尽善尽美，仍然存在值得改进和完善的空间。其中，贪污罪与受贿罪适用的仍然是同一定罪量刑标准，《刑法修正案（九）》未作出调整，这就是今后惩治腐败犯罪法律规定修改工作中亟待解决的问题。笔者认为，尽管贪污罪与受贿罪都属于贪污贿赂类犯罪，都侵犯了国家工作人员职务的廉洁性，但两罪存在很大差异，应对受贿罪设立更为严格的定罪量刑标准。

第一，贪污受贿犯罪定罪量刑标准应予分立。贪污罪与受贿罪的客体不完全相同，贪污罪除了侵犯职务的廉洁性之外，主要是侵犯公共财产的所有权；而受贿罪的客体就直接体现为侵犯职务的廉洁性。《刑法》第383条对贪污罪的定罪量刑标准设置了具体数额，贪污的社会危害性很大程度上确实也是通过数额来体现的，但受贿的社会危害性则很难通过数额来全面反映，其更多的是要靠受贿的情节、危害后果等因素来体现。可见，对受贿罪适用贪污罪的定罪量刑标准来定罪科刑，既不能全面准确反映受贿罪的社会危害性，也难以实现罪刑相称。事实上，我国长期以来的立法传统基本上也是对受贿罪与贪污罪适用不同的定罪量刑标准，如1979年《刑法》就是采取贪贿分立的模式。

第二，受贿罪定罪量刑标准应比贪污罪严格。通常情况下，受贿罪比贪污罪的社会危害性要大。因为受贿人利用职务便利可能已为行贿人谋取了不正当利益，进而造成对国家、社会和他人的重大损失等，这对受贿罪的定罪量刑有重要影响。此外，受贿行为通常发生在"一对一"的场合，直接证据较为稀缺，而受贿人与行贿人往往又是利益共同体，加之受贿手段日趋隐蔽和复杂，因而使得受贿行为更容易实施的同时也更难以侦破，其犯罪黑数比例很高；而贪污罪则不一样，其往往存在较多的直接和间接证据，特别是随着会计等财务制度的健全，贪污行为的实施愈加困难，即使发生贪污行为，其犯罪潜伏期较短，侦破相对也不是特别困难，故而犯罪黑数要少很多。最后，我国反腐败斗争打击的重点和政策指向也主要是受贿犯罪而非贪污犯罪。故而应对受贿罪设置更为严格的定罪量刑标准。

应否考虑对作出重大社会贡献的特定贪贿罪犯实行特赦

——褚时健贪污、巨额财产来源不明案

目　次

一、基本案情
二、诉讼经过
三、法理研析
　（一）应否考虑对曾作出重大社会贡献的特定贪贿罪犯特赦？
　（二）贪贿罪犯所作社会贡献可否"将功折罪"？

一、基本案情

褚时健，玉溪红塔烟草（集团）原董事长、总裁。1993年至1994年，玉溪卷烟厂在下属的香港华玉贸易发展有限公司存放销售卷烟收入款和新加坡卷烟加工利润留成收入款共计28 570 748.5美元。褚时健指使该公司总会计师罗以军将该款截留到玉溪卷烟厂和华玉公司的账外存放，并规定由其签字授权后才能动用。1995年6月，褚时健与罗以军、乔发科先后两次策划将这笔款先拿出300万余美元私分。1995年7月，罗以军等人按照褚时健签字的授权委托书，将存在华玉公司上述账外款中的3 551 061美元转入新加坡商人钟某某的账户上。其中，褚时健获174万美元,罗以军 68.1061 美元,乔发科 68 万美元。上述款项案发后已追回。①

二、诉讼经过

1998 年 8 月 6 日,检察机关以褚时健犯贪污罪、巨额财产来源不明罪向云南省高级人民法院提起公诉。1999 年 1 月 9 日,云南省高级人民法院作出一审判决,认定褚时健在共同犯罪中起决定、组织作用,系主犯,应对组织、参与的全部犯罪负责,论罪应依法判处死刑。但鉴于其有自首和重大立功表现,以及赃款全部追回,经济损失已被挽回和其他情节,依法应当减轻处罚。褚时健同时犯有巨额财产来源不明罪,依法应当数罪并罚。遂判处褚时健无期徒刑,剥夺政治权利终身,并处没收财产人民币20 万元。褚时健没有上诉。

三、法理研析

尽管褚时健贪污、巨额财产来源不明案早已尘埃落定,但在我国刑法学界,在云南,提起褚时健,人们的记忆并未淡去。由于褚时健和红塔集团的知名度,此案当年曾在社会上引起巨大轰动。从刑事法治的视角着眼,本案有以下两个问题特别值得研讨:一是对作出过重大社会贡献的褚时健,应否考虑特赦?在法庭上,褚时健的辩护律师马军曾当庭提出对褚时健特赦的申请。1999 年 2 月 6 日,马军又以律师的名义向第九届全国人大常委会递交议案,要求依据我国有关法律及褚时健犯罪前后的实际情况予以特赦,建议特赦的理由是:褚时健对玉溪卷烟厂和红塔集团的崛起功不可没,考虑到褚时健年满 70 岁、不属于十恶不赦的罪犯、女儿自杀身亡等实际情况,将其视为为发展中国民族工业作出特殊贡献之人,依法给予特赦也是符合情理的。② 二是褚时健作出过重大社会贡献,这一情节能否"将功折罪"或者"功过相抵",作为其从宽处理的依据?下文对此

---

① 参见国家法官学院、中国人民大学法学院编:《中国审判案例要览》(2000 年刑事审判案例卷),中国人民大学出版社 2002 年版,第 416—420 页。

② 参见《褚时健曾提出特赦申请》,载《成都商报》2009 年 2 月 25 日。

逐一探讨。

（一）应否考虑对作出过重大社会贡献的特定贪贿罪犯特赦？

不容否认的事实是，褚时健曾对玉溪卷烟厂的发展和云南省的经济发展作出过重大贡献。褚时健从51岁开始，在18年时间里，把一个地方的小卷烟厂变成了一个"企业帝国"，累计创造利税近千亿元。1997年，他离开时，据估算，"红塔山"的品牌价值353亿元。在全国180多个卷烟企业中，玉溪卷烟厂多年保持装备技术水平、出口创汇、税利等7个第一。在云南这样一个经济较为落后的边疆民族地区走出了一条"红塔之路"，被国家有关部门和一些专家、学者誉为"中国民族工业的一面旗帜"。褚时健本人也因其特殊贡献先后获得全国劳动模范、全国优秀企业家、全国十大改革风云人物等荣誉称号，多次受到党和国家领导人的接见。对于褚时健这样一位为社会作出过重大贡献的特殊贪贿罪犯，笔者认为，考虑到案件及褚时健本人的特殊情况，虽然提出在当年即新中国成立50周年时特赦褚时健的这种主张值得重视，法理上也值得研讨，因为这涉及我国法律规定的特赦制度的激活问题。但是要在1999年对褚时健这样的贪贿罪犯进行特赦，不仅时机不成熟、不合时宜，而且也没有对单个罪犯进行特赦的先例可循。

特赦是国家依法对特定罪犯免除或者减轻刑罚的制度，也是一项国际通行的人道主义制度。特赦是国家对特定罪犯刑罚权的放弃，因而会导致刑罚的消灭。特赦的特点是：对象是特定的犯罪人，效果是只免除刑罚的执行而不消灭其犯罪记录。新中国成立以来，我国共实行了七次特赦：第一次是1959年在中华人民共和国成立10周年庆典前夕，对在押的确已改恶从善的蒋介石集团和伪满洲国战争罪犯、反革命犯和普通刑事犯实行特赦。第二次、第三次特赦分别于1960年、1961年实行，都是对蒋介石集团和伪满洲国罪犯确有改恶从善表现的进行特赦。第四次、第五次、第六次分别于1963年、1964年、1966年实行，与第二、三次相比，只是在特赦对象上增加了伪蒙疆自治政府的战争罪犯。其他内容完全相同。第七次是1975年，对全部在押战争罪犯实行特赦，给予公民权。从我国已实行的这七次特赦可以看出，我国特赦制度适用的基本特点：首先，特赦的对象基本都是战争罪犯（仅第一次特赦包括反革命罪犯和普通刑事罪犯）。其次，特赦的范围为全国各地某类罪犯中的一部分人，而不是对某类罪犯全部实行特赦,更不是对个人实行特赦。再次,特赦的条件是罪犯经过服刑改造,确已改恶从善。对尚未宣告刑罚或者刑罚虽已宣告但尚未开始执行的罪犯,不能实行特赦。由上可见,褚时健所犯的是严重贪贿犯罪,且是单个罪犯,尚未经过一定期间的刑罚执行证明其改恶迁善;加之,1999年前后我国先后开展了两次"严打",社会治安形势比较严峻。因此要在当时对褚时健进行特赦,基本没有现实可能性,不可能提上议事日程。当然,由于特赦具有比较明显的刑事政策意义,其不仅蕴涵实现个案正义、保障人权的意旨,而且其所包含的宽容、和解的理念会促进社会的安定与和谐。激活特赦制度有利于推动刑事法治的进步。因此,在大力构建社会主义和谐社会、切实贯彻宽严相济基本刑事政策的今天,如何激活特赦制度,以充分发挥其对我国刑事法治的积极作用,确值得我们深思。而褚时健案无疑为我们提供了一个思考的契机。

值得注意的是,2015年8月29日,第十二届全国人大常委会第十六次会议审议通过了全国人大常委会《关于特赦部分服刑罪犯的决定》,对2015年1月1日前人民法院作出的生效判决正在服刑、释放后不具有现实社会危险性的四类罪犯实行特赦。这四类罪犯包括:

(1)参加过中国人民抗日战争、中国人民解放战争的;

(2)中华人民共和国成立以后,参加过保卫国家主权、安全和领土完整对外作战的,但犯贪污受贿犯罪,故意杀人、强奸、抢劫、绑架、放火、爆炸、投放危险物质或者有组织的暴力性犯罪,黑社会性质的组织犯罪,危害国家安全犯罪,恐怖活动犯罪的,有组织犯罪的主犯以及累犯除外;

(3)年满75周岁、身体严重残疾且生活不能自理的;

(4)犯罪的时候不满18周岁,被判处3年以下有期徒刑或者剩余刑期在1年以下的,但犯故意杀人、强奸等严重暴力性犯罪,恐怖活动犯罪,贩卖毒品犯罪的除外。

为何在纪念中国人民抗日战争暨世界反法西斯战争胜利70周年之际特赦部分服刑罪犯,全国人大常委会法制工作委员会主任李适时在作相关草案说明时说,特赦是国家依法对特定罪犯免除或者减轻刑罚的制度,也是一项国际通行的人道主义制度。在纪念中国人民抗日战争暨世界反法西斯战争胜利70周年之际,特赦部分服刑罪犯,是实施宪法规定的特赦制度的创新实践,具有重大的政治意义和法治意义。①

在笔者看来,现代赦免制度以及这次全国人大实行的特赦,与中国古代的"大赦天下"不同,不是古代帝王施与犯罪人的"恩赐",而是国家刑事政策的运用,是国家在刑罚之外据以组织对犯罪现象理性反应的政策工具。作为一项重要的刑事政策,赦免大多是在国家节日、庆典或者政治形势发生变化时实施,旨在表示与民同乐同悲。例如,德国的圣诞节赦免、韩国的光复节赦免、泰国的国王庆生赦免等。一般会选择在国内政局和社会治安比较稳定的时期实行特赦,由国家在充分考量政治、经济、社会发展之大局的基础上,于确属必要时为之。在纪念中国人民抗日战争暨世界反法西斯战争胜利70周年之际,适时特赦部分服刑罪犯,确实具有重要的意义。具体来说:第一,可以展示我们党的执政自信和制度自信,树立我国开放、民主、文明、法治的大国形象,彰显国家德政,昭示与民更始,借此激发全民族的爱国热情、民族认同感和自豪感,有助于全民族的大团结。第二,这也是对依法治国、依宪治国理念的体现。《宪法》第67条规定的全国人民代表大会常务委员会行使决定特赦职权。自1975年以来,特赦至今40年未用。因此这次特赦,有助于大力弘扬宪法精神,增强宪法意识,形成维护宪法制度、尊重宪法权威的社会氛围,推动全面贯彻实施宪法,使宪法精神深入人心,更好发挥宪法在全面建成小康社会、全面深化改革、全面推进依法治国中的重大作用。第三,从实际效果看,可以发挥特赦的感召效应,鼓励犯人自新、促成刑罚目的,疏减监狱囚犯、节约司法资源,化消极因素为积极因素,促进社会和谐稳定。而且赦免具有法律衡平功能。随着社会政治、经济、社会治安等宏观环境的发展变化,在依据现行某些法律处理犯罪人会产生社会失衡的情况下,可以通过特赦加以补救,从而实现个别正义,使法律实施更为公平、公正、文明和人道。第四,这次选在世界反法西斯战争胜利70周年和抗日战争70周年之际决定特赦,也可以提醒人们:铭记历史、不忘过去,反对战争,珍爱和平,防止悲剧重演。

---

① 参见崔清新、陈菲:《全国人大拟于纪念抗战胜利70周年之际特赦四类罪犯》,载《人民日报》2015年8月24日。

(二) 贪贿罪犯所作社会贡献可否"将功折罪"？

关于贪贿罪犯所作社会贡献能否"将功折罪",笔者持否定的态度。褚时健昔日虽有辉煌的经历,对国家的确作出了重大贡献,但其没有树立起正确的利益观,没有常思贪欲之害,也未常怀律己之心,未能经受住金钱的诱惑,因而落得个身败名裂的下场。在社会主义中国,不论是谁,不论其贡献有多大,功劳有多高,只要触犯党纪国法,都要受到严肃追究和依法惩处。其实,这也是我党一贯的态度。早在抗日战争初期,毛主席"挥泪斩马谡",就批准枪毙了一个功勋卓著、勇冠三军而犯罪的红军将领黄克功,并没有因为黄克功劳苦功高就对其网开一面。在褚时健等贪污、巨额财产来源不明案中,同样也不能因为褚时健对国家作出了重大贡献,就不追究或不依法追究其刑事责任。这是法律面前人人平等原则的必然要求。决不能搞所谓的"将功折罪""功过相抵"。

与此同时,应当指出,将褚时健以前的表现以及他对国家所作的贡献,作为评价其人身危险性程度的一个重要因素,在量刑时予以适当从宽考虑,当是无可厚非的。因为犯罪人以前是否作过重大社会贡献,在相当程度上能够反映其犯罪前一贯表现是否良好,这是评价和判断犯罪人人身危险性程度的一个重要因素。作过重大社会贡献的人,其一贯表现往往较好,一般情况下其人身危险性相对较小,对其量刑务必特别慎重。这是犯罪人的社会贡献影响刑罚裁量的实质依据。犯罪人的社会贡献作为一个罪前酌定量刑情节,虽然并没有被法律明文规定,但它对量刑发挥调节作用(尽管不如某些法定量刑情节明显),确实是有法律依据的。[①] 不过值得指出的是,褚时健作出过重大社会贡献这一情节对量刑发生趋轻影响具有法律依据,并不意味着就是"将功折罪"。这里存在一个观念认识问题。根据犯罪人以前的表现以及他对社会所作的贡献,从而作为评价其人身危险性程度的一个因素,实行区别对待,在量刑时充分考虑并酌情予以从宽处罚,并不违背刑法面前人人平等原则,而恰恰是罪责刑相适应原则和刑罚个别化原则的鲜明体现。就此而论,云南省高级人民法院

---

① 如《刑法》第61条(量刑根据)明确规定:"对于犯罪分子决定刑罚的时候,应当根据犯罪的事实、犯罪的性质、情节和对于社会的危害程度,依照本法有关的规定判处。"这里的情节,即是指量刑情节。量刑情节当然包括犯罪人以前是否作出过贡献或者重大贡献等罪前酌定量刑情节在内的。

对褚时健的刑事判决是值得赞赏的。该刑事判决在判决理由部分,一方面重申了刑法面前人人平等原则,强调任何人无论功劳多大,都不能因此而享有超越法律的特权。另一方面,又没有忽视影响量刑的相关酌定量刑情节,而是实事求是地指出,被告人的历史表现反映出的主观方面的情节,可在量刑时酌情考虑。至于该情节最后能否对量刑结果产生实质性的影响,不能孤立地进行分析,还得结合全案的案情和情节进行综合判断。该案中法院充分考虑到全案存在的各种量刑情节(包括褚时健作出的重大社会贡献等),判处被告人褚时健无期徒刑,剥夺政治权利终身。判决宣告后,褚时健没有上诉,检察机关也没有抗诉,社会各界反映良好,实现了法律效果、社会效果和政治效果的有机统一。

终身监禁是否适用于《刑法修正案(九)》生效前的案件

——谷俊山贪污、受贿、挪用公款、行贿、滥用职权案

目 次

一、基本案情
二、诉讼经过
三、法理研析
　(一) 终身监禁是否适用于《刑法修正案(九)》生效前被判处死缓的贪贿犯罪官员
　(二) 关于谷俊山案不公开审理问题

一、基本案情

谷俊山,解放军总后勤部原副部长。军事法院经审理认为,谷俊山贪污、受贿数额特别巨大,危害后果特别严重,挪用公款数额巨大,行贿、滥用职权情节特别严重。鉴于谷俊山归案后揭发他人犯罪行为,经查证属实,具有重大立功表现,且赃款赃物已全部追缴,具有法定、酌定从宽处罚情节。

二、诉讼经过

2014年3月31日,军事检察院以谷俊山涉嫌贪污、受贿、挪用公款、滥用职权犯罪,向军事法院提起公诉。2014年4月1日,军事法院对军事检察院指控谷俊山涉嫌贪污、受贿、挪用公款、滥用职权案立案。期间,军事检察院补充起诉谷俊山犯行贿罪。2015年8月10日,军事法院依法对解放军总后勤部原副部长谷俊山贪污、受贿、挪用公款、行贿、滥用职权案进行了一审宣判,认定谷俊山犯贪污罪、受贿罪、挪用公款罪、行贿罪、滥用职权罪,依法对其所犯贪污罪、受贿罪分别判处死刑,缓期两年执行;所犯挪用公款罪判处有期徒刑10年;所犯行贿罪判处有期徒刑14年,并处没收个人财产50万元;所犯滥用职权罪判处有期徒刑6年,决定执行死刑,缓期两年执行,剥夺政治权利终身,并处没收个人全部财产,赃款赃物予以追缴,剥夺中将军衔。

三、法理研析

2015年8月29日十二届全国人大常委会第十六次会议表决通过的《刑法修正案(九)》将于2015年11月1日起实施。其中,《刑法修正案(九)》第44条增加了一个新的规定,即犯贪污受贿罪,被判处死刑缓期执行的,人民法院根据犯罪情节等情况可以同时决定在其死刑缓期执行两年期满依法减为无期徒刑后,终身监禁,不得减刑、假释。《刑法修正案(九)》通过后,对于那些已经被判处死缓但两年考验期还未结束的巨贪来说,他们是继续按照过去的死缓、无期、有期、减刑、假释的路子服刑呢?还是要按照新规定把"牢底坐穿"?社会上存在一定的争议。谷俊山案就是如此,虽然军事法院2015年8月10日以贪污罪、受贿罪等五罪并罚,判决谷俊山死缓,剥夺政治权利终身,并处没收个人全部财产,但直到2015年11月1日《刑法修正案(九)》生效之日,谷俊山仍在两年死缓考验期内,那么终身监禁是否适用于谷俊山?这是需要明确的问题。当然也是《刑法修正案(九)》规定终身监禁的执行措施以来,司法实践中不得不面对和明确的问题。鉴此,下文将重点对这一问题进行研讨。与此同时,谷俊山案因涉军事机密未进行公开审理,这一问题也引起了社会关注,在此一并予以探讨。

(一) 终身监禁是否适用于《刑法修正案(九)》生效前被判处死缓的贪贿犯罪官员

《刑法修正案(九)》通过前后,有一种观点认为,《刑法修正案(九)》(草案)》三审稿增加规定,对犯贪污、受贿罪,被判处死刑缓期执行的,人民法院根据犯罪情节等情况,可以同时决定在其死刑缓期执行二年期满依法减为无期徒刑后终身监禁,不得减刑、假释。《刑法修正案(九)》甫一通过,正在监狱里服刑的刘志军、谷俊山要纠结了,他们将会"牢底坐穿",出狱无望。① 对此,笔者曾在有关访谈中指出,终身监禁不应适用于《刑法修正案(九)》施行前的贪贿犯罪案件。刑法适用原则上不溯及既往,除了新法所作的非犯罪化、弱化惩罚或有利于行为人的规定之外,刑法不得有溯及既往的效力。即对以前发生的事实不产生法律约束力,对此前判决的法律适用上,依旧是从旧原则。② 对于谷俊山案,不存在适用终身监禁的问题。主要原因在于:法院决定终身监禁必须是在宣告死刑缓期二年执行时同时进行。在《刑法修正案(九)》生效前,谷俊山案已经军事法院审理完毕并宣判,该案诉讼程序已经终结。也就是说,对于《刑法修正案(九)》生效前(2015年11月1日)审理完毕的贪贿犯罪案件,终身监禁措施不得适用。谷俊山在死缓考验期间,如果没有故意犯罪,两年死缓考验期满减为无期徒刑后,仍可按《刑法》有关规定减刑、假释。这是法不溯及既往原则和维护生效裁判的稳定性、严肃性的客观要求。

关于终身监禁规定的溯及力问题,有必要作进一步的阐述。主要涉及行为发生在《刑法修正案(九)》生效前、但审理是在生效之后的贪贿犯罪案件,是否可以适用终身监禁的问题。对此,最高人民法院于2015年10月29日颁布的《关于〈中华人民共和国刑法修正案(九)〉时间效力问题的解释》第8条明确规定:"对于2015年10月31日以前实施贪污、受贿行为,罪行极其严重,根据修正前刑法判处死刑缓期执行不能体现罪刑相适应原则,而根据修正后刑法判处死刑缓期执行同时决定在其死刑缓

---

① 参见《解局:刘志军谷俊山会把牢底坐穿么?》,载《北京青年报》2015年8月25日。
② 参见汪红:《终身监禁引导民众变革死刑观念》,载《法制晚报》2015年8月31日;邢丙银:《全国人大:终身监禁不适用刑法修正案九施行前案件》,载 http://www.thepaper.cn/newsDetail_forward_1369820。

期执行二年期满依法减为无期徒刑后,终身监禁,不得减刑、假释可以罚当其罪的,适用修正后刑法第三百八十三条第四款的规定。根据修正前刑法判处死刑缓期执行足以罚当其罪的,不适用修正后刑法第三百八十三条第四款的规定。"乍一看,上述司法解释第8条的规定似乎有违刑法适用从旧兼从轻的原则,实则不然,相反却恰恰体现了最高司法机关在此问题上的解释智慧和远见。因为适用修正后的《刑法》规定的终身监禁的贪污贿赂案件,本来根据修正前的《刑法》就是应当判决死刑立即执行的案件,现在适用死刑缓期二年执行同时决定终身监禁(不得减刑、假释),实质上仍然体现的是从旧兼从轻的刑法适用原则。因为终身监禁作为死缓的一种特殊执行措施,相比于《刑法修正案(九)》生效前死缓的执行,是更为严厉和不利于被告人的;但相比于死刑立即执行,显然是更为宽缓和有利于被告人的。

应当指出,《刑法修正案(九)》增加规定的终身监禁措施,即把罪犯监禁终身,限制其人身自由直到死亡,并非新增设了一个新的刑种,而是针对贪污受贿犯罪被判处死缓的犯罪分子在具体执行中的一项特殊措施。关于这一增补修改,首先,充分表明了中央反腐败的坚强意志和坚定决心,传递出极其强烈的信号:依法严厉惩处腐败,坚持惩治不放松,保持反腐败高压态势,将成为反腐新常态。近年来,司法实践中一些贪贿罪犯通过违规减刑、假释、监外执行等手段服刑过短,甚至被异化成一些人逍遥法外的通道,严重损害司法权威和司法公信力,破坏反腐败工作成效,群众对此反映强烈。其次,这也符合我国严格限制和慎重适用死刑的政策,发挥其作为死刑替代措施的作用。对贪污受贿数额特别巨大、情节特别严重的犯罪分子,特别是其中本应当判处死刑的,人民法院根据犯罪情节等具体情况,对其判处死缓,终身监禁,不予减刑、假释,有助于切实减少死刑适用,推进死刑的司法限制,为逐步减少死刑适用罪名乃至最终废止死刑客观上创造了一定的条件,有助于引导民众死刑观念的变革和树立现代的法治文明观。正是基于上述立法初衷,率先适用于重特大贪污受贿犯罪分子身上,也是考虑到了当前对贪贿犯罪死刑适用限制非常严格,判处死刑立即执行的人非常少,为更好地体现罪责刑相适应原则,尤其是为了避免司法实践中出现贪贿犯罪罪犯通过减刑、假释、暂予监外执行等途径,导致实际服刑时间偏短等情形,真正做到执法必严、违法必究,确保刑罚执行的公平公正。总而言之,终身监禁措施的增设,兼顾了严格控制死刑与从严惩处腐败犯罪两方面的政策需要,是我国针对重大贪污贿赂犯罪案件刑罚执行制度的重要创新,也是《刑法修正案(九)》的突出亮点。

关于今后"终身监禁"还可向哪些领域的犯罪分子扩展,笔者认为,可以向配置有死刑的经济犯罪、非暴力性犯罪扩展,以最大限度地发挥终身监禁作为死刑替代措施的功能。相比于故意杀人等暴力性犯罪,对于非暴力性犯罪,国外刑法一般都不适用死刑,我国司法实践中也是严格限制适用死刑的。除了毒品犯罪外,其他非暴力性犯罪适用死刑的案件也比较少。为了充分贯彻严格控制和慎重适用死刑的政策,打消公众在对这些犯罪基本上不适用死刑后对严重罪犯重返社会的担忧,获得公众对这些犯罪严格限制死刑适用乃至司法中基本不适用死刑的支持和理解,终身监禁就是最好的死刑替代措施。可杀可不杀的,可以一律不杀,适用终身监禁。这为惩处那些比较严重但又罪不至死的犯罪分子找到了一个比较合适的刑罚制度。就目前的情况来看,我国刑罚结构尚存在一定程度的"死刑过重、生刑过轻"的缺陷,生死刑之间跨度过大,一旦大幅削减死刑,对于那些比较严重的犯罪,判处死刑以外的其他刑罚明显过轻,很难做到罪刑相适应。这显然不利于震慑犯罪分子,而终身监禁,就可以起到一个很好的衔接过渡作用。

关于"终身监禁"与无期徒刑之间的区别,主要有以下几点:其一,《刑法修正案(九)》规定的终身监禁,不是新的刑罚种类,而是针对贪污受贿犯罪死缓执行的一项特殊措施;无期徒刑属于主刑之一,是一种独立的长期限制自由的刑罚,说是无期,实际上并非真正意上的"无期"。其二,终身监禁意味着犯罪人"牢底坐穿"、在监狱终其一生,不得释放;而被判处无期徒刑的犯罪分子在执行期间,认罪服法、接受教育、改造,确有悔改立功表现的,可获得减刑,由无期徒刑减为有期徒刑;执行一定刑期之后,若遵守监规,接受教育和改造,确有悔改表现,不致再危害社会的,可以附条件地将其予以提前释放。

关于域外的"终身监禁",大致有两种类型:一种是以多数欧洲国家为代表的可以减刑、假释的终身监禁;另一种是以美国、英国等为代表的不可减刑、假释的终身监禁。美国(已废除死刑的州)、英国、越南、乌克兰、土耳其、瑞典、保加利亚等废除死刑后,对最严重犯罪适用不得假释的终身监禁。在美国,终身监禁是已废除死刑的州的最高等级刑罚。美国联邦、军事法庭和37个保留死刑的州基本都规定了不得假释的终身监禁制度,仅新墨西哥州没有规定;在12个没有保留死刑的州中,除了阿拉斯加州之外,其他11个州也都规定了不得假释的终身监禁。其中,有的州规定终身监禁适用于谋杀罪等严重的犯罪,有的州则规定终身监禁适用于A级重罪。在德国,终身监禁适用的罪名是谋杀、种族灭绝、战争罪、危害人类罪。在荷兰、以色列、匈牙利等国,终身监禁适用的罪名是谋杀罪。在新西兰,终身监禁适用的罪名是谋杀罪、叛国罪。在南非、索马里等国,终身监禁适用的罪名是谋杀、强奸、抢劫。在意大利、秘鲁、马来西亚等国,终身监禁适用的罪名除了谋杀、抢劫、强奸、叛国罪之外,还包括恐怖主义犯罪。总的来说,在国外,终身监禁是一种比较严厉的自由刑,适用范围较广。特别是在废除死刑的国家,终身监禁更是最为严厉的一种刑罚。当前全球2/3以上的国家在法律上或者事实上已经废止了死刑,还有一些国家死刑虽然存在,但极少适用死刑,甚至不用。即使是对于那些罪行比较严重的犯罪分子,他们适用更多的还是终身监禁。

(二)关于谷俊山案不公开审理问题

《宪法》第125条明确规定:"人民法院审理案件,除法律规定的特别情况外,一律公开进行。"根据上述《宪法》规定的精神,《刑事诉讼法》第11条也规定"人民法院审判案件,除本法另有规定的以外,一律公开进行"。《刑事诉讼法》第183条第1款规定:"人民法院审判第一审案件应当公开进行。但是有关国家秘密或者个人隐私的案件,不公开审理;涉及商业秘密的案件,当事人申请不公开审理的,可以不公开审理。"公开审理是指除了法律规定的特别情况外,人民法院对案件审理的过程和判决结果都应向社会公开,既包括允许公民旁听庭审,也包括允许媒体记者采访和报道。不公开审理的案件,应当当庭宣布不公开审理的理由。对公开审理或者不公开审理的案件,判决应一律公开宣告。就谷俊山案来说,鉴于谷俊山案件中一些犯罪事实证据涉及军事秘密,军事法院依法对该案进行不公开开庭审理。笔者认为,从目前谷俊山案披露的案情信息看,谷俊山案涉及军队后勤装备的生产、采购等情况,属于军事秘密的范畴,而军事秘密又是国家秘密的重要组成部分,关系国家安全,关系国防和军队的安全与利益,故军事法院依法对该案不公开审理,是合法的、必要的,也符合国际司法惯例。

当然,不公开审理并非搞秘密审判。除庭审不公开外,其他判决的宣告等要依法公开,并应严格执行《刑事诉讼法》的有关规定,充分保障被告人的辩护权等诉讼权利,确保案件得到依法公正审理。军事法院负责人就谷俊山案件审理相关问题回答记者提问时指出,在案件审理过程中,军事法院严格执行法律规定,充分保障了谷俊山及其辩护人依法享有的各项诉讼权利。谷俊山委托的两位律师多次会见谷俊山,查阅了全案卷宗。庭审中,控辩双方进行了举证、质证,根据控辩双方的申请,通知多名证人到庭,控辩双方对证人进行了交叉询问。法庭辩论阶段,控辩双方就起诉指控的犯罪事实、法律适用、量刑等问题充分发表了意见。对谷俊山及其辩护人提出的符合事实、于法有据的辩解和辩护意见,法庭均予以采纳。① 应当说,根据谷俊山犯罪的事实、犯罪的性质、情节和对于社会的危害程度,军事法院一审判决谷俊山犯贪污罪、受贿罪、挪用公款罪、行贿罪和滥用职权罪,五罪并罚,决定执行死刑缓期两年执行,剥夺政治权利终身,并处没收个人全部财产,使谷俊山受到了罪有应得的惩罚。军事法院判决认定谷俊山犯罪的事实清楚,证据确实充分,定性准确,量刑适当,程序合法,体现了罪刑法定原则和罪责刑相适应原则,彰显了以事实为根据、以法律为准绳的法治精神,也充分表明了党中央有腐必反、有贪必肃,坚持"老虎""苍蝇"一起打的坚强决心和鲜明态度。

总而言之,军事法院对谷俊山案件的审判,是一次依法、公正、严肃的审判,正确处理好了打击犯罪与保障人权、实体公正与程序公正、严格执法与文明执法的关系,经得起法律和历史的检验,将在我国军队反腐倡廉史上留下标志性的印记。

---

① 参见《谷俊山案件一审宣判后军事法院负责人答记者问》,载国防部网。访问日期:2015年8月10日。

特定关系人共同受贿犯罪的认定
——成克杰受贿案

目　次

一、基本案情
二、诉讼经过
三、法理研析
　（一）成克杰受贿案的法治意义
　（二）"情人型"共同受贿犯罪的认定

一、基本案情

成克杰，壮族，原系第九届全国人民代表大会常务委员会副委员长，曾任中共广西壮族自治区委员会副书记、广西壮族自治区人民政府主席。1993年底，成克杰与其情妇李平（香港居民，另案处理）商议各自离婚后结婚。为此，时任成克杰秘书的周宁邦向李平建议，利用成克杰在位的有利条件，二人先赚钱后结婚，为以后共同生活打好物质基础。李平将周宁邦的建议转告成克杰后，成克杰表示同意，并与李平商定，由李平联系请托人，由成克杰利用其担任中共广西壮族自治区委员会副书记、广西壮族自治区人民政府主席职务的便利，为请托人谋取利益，二人收受钱财，存放境外，以备婚后使用。此后，从1994年初至1997年底，成克杰与李平相互勾结，接受广西银兴实业发展公司等单位和个人的请托，利用成克杰的职务便利,单独或与李平共同为请托单位或个人谋取利益,收受贿赂款物合计人民币 41 090 373 元。案发后,上述款物已全部追缴。

二、诉讼经过

2000 年 4 月 25 日,最高人民检察院对中央纪委移送的成克杰案件依法立案侦查,并决定将其逮捕。2000 年 6 月 26 日,根据最高人民法院指定管辖的决定,北京市第一中级人民法院受理了北京市人民检察院第一分院对成克杰受贿案的起诉。2000 年 7 月 13—14 日,北京市第一中级人民法院依法对成克杰受贿案进行公开审理。2000 年 7 月 31 日,北京市第一中级人民法院作出一审刑事判决,判处成克杰死刑,剥夺政治权利终身,并处没收个人全部财产。成克杰不服,提起上诉。同年 8 月 22 日,北京市高级人民法院作出终审刑事裁定,驳回成克杰的上诉,维持原判,并依法报请最高人民法院核准。同年 9 月 7 日,最高人民法院核准成克杰死刑。同年 9 月 14 日成克杰被执行死刑。

三、法理研析

成克杰是新中国成立以来因受贿罪而被处以极刑的职务最高的领导干部。成克杰受贿案的查处震动国内外,引发社会广泛关注。成克杰案的发生,既是当时党内腐败向纵深发展的征兆,也表明反腐败斗争之路任重道远。关于成克杰受贿案,从法理的角度着眼,主要涉及情人等特定关系人共同受贿犯罪的认定问题。

(一) 成克杰受贿案的法治意义

依法严惩成克杰,充分体现了党中央从严治党、严惩腐败的坚定决心,也有力说明了我们党对腐败现象的斗争旗帜鲜明,态度坚决,措施有力,工作是有成效的。成克杰伏法,是正义和法治的重大胜利,这必将进一步坚定广大党员干部和人民群众同腐败现象作斗争的信心。让我们清醒地认识到:拒腐防变,必须警钟长鸣;防微杜渐,必须时刻警醒。

成克杰受贿案的严肃查处,也体现了依法治国的要求和适用刑法人人平等的原则。依法治国,是党领导全国各族人民治理国家的基本方略,也是反腐败斗争最根本、最有力的保障。对成克杰一案的审理,坚持以其犯罪事实为根据、以刑事法律为准绳的基本原则,不因其是高级领导干部而网开一面、法外开恩。严惩成克杰,在某种意义上,也是一次非常深刻的刑事法治教育,它昭示人们:党同腐败现象是水火不容的,没有因腐败而能得到豁免的领导干部,不论是什么人,不论其职务多高,只要他们触犯党纪国法,都会受到应有的惩处。我们党有信心、有能力清除腐败,保持党的先进性和纯洁性。党内决不允许腐败分子有藏身之地!

成克杰受贿案虽已尘埃落定,但它留给我们的思考却是沉重而久远的。这些年来,我国一直在加大打击腐败犯罪的力度,保持查办、惩处腐败犯罪的高压态势,深挖、惩治和震慑了一大批腐败分子。特别是对于位高权重、权力运用事关国家和人民重大利益的高级干部之严重罪行,一样依法严惩,决不姑息宽容,取得了有目共睹的显著成效,为世界所瞩目。但是由于反腐斗争的长期性、复杂性、艰巨性,决定了惩治和防范腐败犯罪是一项十分复杂的社会系统工程,不可能毕其功于一役。在现阶段反腐斗争形势还相当严峻,腐败犯罪分子像韭菜一样,割掉一茬又长出一茬,"前腐后继"现象时有发生,腐窝、串窝、家族腐败、群体腐败、连环腐败现象等不时涌现。如成克杰受贿案,随着成克杰的查处,广西一大批与其有涉的干部如广西壮族自治区政府原副秘书长甘维仁,广西钦州市原市委书记、市人大常委会主任俞芳林,广西北流市原市委书记卢在权、广西壮族自治区政府计委服务中心原主任李一洪等贪官相继倒台,引发广西政坛大地震。由此可见,如何科学有效防治腐败问题,还有许多工作要做,可谓任重而道远。

(二)"情人型"共同受贿犯罪的认定

随着近年来我国反腐败斗争的深入开展,新情况、新问题不断涌现,腐败犯罪也呈现与以往不同的特点和发展趋势。其中,"情人型"共同受贿犯罪已成为当前贿赂犯罪的一个新动向,特别是在高级领导干部腐败案件中占有较大比例。据有关媒体报道,在全国各地被查处的贪官污吏中,95%的都有情妇,相当多的干部腐败与"包二奶"有关。[①] 尽管这个数

---

① 参见《九成五贪官包养情妇 人大代表建议视为重婚罪》,载《南方都市报》2006年3月8日。

字不一定很准确,但腐败官员与其情人之间往往存在着互为表里、密不可分的肮脏关系却是事实。情人等特定关系人在官员贪贿犯罪中扮演了十分重要的角色,不少官员的腐化变质乃至最后滑向贪腐犯罪深渊正是从生活作风堕落、包养情人开始的,甚至许多情人还是其贪贿犯罪的催化剂和加速器。如成克杰受贿案,就是一个典型的"情人型"共同受贿犯罪的例子。成克杰收受的许多贿赂就是与其情妇李平勾结,共谋或共同实施的。在"情人型"共同受贿犯罪中,由于国家工作人员与其情人关系的暧昧性、经济的关联性、活动的隐蔽性,使得对这种贿赂犯罪的证明、发现、查处,比传统型贿赂犯罪难度更大,任务更为艰巨。成克杰受贿案中存在的"情人型"共同受贿现象对我国刑事司法工作提出了新的挑战。我国最高司法机关以成克杰受贿案为契机,敏锐地意识到了这个问题,积极采取应对措施,并在总结实践经验的基础上于2007年7月8日由最高人民法院、最高人民检察院联合发布了《关于办理受贿刑事案件适用法律若干问题的意见》(以下简称《意见》)这一司法解释文件,首次将原法律规定的"利害关系人"修改扩展为"特定关系人",并将其解释为"与国家工作人员有近亲属、情妇(夫)以及其他共同利益关系的人"。这是我国法律法规中首次出现"情妇(夫)"的字眼。

应当说,在大部分贪贿犯罪案件中,都存在腐败官员为其配偶、子女或者情人等特定关系人谋取好处的情况。《意见》第7条对特定关系人收受贿赂的问题作了规定,即"国家工作人员利用职务上的便利为请托人谋取利益,授意请托人以本意见所列形式,将有关财物给予特定关系人的,以受贿论处。特定关系人与国家工作人员通谋,共同实施前款行为的,对特定关系人以受贿罪的共犯论处。特定关系人以外的其他人与国家工作人员通谋,由国家工作人员利用职务上的便利为请托人谋取利益,收受请托人财物后双方共同占有的,以受贿罪的共犯论处"。在《意见》出台之前,我国法律对这些新型受贿犯罪的界定尚属空白,让不少贪贿犯罪分子尤其是贪贿犯罪高官得以逍遥法外,这无疑不利于反腐败斗争的深入持久开展,不利于惩治这类具有严重社会危害性的贪贿犯罪行为。《意见》的出台,对于打击司法实践中的腐败犯罪官员与特定关系人特别是情人共同受贿这种新型的腐败犯罪,具有十分重要的意义。

《意见》在严惩贪官的同时,及时弥补法律法规上的漏洞,将情人等特定关系人纳入反腐败法治的视野,让特定关系人与贪贿犯罪官员一损俱损、难逃罪责,标志着我国反腐败刑事法治的一大进步。但因《意见》的有关规定较为原则,导致在司法实务中仍存在一些困难。要准确认定国家工作人员与特定关系人的新型受贿犯罪,分清楚罪与非罪、此罪与彼罪之间的界限,需注意以下几点①:

第一,特定关系人向国家公职人员代为转达请托事项,索取或者收受请托人财物并告知该公职人员的,或者公职人员明知其特定关系人收受了请托人财物,仍按照特定关系人的要求利用自身职权为请托人谋取利益的,该公职人员构成受贿罪,其特定关系人亦应以受贿罪的共犯论处。如在原辽宁省高级人民法院院长田凤岐腐败案中,田凤岐的妻子在其身边扮演了极其不光彩的角色,夫妻俩一个唱黑脸、一个唱白脸,在收受别人好处时配合默契。② 田凤岐及其妻子就属于这种情况,都应按受贿罪论处。

第二,国家公职人员事先知道其特定关系人利用自己的职权或地位形成的便利条件,索取请托人财物或者收受请托人财物,仍默许或者不反对其特定关系人通过其他国家公职人员职务上的行为为请托人谋取不正当利益,该公职人员及其特定关系人构成《刑法修正案(七)》第13条所增补的作为《刑法》第388条之一的利用影响力受贿罪的共犯。

第三,国家公职人员事先不知道其特定关系人利用自己的职权或地位形成的便利条件,通过其他国家公职人员职务上的行为为请托人谋取不正当利益,事后知道并予以认可的,对该公职人员仍应以受贿罪论处,对其特定关系人以利用影响力受贿罪论处。

第四,国家公职人员虽然按照特定关系人的要求,利用职权为请托人谋取利益,但对特定关系人收受请托人财物毫不知情的,对特定关系人应以利用影响力受贿罪论处,该公职人员则既不构成利用影响力受贿罪的共犯,也不应以受贿罪论处。

---

① 在有关访谈中,笔者曾建议从四个方面对涉特定关系人受贿案的认定作出细化规定(参见纪欣、谢家乐:《贪官情人受贿平均刑期7年半》,载《法制晚报》2015年9月11日)。另参见赵秉志、彭新林:《中国刑法30年(下)——以典型案例为视角》,载《民主与法制》2008年第17期;赵秉志:《中国反腐败刑事法治的若干重大现实问题研究》,载《法学评论》2014年第3期。

② 参见邢侠:《高官丈夫台前扮黑脸 贤妻幕后收黑钱》,载《吉林人大》2003年第11期。

性贿赂应否纳入刑法规制
——刘志军受贿、滥用职权案

目　次

一、基本案情

二、诉讼经过

三、法理研析

　（一）性贿赂应予刑事制裁但目前不宜犯罪化

　（二）应将贿赂犯罪对象由财物扩大为财物和财产性利益

　（三）为谋取正当利益而行贿也应入罪

一、基本案情

　　北京市第二中级人民法院经审理查明：1986年至2011年，刘志军在担任郑州铁路局武汉铁路分局党委书记、分局长，郑州铁路局副局长，沈阳铁路局局长，原铁道部运输总调度长、副部长、部长期间，利用职务便利，为邵力平、丁羽心（原名丁书苗）等11人在职务晋升、承揽工程、获取铁路货物运输计划等方面提供帮助，先后非法收受上述人员给予的财物共计折合人民币6460万余元；刘志军在担任铁道部部长期间，违反规定，徇私舞弊，为丁羽心及其与亲属实际控制的公司获得铁路货物运输计划、获取经营动车组轮对项目公司的股权、运作铁路建设工程项目中标、解决企业经营资金困难提供帮助，使丁羽心及其亲属获得巨额经济利益，致使公共财产、国家和人民利益遭受重大损失。

另有关部门在对刘志军问题调查情况通报中称,刘志军在2003年至2009年间,先后在豪华酒店、高消费娱乐场所与丁羽心出资安排的多名女性嫖宿。

二、诉讼经过

2012年5月28日,刘志军因严重违纪被开除党籍,其涉嫌犯罪问题移送司法机关依法处理。2013年4月10日,北京市人民检察院第二分院就刘志军一案向法院提起公诉。2013年6月9日,北京市第二中级人民法院一审开庭审理。2013年7月8日,北京市第二中级人民法院对原铁道部部长刘志军受贿、滥用职权案作出一审宣判,对刘志军以受贿罪判处死刑,缓期两年执行,剥夺政治权利终身,并处没收个人全部财产;以滥用职权罪判处有期徒刑10年,数罪并罚,决定执行死刑,缓期两年执行,剥夺政治权利终身,并处没收个人全部财产。

三、法理研析

刘志军案是一起典型的高官腐败犯罪案件,也是党的十八大以来人民法院审理的第一个正部长级领导干部受贿、滥用职权案件。对刘志军的依法审判,昭示了有贪必肃、有腐必反的法治精神,也再次给党员干部敲响了反腐倡廉的警钟。关于刘志军案的法治意义以及对刘志军的定罪量刑,认识基本一致,社会反响积极,没有多少异议。笔者不再赘述。这里着重就刘志军案衍生的性贿赂应否犯罪化的问题进行探讨。

在刘志军案件中,刘志军于2003年至2009年间先后在豪华酒店、高消费娱乐场所与山西女商人丁羽心出资安排的多名女性嫖宿,接受性贿赂。虽然刑法目前尚未将性贿赂纳入贿赂的对象范围,刘志军的辩护人钱列阳也称,无论是案卷还是庭审,均未涉及刘志军接受性贿赂的内容,检方指控的内容仅限于金钱和财产利益,未对此提出指控。[①] 但关于性贿赂是否入罪的争议,早在1997年《刑法》修订之前便已引发并延续至

---

① 参见《刘志军受审 未涉及接受性贿赂》,载《新京报》2013年6月11日。

今,这也是我国反腐败刑事法治发展不得不面对的一个问题。

(一) 性贿赂应予刑事制裁但目前不宜犯罪化

所谓性贿赂,主要是指利用色相贿赂国家工作人员,以使其利用职务便利,为自己或他人牟取不正当利益的行为。近年来,随着国家反腐力度的不断加大,一些腐败官员连续被曝光,隐藏在这些官员背后的"性贿赂"屡屡见诸报端。本案也涉及性贿赂的问题,2003 年至 2009 年间,刘志军先后在豪华酒店、高消费娱乐场所与山西女商人丁羽心出资安排的多名女性嫖宿。① 由本案衍生出的"性贿赂"是否应当入罪的问题,一度成为公共空间热议的话题。关于性贿赂应否犯罪化,笔者的基本观点是:

从应然的角度看,确有必要对性贿赂行为进行刑事制裁。因为性贿赂具有严重的社会危害性,与权钱交易的本质一样,都损害国家工作人员职务的廉洁性和纯洁性,极大地败坏社会风气;而且性贿赂比较隐蔽、难以查处,行贿与受贿都容易逃避罪责追究,其诱惑力和危害性有时超过一般的财物贿赂。近年来很多落马的腐败官员,大都存在权色交易的勾当,与多名女性发生或保持不正当性关系,人民群众对此反映强烈。

从实然的角度看,性贿赂尚不宜犯罪化。首先,若将性贿赂犯罪化,在具体的司法实践中,势必会遇到认定模糊、可操作性较弱和取证困难等问题,法律适用和司法认定都存在难以克服的技术障碍。正如有学者指出,"权色交易"难以用财物衡量,给定罪量刑带来一定难题②;性贿赂行为取证困难,"交易"双方死不认账就难以证实。③ 也就是说,性贿赂入刑后罪与非罪的界限、可执行性等问题还需要深入研究。其次,目前有关方面和社会各界对性贿赂入刑的认识尚不一致,是否犯罪化争议很大。如有论者认为,在中国的传统观念中,"男女关系问题更多是道德问题,难以用一个统一的法律标尺来界定这种行为的性质"④。在社会生活中,性贿赂往往与腐败分子"生活作风不好""腐化堕落""道德败坏""性泛滥"等

---

① 参见《丁书苗曾数次出资安排多名女性供刘志军嫖宿》,载《新京报》2013 年 9 月 8 日。
② 参见马岳君:《"性贿赂"是否应该写入刑法? 道德 VS 法律》,载《法制日报》2008 年 9 月 1 日。
③ 参见张有义:《中国性贿赂调查:已成行贿犯罪普遍手段》,载《法制早报》2006 年 10 月 29 日。
④ 《性贿赂争议 17 年入罪难 专家:可定义为不正当好处》,载《京华时报》2013 年 7 月 22 日。

交织在一起,涉及伦理、道德、情感、隐私、纪律、法律等多个方面的因素,有的是自己直接去进行"性贿赂",有的是被雇佣以"性交易"的形式行贿,有的是"包二奶"或"养情人",有的是"性贿赂"后发展成为男女朋友甚至夫妻关系,等等,所以,要搞清楚究竟哪些是性贿赂,哪些是男女关系问题等,有时非常困难。性贿赂是否犯罪化,该不该上升到刑法规制的高度,说到底也涉及一个道德与法律的博弈问题。① 再次,对于可以金钱、财物、财产性利益来衡量的性贿赂,情节较重的,仍可以行贿罪、受贿罪追究行贿人、国家工作人员的刑事责任。最后,虽然国外在打击性贿赂问题上不遗余力,但多数国家和地区并未将性贿赂入罪,这也代表了国际社会的主流。多数国家之所以不将性贿赂犯罪化,主要是不希望以感性的道德谴责替代刑事立法的理性思考。

在本案中,行贿人丁羽心出资安排女性对刘志军进行的性贿赂,就是可以转化为用金钱来衡量的性贿赂,这一出资额可以计入刘志军收受贿赂的总数额。事实上,刘志军也接受了这一性贿赂进而利用职务上的便利,为行贿人丁羽心谋取了巨额非法利益,理应计入受贿的数额。这种形式的性贿赂,与一般的钱财贿赂或者财产性利益贿赂并无本质上的区别,而且不存在法律适用或者司法认定上的问题。

(二)应将贿赂犯罪对象由财物扩大为财物和财产性利益

关于贿赂犯罪对象,刑法有关规定是将其限定为"财物"。2008年11月20日最高人民法院、最高人民检察院联合颁布的《关于办理商业贿赂刑事案件适用法律若干问题的意见》扩大了贿赂犯罪的对象范围,将"财产性利益"如提供房屋装修、旅游费用等,也纳入贿赂犯罪的规制对象。相比之下,《联合国反腐败公约》规定的贿赂犯罪对象是"不正当好处"。显然,"不正当好处"的范围要远宽于"财物"或者"财产性利益"。"好处"也就是某种利益,除了财物或财产性利益以外,还包括非财产性利益。遗憾的是,这次通过的《刑法修正案(九)》,未修改刑法有关规定,将贿赂犯罪的对象统一扩大到"财物和财产性利益"。笔者认为,将贿赂犯罪对象由财物扩大为财物和财产性利益是非常必要的。主要理由是:

---

① 参见赵秉志:《中国反腐败刑事法治的若干重大现实问题研究》,载《法学评论》2014年第3期。

第一,党的十八届四中全会决定明确提出要完善惩治贪污贿赂犯罪法律制度,把贿赂犯罪对象由财物扩大为财物和其他财产性利益。这次修改《刑法》的重要指导思想之一就是要坚持正确的政治方向,因此立法机关贯彻落实四中全会的有关要求,将这一规定在《刑法》修正案中予以立法化,很有必要。而且司法实践中办理贿赂犯罪案件时,也是坚持"财物和财产性利益"这一贿赂犯罪对象标准。鉴于此,建议在下一次《刑法》修订时,对《刑法》中有关贿赂犯罪的法条作出必要的修改。例如,可将《刑法》第 385 条第 1 款关于受贿罪的规定修改为:"国家工作人员利用职务上的便利,索取他人财物或者财产性利益的,或者非法收受他人财物或者财产性利益,为他人谋取利益的,是受贿罪。"

第二,不宜将贿赂犯罪对象扩大到"不正当好处"。这主要涉及贿赂犯罪对象应否包括非财产性利益的问题。如常见的非财产性利益包括介绍工作、提职晋级、入党入团、调换岗位、授予荣誉称号、提供性服务等。毋庸置疑,行为人以非财产性利益形式的贿赂行贿,也具有严重的社会危害性,理应予以严厉打击,但应当注意的是,刑法规范应具有明确性,而非财产性利益往往难以量化和计算,如果将贿赂犯罪对象扩大到包括非财产性利益在内,那么也会像贿赂的犯罪化一样,在实践中势必会遇到司法认定和法律适用上的难题。而将贿赂犯罪对象确定为"财物和财产性利益",虽然与《联合国反腐败公约》的有关规定相比有一定差距,但标准相对较为明确,可操作性强,在司法实践中比较容易把握。因此,从目前情况来看,立法中尚不宜将贿赂犯罪对象扩大到"不正当好处"。

(三) 为谋取正当利益而行贿也应入罪

在本案中,丁羽心通过刘志军获取的非法经济利益,绝大部分都是做铁路招标中介,通过有偿运作的方式帮企业中标,以获取巨额中介费。2007 年至 2010 年间,丁羽心伙同郑朋、胡斌、甘新云、侯军霞、郭英等人,为获取非法经济利益,违反国家规定,与投标铁路工程项目的公司商定,以有偿运作的方式帮助中标,后丁羽心通过获取铁道部相关人员帮助,先后使 23 家投标公司中标"新建贵阳至广州铁路站前工程 8 标段"等 57 个铁路工程项目。经查,57 个铁路工程项目中标标的额共计人民币 1 858 亿余元。为此,丁羽心等人以收取中介费的手段从中获取违法所得共计人民币30亿余元,其中丁羽心违法所得数额共计人民币20亿余元。①2014年12月16日,丁羽心也因犯行贿罪,被北京市第二中级人民法院判处有期徒刑15年,并处没收个人财产人民币2 000万元。② 本案中丁羽心行贿刘志军,显然是为了谋取非法经济利益。退一步说,如果丁羽心行贿刘志军是为了谋取正当利益,按照现行《刑法》的规定,则丁羽心的行为则不构成行贿罪。不过,从深入推进反腐败斗争的角度出发,笔者建议修改《刑法》关于行贿罪的规定,主张为谋取正当利益而行贿也应入罪,即行贿罪不应将行贿人谋取利益限制在"不正当"范围内。具体理由如下:

第一,"为谋取不正当利益"的要求会在一定程度上导致打击犯罪时"重受贿、轻行贿"。实践中很多腐败官员因受贿而入狱,但行贿人却常常得以轻判或者未被追究刑事责任,原因之一就是将"为谋取不正当利益"作为行贿罪的主观要件,影响了对其的惩处力度。事实上,行贿罪与受贿罪是对合犯,行贿行为具有严重社会危害性,是滋生受贿行为的温床,加大对行贿行为的惩处力度,是从源头上预防和遏制腐败犯罪的重要举措。因此,删去"不正当"之表述,有助于加大打击行贿罪的力度。

第二,"为谋取不正当利益"的要求易带来司法适用难题。关于"谋取不正当利益"的界定,刑法学界出现过非法利益说、手段不正当说、行为人违背职务说等观点。虽然最高人民法院、最高人民检察院《关于在办理受贿犯罪大要案的同时要严肃查处严重行贿犯罪分子的通知》第2条将"谋取不正当利益"界定为"违反法律、法规、国家政策和国务院各部门规章规定的利益,以及要求国家工作人员或者有关单位提供违反法律、法规、国家政策和国务院各部门规章规定的帮助或者方便条件"。但这一规定只是原则性标准,在外延上仍然比较概括。随着社会生活日新月异的发展,各种利益交织呈现出多元性和层次性特点,"正当利益"与"不正当利益"之间的界限越来越难以分清,一些行贿人常以"谋取正当利益"为由逃脱刑事制裁。

第三,行贿人谋取正当利益,也损害了国家工作人员职务的廉洁性。

---

① 参见李丽:《从丁羽心案看行贿代理人》,载《中国青年报》2013年9月27日。
② 另外,法院还以非法经营罪判处丁羽心有期徒刑15年,并处罚金人民币25亿元,决定执行有期徒刑20年,并处罚金人民币25亿元,没收个人财产人民币2000万元。

行贿人采取行贿的方式来谋取利益，理应受到刑法的否定性评价。行贿罪的本质和危害不在于行为人谋取的利益是否正当，而在于是否损害了国家工作人员职务的廉洁性。

第四，从《联合国反腐败公约》以及其他国家对行贿罪的规定来看，没有要求行为人主观上有"谋取不正当利益"的目的。如《联合国反腐败公约》第15条规定，故意地直接或间接向公职人员许诺给予、提议给予或者实际给予该公职人员本人或者其他人员或实体不正当好处，以使该公职人员在执行公务时作为或者不作为，应规定为犯罪。又如《德国刑法典》第334条规定："行为人向公务员、对公务职务特别负有义务的人员或者联邦军队的军人，就其已经从事或者将要从事的职务行为和因此侵害了或者可能侵害其职务行为，向该人或者第三人表示给予、约定或者提供利益的……"上述规定都未将"为谋取不正当利益"作为入罪的必备要件，反而考虑的是对公职人员职务廉洁性的损害和职务行为的影响。

第五，对查处行贿罪中的一些政策考虑可通过调整法定刑和量刑幅度来实现。现实中，确实存在有的行为人因担心自身正当利益受损而主动给予国家工作人员财物的情况，也存在某些国家工作人员依仗权势，不给钱不办事，行为人为了谋取正当利益而不得不行贿的情况。对于这些情节轻微或者情有可原的行贿行为，应贯彻宽严相济的刑事政策，对查处的行贿行为可以通过适当降低法定最低刑或者调整量刑幅度来加以实现，且《刑法》第390条第2款也规定了行贿罪从宽处罚的制度。

值得指出的是，笔者建议删去《刑法》第389条第1款中"不正当"之表述，但并不赞同取消"为谋取不正当利益"的要件。因为，这样容易把与国家工作人员的正常礼尚往来、馈赠等不具有社会危害性的行为都当做犯罪处理，会扩大行贿罪的犯罪圈，有损刑法谦抑性原则。综上，建议在下次《刑法》修订时将行贿罪的主观方面要件修改为"为谋取利益"。

企业改制过程中贪污行为的认定
——王建炜贪污、受贿案

目　次

一、基本案情
二、诉讼经过
三、法理研析
　（一）企业改制过程中贪污行为的认定问题
　（二）收受"干股"数额的认定依据问题

一、基本案情

江苏省无锡市中级人民法院(2008)锡刑二终字第 63 号《刑事裁定书》认定:王建炜、孙建中系国有公司从事公务的人员,应以国家工作人员论。其利用从事国有企业改制工作的职务便利,侵吞国有资产价值人民币 436 万余元,其行为已构成贪污罪,且系共同犯罪。王建炜还利用职务便利,非法收受他人财物共计人民币 11.71 万元,为他人谋取利益,其行为构成受贿罪。王建炜犯两罪,应予数罪并罚。王建炜在共同贪污中起主要作用,是主犯。本案贪污赃款已追缴,对王建炜等可酌情从轻处罚。王建炜主动交代其收受他人贿赂的犯罪事实,是自首,对所犯受贿罪予以减轻处罚。原审判决认定王建炜收受顾锡兴等人人民币 6 000 元系受贿不当,应予纠正,王建炜受贿犯罪的数额应认定为人民币 11.71 万元。王建炜受贿数额已达10万元以上,依法应当判处10年以上有期徒刑,原审法院因王建炜所犯受贿罪构成自首已予减轻处罚,本院认定的受贿数额虽有减少,但鉴于原审判处的刑罚为降一刑格后的最低刑,本院不再在原判刑罚的基础上再行减轻,遂依照《刑事诉讼法》的有关规定,裁定驳回上诉,维持原判。

二、诉讼经过

2008年5月20日,江苏省无锡市崇安区人民检察院崇检诉刑诉〔2008〕97号《起诉书》指控王建炜犯贪污罪、受贿罪,向无锡市崇安人民法院提起公诉。2008年10月24日,江苏省无锡市崇安区人民法院作出(2008)崇刑初字第148号刑事判决,判决认定被告人王建炜犯贪污罪,判处有期徒刑13年,并处没收财产人民币50万元;犯受贿罪,判处有期徒刑5年,并处没收财产人民币1万元,决定执行有期徒刑16年。一审判决后,王建炜不服,提出上诉。2009年4月20日,江苏省无锡市中级人民法院作出(2008)锡刑终二字第63号刑事裁定,裁定驳回上诉,维持原判。

三、法理研析

本案中,值得研究的法理问题主要有两个:一是关于王建炜的行为是否构成贪污罪,主要涉及企业改制过程中贪污行为的认定问题;二是关于王建炜收受薛强9.71万元的收条,能不能作为收受贿赂数额认定的依据,即二审裁定认定王建炜收受薛强9.71万元贿赂之数额认定是否有误,这涉及收受"干股"数额的认定依据问题。现分述如下:

(一)企业改制过程中贪污行为的认定问题

无锡市中级人民法院(2008)锡刑二终字第63号《刑事裁定书》认定"王建炜利用从事国有企业改制工作的职务便利,侵吞国有资产价值人民币436万余元,其行为已构成贪污罪"。详言之,即是认定王建炜利用从事无锡市商业实业有限公司(以下简称商业实业公司)改制工作的职务便利,侵吞了无锡市贸易资产经营有限公司(以下简称贸易资产公司)应得的无锡市商业大厦股份有限公司(以下简称商业大厦)支付的2004年分红款436万余元。在对本案事实和证据材料进行综合分析后,笔者认为:本案二审裁定认定王建炜的行为构成贪污罪属定性错误、证据不足。主要理由如下:

1. 涉案的436万余元是打在转制后的商业实业公司的账上,而非王建炜个人账户上,不能将商业实业公司法人的财产等同于股东王建炜的个人财产

根据《刑法》第382条之规定,所谓贪污罪是指国家工作人员和受国家机关、国有公司、企业、事业单位、人民团体委托管理、经营国有财产的人员,利用职务上的便利,侵吞、窃取、骗取或者以其他手段非法占有公共财物的行为。具体到本案,从涉案的436万余元的流转情况看,一审判决、二审裁定均认定"同年(即2005)年8月31日、12月31日及2006年4月11日,商业大厦将2003年、2004年两年分红款及其他往来款共计512万元划给了商业实业公司,商业实业公司记入应付款账目。2006年11月,孙建中与王建炜商量后,将该512万元划回商业大厦,商业大厦将分红款与往来款分开后又划回商业实业公司,商业实业公司将该分红款做入利润,其中包括2004年度分红款4 361 125.3元"。由上可见,一、二审法院均确认了涉案的436万余元是商业大厦打到了转制后的商业实业公司(2005年6月30日签订了股权转让协议,同年7月18日变更了工商登记)的账上,而非王建炜个人账户上。特别值得强调的是,不能将商业实业公司账户上的财产(包括涉案的436万余元)当成股东王建炜个人的资产。虽然王建炜拥有转制后的商业实业公司95%的股份,但其个人财产与商业实业公司的法人财产是泾渭分明、不容混淆的。《中华人民共和国公司法》(以下简称《公司法》)第3条明确规定:"公司是企业法人,有独立的法人财产,享有法人财产权。公司以其全部财产对公司的债务承担责任。有限责任公司的股东以其认缴的出资额为限对公司承担责任;股份有限公司的股东以其认购的股份为限对公司承担责任。"第35条也规定:"公司成立后,股东不得抽逃出资。"第149条亦规定"董事、监事、高级管理人员执行公司职务时违反法律、行政法规或者公司章程的规定,给公司造成损失的,应当承担赔偿责任"。上述《公司法》的有关规定已经非常清楚地表明了公司的法人财产不同于股东个人财产,这也是公司企业实行改制、明确权责利关系的题中应有之义。不管商业实业公司最终

是否有权拥有商业大厦打到其公司账上的分红款 436 万余元,应当明确的是,该涉案的款项只是被商业实业公司实际控制,而非股东王建炜个人控制和处分。如果转制后的商业实业公司有权拥有该涉案的分红款 436 万余元,则不存在问题,当然王建炜等股东也不能将其非法占为己有;如果转制后的商业实业公司无权拥有该涉案的分红款 436 万余元,或者说该涉案款项应归贸易资产公司所有,那么即使商业实业公司账上收到了商业大厦打来的分红款 436 万余元,也只能是一种不当得利,负有将该涉案款项返还贸易资产公司的民事义务,而与刑事责任无涉。况且,单位也不具备《刑法》中贪污罪的犯罪主体资格,自不构成贪污罪。

2. 王建炜作为转制后的商业实业公司的执行董事和控股股东,也没有非法占有涉案款项

首先,综观全案,王建炜是否非法占有涉案的 436 万余元,是认定其行为是否构成贪污罪的关键。而根据现有在案证据所能证明的事实,涉案的 436 万余元一直放在商业实业公司的账上,王建炜并没有利用职务便利将其转移或者采取做假账等手段将其非法占为己有。终审裁定在陈述"裁定理由"时认为"是否占为己有不影响对其行为性质的认定"。应当说,二审裁定的上述理解和认定实际上是曲解了立法原意,系对贪污罪具体构成要件要素的不正确理解。根据全国人大常委会法制工作委员会刑法室编著的《中华人民共和国刑法释义》对《刑法》第 382 条所作的权威解释,贪污罪中的"侵吞"是指利用职务上的便利,将自己主管、管理、经手的公共财物非为占己有的行为。这也是我国刑法理论上的通说见解。而二审裁定一方面认定王建炜利用职务便利,侵吞了国有资产,另一方面又认为是否占己有不影响对其行为性质的认定。显而易见,终审裁定的这种理解和认定是严重违背立法原意的,其得出的结论也有些武断,无法让人信服。

其次,虽然二审法院认定"王建炜、孙建中供述笔录中均有商议'全部拿下分红款'的内容,且该节事实系孙建中主动交代,并得到之后王建炜供述印证,应当认定"。[①] 上述事实也被二审法院作为认定王建炜产生贪污犯罪故意、进行犯意沟通的重要依据。笔者认为,二审法院的上述认定能否成立,即王建炜是否有非法占有涉案款项的故意与目的,涉及人的

---

① 参见无锡市中级人民法院(2008)锡刑二终字第 63 号《刑事裁定书》。

内心活动,应当结合全案的案情,以案件的全部事实为根据,按照主客观相统一的原则,综合地进行分析认定。从本案的在案证据看,王建炜在《讯问笔录》中其实并没有作如无锡市中级人民法院(2008)锡刑二终字第63号《刑事裁定书》所言的"全部拿下分红款"的供述,而只是供称"全部拿下来是否妥当"(参见王建炜《讯问笔录》)。孙建中也只是供称"王建炜问我将这笔钱由转制后的公司全部拿下是否妥当"(参见孙建中《讯问笔录》),可以与王建炜的供述相印证。也即是说,王建炜并不是以确定的态度想以商业实业公司全部拿下涉案的436万余元,只是以问询的口吻征询孙建中的意见,充其量只是一种可能想"全部拿下分红款"的犯意表示,而没有实施将上述款项非法占为己有的实际行动。事实上,涉案的436万余元直至案发,也一直挂在商业实业公司账上。

综上,应当认为,王建炜并没有非法占有涉案的分红款436万余元。

3.《股权转让协议》对未披露的收益之权属作了明确规定,涉案分红款纠纷应由民事法律调整和解决,而不应诉诸刑法干预

从贸易资产公司与王建炜、王东君签订的关于无锡市商业实业有限公司《股权转让协议》(2005年6月30日)来看,对于包括涉案的分红款436万余元在内的等可能未充分披露的权益,贸易资产公司和王建炜在商业实业公司改制时实质上就都已作过充分的考虑,并对其权属以及争议纠纷的解决等作了约定。该《股权转让协议》第2.8条明确规定:"任何未披露的权益均归甲方所有;任何未披露的负债或有负债及未按债权债务方案进行处置的负债以及与之相关的现实的和潜在的诉讼、仲裁或其他法律纠纷,由乙方负责处理,因突出问题或重大问题所造成的损失由双方协商承担。"由此可见,根据这一转让协议的规定,改制后的商业实业公司占有的分红款436万余元(属于未披露的权益)应归甲方(即贸易资产公司)所有。即使商业实业公司未将该涉案款项436万余元返还给贸易资产公司,那么其应承担的也只是一种民事责任。从性质上分析,实际上乃是贸易资产公司与王建炜、王东君代表的商业实业公司之间存在的权益归属民事纠纷。双方当事人完全可以通过仲裁、民事诉讼等方式解决。易言之,这理当应由民事法律进行调整,而不能将其诉诸刑法干预,如果忽视这一点,势必会混淆罪与非罪、犯罪行为与民事纠纷的界限。至

于二审法院认为"贸易资产公司据此主张权利并不影响贪污罪的成立"①,则并不见得符合实际情况。如果商业实业公司以后账上再收到任何未披露的权益,而王建炜等作为公司股东未及时将其归还贸易资产公司,那是不是都要以贪污论处呢?显然不能。否则,贪污罪的对象范围就会宽泛无边,其客观方面的构成要件就失去了意义,这样势必有损我国刑法的人权保障机能,而且也是违背罪刑法定原则的基本精神的。

(二)收受"干股"数额的认定依据问题

无锡市中级人民法院(2008)锡刑二终字第63号《刑事裁定书》认定:"2007年王建炜未支付相应对价,接受薛强内容为收到人民币9.71万元的收条,作为支付剩余股本金的凭证,其收受人民币9.71万元的故意明确。王建炜于2004年起便享有人民币14.71万元相对应股权,其中包括人民币9.71万元,其时王建炜系国家工作人员,2007年2月王建炜出具收条对收受人民币9.71万元作了进一步确认,应当认定王建炜受贿人民币9.71万元。"笔者认为,上述刑事裁定的认定不妥当,王建炜的受贿数额实际上并没有9.71万元。具体分析如下:

1. 涉案的9.71万元涉及收受"干股"问题,王建炜受贿的具体数额应当依照有关司法解释的规定进行认定

从本案案情来看,王建炜已向王兴记公司总经理薛强支付股本金5万元,其从2004年起在王兴记公司取得了与人民币14.71万元股款份额相应的红利,而未支付剩余股款9.71万元。二审裁定也是认定王建炜对这9.71万元成立受贿,并认为相关收条对王建炜收受人民币9.71万元作了进一步确认。笔者认为,就未支付的剩余股款9.71万元而言,实质上乃是未出资而获得的股份即干股。对于收受他人提供的干股而构成受贿的,其受贿数额的认定,最高人民法院、最高人民检察院于2007年7月8日颁布的《关于办理受贿刑事案件适用法律若干问题的意见》第2条已作了明确规定,即"干股是指未出资而获得的股份。国家工作人员利用职务上的便利为请托人谋取利益,收受请托人提供的干股的,以受贿论处。进行了股权转让登记,或者相关证据证明股份发生了实际转让的,受贿数额按转让行为时股份价值计算,所分红利按受贿孳息处理。股份未实际

---

① 参见无锡市中级人民法院(2008)锡刑二终字第63号《刑事裁定书》。

转让,以股份分红名义获取利益的,实际获利数额应当认定为受贿数额"。对于本案涉案的9.71万元干股,王建炜受贿的具体数额,理当依照上述规定进行认定。也就是说,王建炜受贿的具体数额应以股权是否实际转让而区别情况处理:如果王建炜收受的这笔股份进行了股权转让登记或者有相关证据证明该股份确实实际转让到王建炜名下的,则应以转让行为时股份价值计算;如果王建炜收受的这笔股份并未实际转让到其名下,且是以股份分红名义获取利益的,那么其实际获利数额便是受贿的数额。薛强给王建炜的内容为收到人民币9.71万元的收条,只是对涉案干股数额的确认,而并非王建炜受贿的数额。一、二审法院以王建炜未拿出9.71万元而收到薛强的收条,就认定其收受了薛强的9.71万元贿赂,实际上是犯了逻辑上"偷换概念"的错误,错把涉案干股的数额当成了王建炜受贿的数额,违反了最高人民法院、最高人民检察院《关于办理受贿刑事案件适用法律若干问题的意见》第2条的规定。

2. 涉案的股份未实际转让到王建炜名下,王建炜是以股份分红名义获取利益的

根据在案证据所能证明的事实,王建炜于2004年起享有的人民币14.71万元股本金相对应的股权,既未进行股权转让登记,也没有确实、充分的证据证明该股权已经实际转让到王建炜名下。因为股权实际转让不外乎是通过以下两种途径:一是进行股权转让登记;二是通过股权转让登记之外的其他法律程序进行确认,如签订投资协议或者股份转让协议等。首先,上述股权未进行转让登记,本案中没有这方面的证据。其次,上述股权也未实际转让到王建炜名下,在案证据恰恰可以证明该股权没有实际转让。如薛强在2008年3月5日的《询问笔录》中说,"由于我工作比较拖沓,到现在为止我还没有和他签订正式协议(即投资协议)"。王建炜在2008年3月11日的《讯问笔录》中也表示,"在2006年的时候,薛强在他王兴记办公室里给我看过一份以邵永昌名义写的'委托投资协议',就有我要交入股款147 100元记录,但这份协议一直没有和我签过"。由上可见,薛强的证言与王建炜的供述相互印证,足以表明涉案的股份并未进行实际转让。事实上,涉案的股份未实际转让到王建炜名下,这也是一审判决所确认的事实。如一审判决在陈述"判决理由"时指出"即便以后股份不能转到王建炜名下",言下之意,也即涉案股份目前还没有转到王建炜名下。另外,从在案证据材料看,王建炜是以股份分红名

义分三次（2004年、2005年、2007年）从王兴记公司共计获利6.8万元（1万元+2万元+3.8万元）的。综上所述，不难看出，对于涉案的股份，王建炜收受干股符合上述最高人民法院、最高人民检察院《关于办理受贿刑事案件适用法律若干问题的规定》第2条规定的第二种情形，亦即涉案的股份并未实际转让到王建炜名下，王建炜是以股份分红名义获取利益的，因此应以王建炜实际获利数额认定为受贿的数额。

3. 王建炜从王兴记公司分得的红利6.8万元，包括其实际投资的5万元股本金所应获得的合法收益在内，故在计算实际获利数额时应当将其扣除

综观本案，王建炜向王兴记公司总经理薛强支付了股本金5万元，这已是一审判决、二审裁定所明确认可的事实。而王建炜分得的红利6.8万元，是其从王兴记公司取得人民币14.71万元（股本金）总股款份额所应获得的相应收益。其中，这14.71万元（股本金）总股款份额就包括了王建炜向王兴记公司投资的5万元（股本金）股款份额在内。王建炜向王兴记公司实际投资的5万元所应获得的红利（经折算，应为5万元×6.8万元÷14.71万元=2.3113528万元），属于公民的合法投资收益，不能认定为是贿赂，故在计算王建炜的受贿数额（即实际获利数额）时，必须将这部分合法收益（2.3113528万元）排除在外。易言之，对于王建炜收受的涉案股份，其具体的受贿数额（即实际获利数额）应为6.8万元－2.3113528万元=4.4886472万元。这与一、二审法院错误认定王建炜收受此笔贿赂9.71万元相差5.2213528万元。可以说，王建炜受贿数额不是一般的减少，而是有很明显的降低。即使算上薛强因王建炜儿子考取上海南洋模范中学而给其的2万元在内，王建炜一共也只收受了4.4886472万元+2万元=6.4886472万元，远不足10万元。依照《刑法》的有关规定，王建炜受贿不足10万元，其所犯受贿罪不能适用10年以上有期徒刑的法定刑档次，而应适用5年以上有期徒刑的法定刑档次。加之本案王建炜所犯受贿罪全系其主动交代，构成自首，并且自首的价值大，其受贿的数额也只刚超过5万元，故理当依法减轻处罚（一、二审法院对于王建炜的自首情节，也均是适用减轻处罚），只需判处其5年以下有期徒刑。

受贿罪中国家工作人员身份的认定
——何述金贪污、公司企业人员受贿案

> **目　次**
> 一、基本案情
> 　　（一）贪污罪
> 　　（二）公司、企业人员受贿罪
> 二、诉讼经过
> 三、法理研析
> 　　（一）非国家工作人员利用国家工作人员职务便利，与国家工作人员共同侵吞名义上属于国有单位的股权财产，是否构成贪污罪？
> 　　（二）受贿罪中国家工作人员身份如何认定？

一、基本案情

湖南省长沙市雨花区人民检察院长雨检刑诉〔2006〕102号《起诉书》认定：

（一）贪污罪

2000年1月21日，洪江市二轻集体工业联社（以下简称二轻联社）与湖南安塑股份有限公司（以下简称安塑公司）的第一大股东原湖南安江塑料厂集体资产管理委员会(以下简称安资会)签订了由二轻联社以66万元的价格将其持有的59.4万股安塑股份转让给安资会的协议。后安塑公司为安资会垫付了66万元转让款给二轻联社,但一直未办理股权过户登记手续。2001年4月,何述金在运作将安资会所持安塑股份对外进行转让时,与二轻联社主任李己轩(另案处理)商量,这59.4万股不纳入安资会的资产进行转让分配,由二轻联社将之再转让到湖南金利塑料制品有限公司(以下简称金利公司),待安资会的股权转让和职工安置搞完后再处理该笔资产,到时谁受让谁拿出差价来,想一起赚点钱,李己轩表示同意,何述金又将其想法告知了安资会理事会理事长刘亦萍(另案处理)。尔后,李己轩代表二轻联社与金利公司签订了转让协议并办理了相关公证,后因提供的资料不全而未办成股权过户手续。何述金又向李己轩、刘亦萍提出另找公司受让。2001年6月,在安资会将其所持2880.9万股安塑股份转让给湖南鸿仪实业集团有限公司(以下简称鸿仪集团)控制的洪江市大有发展有限责任公司(以下简称大有公司)后,何述金找鸿仪集团的实际控制人鄢彩宏商量,以每股2.8元、总计166万元的价格将该59.4万股安塑股份转让给鸿仪集团,要鄢彩宏与二轻联社签转让协议时只签66万元,差价款100万元付现金给李己轩和刘亦萍,鄢彩宏表示同意。2001年8月6日,李己轩代表二轻联社与金利公司签订《终止转让股权协议》并撤销原办理的公证,明确该59.4万股仍由二轻联社持有。2001年8月7日上午,李己轩又代表二轻联社与鸿仪集团下属的湖南日升物资贸易有限公司(以下简称日升公司)签订由日升公司受让该59.4万股的转让协议,并与刘亦萍及日升公司代表一起办理了转让公证及股权转让过户登记手续。当日下午,何述金与李己轩到鄢彩宏办公室想提取100万元现金,鄢彩宏要李己轩打个借条,但李己轩未同意。之后,鄢彩宏安排李己轩住进长沙市通程大酒店,何述金在开车送李己轩去酒店途中提出要李己轩从100万元中拿60万元,另40万元准备给刘亦萍。何述金与李己轩到酒店后,鄢彩宏赶来将装有100万元现金的密码箱留在李己轩的房中并将密码告诉给何述金和李己轩。李己轩在何述金送鄢彩宏下楼时从密码箱中拿了40万元,后将余有60万元现金的密码箱交给何述金。何述金到办公室后叫来刘亦萍,打开密码箱后发现李己轩只拿了40万元,遂拿出20万元给李己轩留着,剩下的40万元由何述金及刘亦萍平分。次日上午,何述金开车送刘亦萍到李己轩住的酒店,由刘亦萍将20万元交给了李已轩。

(二) 公司、企业人员受贿罪

2001年5月,鄢彩宏控制下的鸿仪集团出资在洪江市注册成立大有公司用于收购安资会所持的安塑股份,注册成立怀化元亨发展有限公司(以下简称元亨公司)拟收购金利公司持有的安塑股份。其中大有公司的注册资本为1.5亿元,以"袁峰""李蜜"作为名义股东。元亨公司注册资本为3 380万元,为兑现对何述金的承诺,鄢彩宏在设立元亨公司的过程中,要何述金提供身份证注册公司登记送股,何述金向鄢彩宏提供其从邓德林处借来的"邓勇"的身份证。鄢彩宏注册元亨公司时,在"邓勇"名下登记出资额为1 000万元,占该公司注册资本的29.6%,其余出资额登记在其设置的另一名义股东"皮明祥"名下。

2001年5月23日晚,何述金在长沙宾馆与安资会理事会成员会面,何述金假装为安资会利益考虑,要求大家坚持出让底价不低于每股2.8元,总价8 000万元。第二天,在湖南国际影视会展中心,安资会理事会理事长刘亦萍及理事何述金、理事向子顺、行业主管部门洪江市二轻工业局局长李已轩与鄢彩宏及其下属胡智等人就安资会所持2 880.9万股法人股(安望公司2000年年报显示,安塑公司每股净资产价为4.82元)转让进行形式上的公开谈判。经过一天的谈判,最后由何述金拍板决定,以每股2.874元、总价8 280万元成交,并草签了《转让协议》。同月30日,何述金及刘亦萍分别主持召开安资会理事会和专资会会员大会,通过了《股权转让协议》。6月6日,胡智代表大有公司、刘亦萍代表安资会理事会在安江签订了《股权转让协议》。尔后,刘亦萍、胡智到深交所办理股权过户手续,深交所以转让价大大低于每股净资产价而提出质疑,要求作出合理解释,否则不办理过户手续。刘亦萍即告知何述金。当日,何述金与鄢彩宏商量后,以"安塑股份公司在上市过程中,因未能控制用户信誉,造成了多达7 000万余元的不良资产,安资会以低于净资产价格将股权转让给洪江大有公司,是以差价部分作为让利,以便洪江大有公司进行资产置换"为借口炮制了《备忘录》,电传给在深圳的刘亦萍和胡智,以此骗取了深交所工作人员的信任,排除了股权过户的障碍,办理了过户手续。此后鄢彩宏实施了其下一步收购计划。为掩盖其与何述金的不正当交易,鄢彩宏于2001年12月改以上海沪荣发展有限公司名义,按每股3.453元、总价3 798万元收购了金利公司持有的1 100万股安塑股份。

同年12月,鄢彩宏为兑现对何述金的承诺,安排以元亨公司和其妹鄢来萍名义按每股4.763元的净资产价受让了安塑公司第二大股东湖南四海通投资管理有限公司(以下简称四海通公司)的全部出资额,从而使四海通公司所持1 130.8万股安塑公司法人股亦间接被元亨公司控制。同年12月17日,鄢彩宏将收购四海通公司出资额的协议传真给何述金,注明"请勿外传"。告诉何述金,元亨公司已收购四海通公司所持安塑公司1 130.8万股法人股,他已兑现承诺。

何述金利用职务上的便利,使鄢彩宏控制下的大有公司和沪荣公司在收购安资会和金利公司所持安塑股份的过程中,受让单价分别比安塑公司2000年年报公布的每股净资产价4.82元低1.946元和1.31元,为鄢彩宏谋取了巨额利益。

2002年2月,何述金想离开安塑公司,遂先后注册其控制下的私营公司被告单位长沙长汇商贸有限公司(以下简称长汇公司)和湖南新汇制药有限公司(以下简称新汇公司)。2002年6月初的一天,何述金找到鄢彩宏,称其控制的新汇公司建药厂急需资金,要求鄢彩宏将送给他的股份变现,并一次性付清。鄢彩宏决定将550万股按当时每股的收购价2.8元折现为1 500万元兑付。但何述金不同意,要按当时公布的安塑股份每股净资产价约5元计算为2 700万元。鄢彩宏同意兑现2 700万元,并问其钱如何支付,何述金说想好办法后再告诉他。尔后,鄢彩宏将此事告诉了侯军和于立群。几天后,何述金又来到鄢彩宏的办公室,告诉鄢彩宏说他已想好了2 700万元的支付办法,他准备到招商银行贷款2 700万元,期限半年,要鄢彩宏将送他的2 700万元打到招商银行为其贷款提供质押,贷款到期后,就用该款归还贷款。并说这样走账比较安全,有质押合同,存在担保关系,就可以随时向贷款人主张债权,万一查起来,可以咬定这是一笔借款,把"送"说成"借"。鄢彩宏同意并答应以其控制下的湖南缘起文化传播有限公司(以下简称缘起公司)的名义办理2 700万元存款,为何述金贷款提供质押,以归还贷款的方式将2 700万元送给何述金。接着,何述金又授意鄢彩宏把2 700万元说成是归还贷款形成的借款,还要签一份假"借款协议",约定归还本息期限,制造一个主张债权的依据,以应付查处。何述金随即拿出已打印好的一式两份假借款协议书要鄢彩宏签字,其内容为:长汇公司借缘起公司2 700万元,借期10年,鄢彩宏签字后交给于立群,安排于立群代缘起公司法定代表人蒋浩文签字,并盖上缘起公司印章,并要于立群与侯军为送何述金2700万元去准备资金,配合何述金做好质押贷款工作。于立群依鄢彩宏的吩咐签字盖章后将两份协议均交与何述金,"借款方"何述金自己既不签字盖章,也未将借款协议交给鄢彩宏持有。该假借款协议由何述金个人单方持有。2002年6月7日,于立群根据鄢彩宏的指令,从鸿仪集团下属的湖南荣嘉贸易有限公司转款2700万元到缘起公司在招商银行长沙支行营业部的账户。当日,何述金以其长汇公司名义与招商银行签订金额为2700万元、借期6个月的《贷款合同》。6月11日,缘起公司将2700万元从招商银行长沙支行营业部转至招商银行长沙松桂园支行的账户,转为6个月的定期存款。6月12日,鄢彩宏的缘起公司与招商银行长沙支行签订《质押合同》,以该2700万元定期存单为何述金的长汇公司贷款提供质押,约定长汇公司贷款到期未还,由缘起公司以2700万元存款清偿。质押手续办妥的当日,招商银行长沙松桂园支行给何述金的长汇公司支付了2700万元贷款。质押合同一式三份,除银行保存一份外,其余两份均由长汇公司持有,缘起公司未持有该质押合同。何述金以其长汇公司名义获取上述2700万元后,便辞去安塑公司董事长、总经理职务,经营新汇公司,将其中的2000万元投入其新汇公司"GMP"改造项目,另700万元支付了新汇公司在望城工业园的征地款。同年12月13日,长汇公司2700万元银行贷款到期未归还,招商银行长沙支行根据质押合同,用缘起公司质押的2700万元定期存款清偿了长汇公司的贷款债务。鄢彩宏、何述金完成了以质押贷款、连带清偿手段交付、收受贿赂款的过程。银行给长汇公司送达《还贷回单》后,该公司财务负责人刘亦萍来到何述金办公室,问何述金如何做账,何述金向刘亦萍透露他和鄢彩宏签了个假协议,并从其抽屉中拿出上述假借款协议交刘亦萍过目。刘亦萍看到了那份何述金未签字盖章、只有鄢彩宏一方签字盖章的假借款协议,提出用这份借款协议作为做账的依据,何述金说这笔钱不用还,怎么做账都行,这份协议由他自己保管。2004年6月8日,何述金因涉嫌向湖南省人民政府原副秘书长王道生行贿被湖南省人民检察院立案侦查并刑事拘留。6月25日,侦查机关找刘亦萍调查了解有关情况,刘亦萍意识到何述金收受鄢彩宏2700万元贿赂的问题可能暴露。为了帮助何述金逃避法律制裁,刘亦萍与何述金的弟弟何述林(另案处理)商量,认为只有将何述金保管的仅缘起公司签字盖章的假借款协议进行完善，才能掩盖贿赂事实。尔后，二人一起在何述金办公室找到了那份假借款协议。在二人的授意下，何述金之子何承东在那份原本没有签字盖章的借款协议上签上了"邓勇"的名字，由刘亦萍加盖了长汇公司公章。后二人得知缘起公司账面上将 2 700 万元做的是"银行存款"处理之后，又一同去鸿仪集团找侯军和鄢来萍，要求对方在 2 700 万元账务处理上制造虚假财务事实，并要求要抢在检察院来调查之前把账做好。对方提出无做账依据时，刘亦萍与何述林提出可以提供那份假借款协议的复印件，要缘起公司依据这份复印件做往来账，记应收款长汇公司 2 700 万元。后何述林将上述事后补充签字盖章伪造的假借款协议复印件送给鄢来萍，鄢来萍安排财务人员装入会计凭证。经司法会计鉴定，现有长汇公司与缘起公司相关交易事项的会计记录，不能反映出双方存在 2 700 万元的债权债务关系。

二、诉讼经过

2006 年 2 月 27 日，长沙市雨花区人民检察院以长雨检刑诉〔2006〕102 号《起诉书》指控何述金犯贪污罪、公司、企业人员受贿罪、单位行贿罪，依法向长沙市雨花区人民法院提起公诉。长沙市雨花区人民法院于 2006 年 9 月 30 日作出（2006）雨刑初字第 131 号刑事判决，判决认定何述金的行为构成贪污罪、公司、企业人员受贿罪、单位行贿罪，数罪并罚，决定执行有期徒刑 15 年，剥夺政治权利 3 年，并处没收个人财产人民币 20 万元。一审判决后，长沙市雨花区人民检察院向长沙市中级人民法院提出抗诉，何述金亦以一审判决定性不准、适用法律有误提出上诉。长沙市中级人民法院对该案审理后，维持了一审法院对何述金犯贪污罪的定罪部分，撤销一审判决对何述金贪污罪的量刑部分；以何述金犯贪污罪，判处有期徒刑 5 年，并处没收个人财产人民币 20 万元。

三、法理研析

（一）非国家工作人员利用国家工作人员职务便利，与国家工作人员共同侵吞名义上属于国有单位的股权财产，是否构成贪污罪？

在本案中，公诉机关和相关审理法院均认定何述金勾结国家工作人员李己轩,利用李己轩担任二轻联社主任职务上的便利,将二轻联社持有的同一笔59.4万股安塑股份在安塑公司上市前后分别以66万元、166万元的价格转让给不同对象,共同侵吞属于公共财产的因两次转让而产生的100万元差价款,其行为已构成贪污罪。笔者认为,上述司法机关的认定并不妥当,何述金的行为不构成贪污罪。具体分析如下:

1. 涉案的100万元资金的权利归属与何述金行为的定性有重要关系

本案所涉的100万元资金的权利归属,系认定何述金等是否构成贪污罪的关键,与对何述金行为的定性有着重要关系。因为只有59.4万安塑股权所有权在转让给日升公司时属于二轻联社,而且,该支股权的实际转让价为166万元,但日升公司只付给了二轻联社66万元,才足以认定何述金是伙同他人采取虚假下浮对价的方式共同侵吞了二轻联社的公共财产100万元,方能成为贪污罪的共犯,以贪污罪追究其刑事责任。如果涉案的100万元资金的真正权利人不是二轻联社而属于安资会,则不存在何述金与国家工作人员李己轩勾结,并利用李己轩的职务便利,共同侵吞二轻联社公共财产的问题。因不符合贪污罪客观方面的构成要件,何述金不应构成贪污罪,当无疑义。至于在这种情况下,何述金的行为是否属于职务侵占或者介绍贿赂等,关键要看其是否符合职务侵占罪或介绍贿赂罪的构成要件,自应另当别论。申言之,应结合本案的案情,以案件的全部事实为根据,按照主客观相统一的原则,综合地进行分析认定。

2. 本案所涉的100万元资金实质上乃属于安资会所有,而不属于二轻联社

对于本案所涉的100万元资金,该资金实质上乃应属于安资会所有,而不属于二轻联社。理由在于:涉案的100万元,到底是属于二轻联社还是安资会所有,不能只看形式,而要着重从实质上进行认定。

首先,从本案的案情来看,2000年1月21日,二轻联社以66万元的对价将其所持有的59.4万股安塑股份转让给安资会,双方签订了正式的《股权转让协议》,后安塑公司分期为其第一大股东安资会垫付了66万元转让款给二轻联社。尽管在形式上一直未办理股权过户登记手续,但从实质上来分析,安资会已按协议约定向二轻联社支付了全部转让款,其已实际履行了《股权转让协议》所约定的义务。而且股权转让协议系双方真实意思表示,按照《中华人民共和国民法通则》(以下简称《民法通

则》)和《中华人民共和国合同法》(以下简称《合同法》)的有关规定,该协议一经签订即产生法律效力,股权转让行为即告完成,双方的股权转让法律关系也已结束。未经安资会同意,二轻联社不得违约随意支配和处置该已转让的安塑股份,安资会则根据《股权转让协议》也理所当然取得了对该 59.4 万安塑股份的支配权和处置权。不能因为形式上存在瑕疵,未办理股权过户登记手续,就否定双方股权转让的实质。至于后来该股权几经周折,最终又转让给日升公司,虽然每次转让协议名义上都是由李己轩代表二轻联社所签订,但实际上是何述金代表安资委的意志的体现,而非二轻联社的行为。况且,二轻联社也未提出过任何异议。由此不难看出,该过程本身即是安资会对该支股权行使支配权与处置权的体现,这进一步有力佐证了 59.4 万股的支配权和处置权实际上已不再属于二轻联社。易言之,无论是最初转让给金利公司还是最终转让给日升公司,二轻联社都是根据安资委的要求,履行最初的《股权转让协议》所约定的义务,而不是违背安资委的意志将股权另行转让给他人。因而可以说,日升公司在名义上或形式上是从二轻联社而实质上则是从安资会受让 59.4 万的安塑股份,二轻联社所起的作用只是按照安资会指定的对象办理股权过户手续,并不是真正的权利人。故而涉案的 100 万元理当属于安资会而非二轻联社所有。

其次,从二轻联社与安资会所签订的《股权转让协议》来看,虽然按照《公司法》的有关规定,二轻联社原持有的 59.4 万股安塑公司法人股是记名股票,应当以背书形式或法律、行政法规规定的其他方式转让。但二轻联社与安资会所签订的《股权转让协议》明确约定:"协议生效后,二轻联社即不再享有在'安塑公司'的权益,其权益由安资委享有"(参见安资会与二轻联社签订的《股权转让协议》(2000 年 1 月 21 日)。也就是说,尽管在办理股权过户登记手续与背书转让之前,所涉股权名义上仍属二轻联社所有,但实际上,其已通过协议的特别约定放弃了权益,而承认了安资委因协议生效而拥有的股权权益。既然如此,本案所涉的 100 万元资金也当然属于安资委所有。一审判决以本案所涉股权未经背书转让为由,认定其始终属于二轻联社所有,显然是忽视了二轻联社已通过协议的特别约定放弃所有股权权益这一客观事实。

综上所述,应当认为,本案所涉的 100 万元资金实质上乃属于安资会所有,而不属于二轻联社。何述金并没有伙同李己轩共同侵吞二轻联社的公共财产，其行为不构成贪污罪。

（二）受贿罪中国家工作人员身份如何认定？

本案公诉机关指控何述金身为安塑公司董事长及安资会理事，利用职务之便，为他人谋取利益，非法收受财物，数额特别巨大，其行为已构成公司、企业人员受贿罪。而一审判决以公诉机关提交的证明何述金受贿2700万元的证据不确实、充分，直接证据不具有唯一性和排他性，间接证据虽能相互印证或各自证明案件某方面事实，但不能形成完整的证明体系排除2700万元系企业间担保借贷的可能性，以不能得出该2700万元为何述金受贿款的唯一结论为由对上述指控中何述金受贿2700万元的事项未予认定。对此，笔者的意见是：一审判决对公诉机关的上述指控未予认定，即认为何述金不因本案所涉的2700万元而构成公司、企业人员受贿罪，结论无疑是正确的。同时，何述金亦不因本案所涉的2700万元而构成受贿罪。具体分析如下：

1. 何述金不具有国家工作人员的主体身份，其行为不构成受贿罪

根据《刑法》第385条的规定，受贿罪是指国家工作人员利用职务上的便利，索取他人财物的，或者非法收受他人财物，为他人谋取利益的行为。本罪的主体是特殊主体，即只能由国家工作人员构成。而按照《刑法》总则第93条对"国家工作人员"的解释，《刑法》中所称的国家工作人员，是指国家机关中从事公务的人员。国有公司、企业、事业单位、人民团体中从事公务的人员和国家机关、国有公司、企业、事业单位委派到非国有公司、企业、事业单位、社会团体从事公务的人员，以及其他依照法律从事公务的人员，以国家工作人员论。结合本案的案情分析，长汇公司账户收到本案所涉的2700万元的时间是在2002年6月，而何述金自1994年6月至2002年6月的身份是安塑公司董事长、总经理，并兼任该公司第一大股东安资会理事会理事、长沙中圆科技有限公司（以下简称中圆公司）董事长兼总经理。何述金显然不是国家机关中从事公务的人员，这没有疑义。而安塑公司与中圆公司均为股份制公司，而非国有公司，安资会则只是一个负责集体资产管理的社团法人，故何述金也不属于国有公司中从事公务的人员。同时，何述金作为安塑公司董事长或安资会理事的职务，也并非源于国家机关或国有单位的任命或批准，而系经选举产生。因为一方面，安塑公司与安资会不归属任何国家机关或国有单位领导，另一

方面,何述金作为安塑公司董事长或安资会理事,系经选举产生,而非经任何国家机关或国有单位提名或批准。因此,何述金在行为时也不属于受委派从事公务的人员。当然,何述金更不属于其他依照法律从事公务的人员,同样也是不言自明之理。故而应当认为,何述金不具有刑法意义上的国家工作人员身份,不符合受贿罪的主体要件,其行为不应认定为构成受贿罪。

2. 安资会系社团法人,并非公司或企业,何述金的行为亦不构成公司、企业人员受贿罪

首先,对于涉案的 2 700 万元,何述金利用的是其作为安资会理事的身份而非安塑公司董事长的身份。公诉机关之所以认定何述金构成公司、企业人员受贿罪,显然是基于对何述金既是安塑公司董事长又是安资会理事的双重身份的认识。应当说,何述金具有双重身份确是事实,但需指出的是,安塑公司与安资会是两个独立的不同单位,后者虽是前者的第一大股东,但却非前者本身,这同样也是毋庸置疑的事实。正如安资会解散后,安塑公司依然存在所表明的事实一般。而所控何述金给鄢彩宏谋取利益的事项,发生在安资会所持有的安塑公司的股权的转让过程中,与安塑公司并无牵连。换言之,何述金利用的是其作为安资会理事而非作为安塑公司董事长的身份,是在转让安资会而非安塑公司股权的过程中,为鄢彩宏提供帮助、谋取利益的。既然何述金所利用的是其作为安资会理事的身份而非安塑公司董事长的身份为鄢彩宏谋取利益,所以,公诉机关以何述金系安塑公司董事长为由,认定其具有公司、企业人员的身份,显然比较牵强,忽视了对相关案件事实的认定,并不符合实际情况。

其次,何述金所利用的其作为安资会理事的身份,不具备公司、企业人员受贿罪的犯罪主体资格。如前所述,何述金所利用的是其作为安资会理事的身份。而安资会既非公司,也不属于企业,而系在洪江市民政局注册登记的社团法人,这是客观存在的事实。湖南安江塑料厂集体资产管理委员会《章程》(2001 年 5 月 6 日)第 2 条也明确规定:"本资管会经湖南省洪江市二轻工业局(洪江市二轻集体工业联社)批准设立,在湖南省洪江市民政局注册登记,取得社团法人资格,独立行使民事权利,承担民事责任,依法进行集体资产管理活动,资管会的正当权益受法律保护。"正是因为安资会不属于《刑法》第 163 条规定的"公司、企业",故而何述金利用其作为安资会理事的身份在处理安资会有关事务时,亦不属于"公

司、企业人员"，而属于社团法人人员，即公司、企业之外的其他单位人员。在《刑法修正案（六）》于2006年6月29日通过颁布以前，《刑法》第163条规定的公司、企业人员受贿罪的主体只限于公司或企业的人员，而不包括其他单位的人员。相应的，何述金在行为时不具备公司、企业人员受贿罪的犯罪主体资格，应无疑义。

再次，在《刑法修正案（六）》对"公司、企业人员受贿罪"的主体范围修改扩大以后，应按照从旧兼从轻的刑法适用原则，认定何述金行为时不具备公司、企业人员受贿罪的主体身份。2006年6月29日通过的《刑法修正案（六）》第7条对《刑法》第163条规定的"公司、企业人员受贿罪"的主体范围进行了修改，扩大到了包括"其他单位的工作人员"。最高人民法院、最高人民检察院《关于执行〈中华人民共和国刑法〉确定罪名的补充规定（三）》（自2007年11月6日起施行）亦取消了《刑法》第163条公司、企业人员受贿罪的罪名，而根据修改后的内容重新将罪名确定为"非国家工作人员受贿罪"。而本案所涉2700万元的取得等相关事实均发生在《刑法修正案（六）》通过颁布之前，按照罪刑法定原则的基本精神和从旧兼从轻的刑法适用原则，应适用《刑法修正案（六）》修改之前的《刑法》第163条的规定，公司、企业人员受贿罪的主体范围不包括社团法人工作人员等其他单位的工作人员在内，乃属其题中应有之义。其实，这也是刑法学上的通论与共识。否则，就是重法溯及既往，不仅严重悖逆罪刑法定原则的基本精神，而且也与从旧兼从轻的刑法适用原则明显不符。因而应当认为，作为安资会这一社团法人工作人员的何述金不具有公司、企业人员受贿罪的主体身份，若就涉案的2700万元以公司、企业人员受贿罪追究何述金的刑事责任，则缺乏法律根据。

普通受贿与斡旋受贿的区分
——孙昆明受贿案

目　次

一、基本案情

二、诉讼经过

三、法理研析

（一）孙昆明的行为不属于《刑法》第385条第1款规定的普通受贿，而应适用《刑法》第388条关于斡旋受贿的规定

（二）公诉机关对孙昆明犯受贿罪的指控能否成立，证据是否确实、充分？

一、基本案情

北京市海淀区人民检察院京海检公诉刑诉〔2014〕2720号《起诉书》认定：2009年8月14日，经北京科技园建设（集团）股份有限公司（国有控股企业）党委研究决定，被告人孙昆明任该公司参股的云南长丰房地产开发有限公司董事长。2011年5月至2012年4月，孙昆明利用负责云南长丰星宇园房地产工程的职务便利，在本市海淀区人民大学等地，先后三次收取上述工程分包方北京恒安消防工程有限公司负责人刘宗友人民币500 000元，为北京恒安消防工程有限公司解决其工程款项拖欠等事项。

公诉机关认为，孙昆明身为国家工作人员，利用职务上的便利，非法

收受他人财物,为他人谋取利益,其行为触犯了《刑法》第385条第1款、第386条、第383条第1款第(一)项之规定,犯罪事实清楚,证据确实充分,应当以受贿罪追究其刑事责任。

二、诉讼经过

2014年3月19日,北京市人民检察院第一分院反贪局对孙昆明涉嫌受贿罪立案侦查。2014年4月4日,经北京市人民检察院决定,犯罪嫌疑人孙昆明涉嫌受贿罪被批准逮捕。2014年7月4日,北京市海淀区人民检察院以京海检公诉〔2014〕2720号《起诉书》指控被告人孙昆明犯受贿罪,依法向北京市海淀区人民法院提起公诉。2015年2月12日,北京市海淀区人民法院对本案依法公开开庭审理。

三、法理研析

(一)孙昆明的行为不属于《刑法》第385条第1款规定的普通受贿,而应适用《刑法》第388条关于斡旋受贿的规定

所谓受贿罪,根据《刑法》第385条第1款的规定,是指国家工作人员利用职务上的便利,索取他人财物,或者非法收受他人财物,为他人谋取利益的行为。可见,本罪的客观方面表现为利用职务上的便利,索取他人财物,或者非法收受他人财物,为他人谋取利益的行为。

具体到本案,孙昆明向刘宗友承诺给中国建筑第八工程局有限公司(以下简称中建八局)和北京大龙建设集团有限公司(以下简称大龙集团)相关人员打招呼,要求中建八局和大龙集团为北京恒安消防工程有限责任公司(以下简称恒安消防)解决工程款拖欠等事项,并不属于《刑法》第385条第1款规定的"国家工作人员利用职务上的便利,非法收受他人财物,为他人谋取利益"的情形。

第一,恒安消防的工程款项拖欠等事项是由承包方大龙集团、中建八局负责解决,孙昆明承诺给中建八局和大龙集团相关负责人打招呼,不属于《刑法》第385条第1款规定的"国家工作人员利用职务上的便利"。

《刑法》第385条第1款规定的"利用职务上的便利",1999年9月16日最高人民检察院《关于人民检察院直接受理立案侦查案件立案标准的

规定（试行）》将其界定为"利用本人职务范围内的权力，即自己职务上主管、负责或者承办某项公共事务的职权及其所形成的便利条件"。2003年11月13日最高人民法院《全国法院审理经济犯罪案件工作座谈会纪要》规定："刑法第三百八十五条第一款规定的'利用职务上的便利'，既包括利用本人职务上主管、负责、承办某项公共事务的职权，也包括利用职务上有隶属、制约关系的其他国家工作人员的职权。担任单位领导职务的国家工作人员通过不属自己主管的下级部门的国家工作人员的职务为他人谋取利益的，应当认定为'利用职务上的便利'为他人谋取利益。"

在本案中，长丰公司分别与大龙集团、中建八局签订了云南星宇园的一、二标段的总承包《施工合同》，大龙集团、中建八局又分别与恒安消防签订了消防工程专业《分包合同》。长丰公司与大龙集团、中建八局是总承包合同的合同相对人，是独立、平等的民事主体，相互之间不存在隶属或制约关系，而是作为合同相对人的权利义务关系。与此相对应，作为长丰公司董事长的孙昆明与大龙集团、中建八局相关负责人员之间既没有职务上的隶属、制约关系，更不存在上下级关系。

恒安消防工程款的支付根据其与大龙集团及中建八局签订的分包合同，由其工程进度、工程质量、监理方的确认及合同约定的付款流程决定。支付工程款是大龙集团及中建八局在分包合同中应当履行的义务，而非孙昆明本人职务上主管、负责、承办某项公共事务的职权，更是孙昆明无权决定的，长丰公司也无权和无法律依据决定或者干涉。

事实上，恒安消防分包的消防安装工程的工程款项也是由大龙集团、中建八局而非长丰公司负责支付的。如恒安消防与中建八局签订的《云南长丰星宇园工程施工二标段消防安装工程专业分包合同》就明确约定："八、分包人向承包人承诺，按照合同约定的工期和质量标准，完成本协议书第一条约定的工程（分包工程），并在质量保修期内承担保修责任。九、承包人向分包人承诺，按照合同约定期限和方式，支付本协议书第二条约定的合同价款（分包合同价），以及其他应当支付的款项。"由上可见，长丰公司发包星宇园工程一、二标段给大龙集团、中建八局，与大龙集团、中建八局将星宇园工程一、二标段的消防安装工程分包给恒安消防，完全是两个不同的民事法律关系，不应当混同。而《起诉书》笼统地认定"被告人孙昆明利用负责云南长丰星宇园房地产工程的职务便利……为北京恒安消防工程有限公司解决其工程款项拖欠等事项"，把孙昆明承诺给大龙集团、中建八局相关负责人打招呼,认定为孙昆明利用了职务上的便利,为恒安消防谋取利益,实际上是将发包关系与分包关系混同为一个法律关系,这是不妥当的。

第二,本案属于"国家工作人员利用本人职权或者地位形成的便利条件",通过其他国家工作人员(和公司企业人员)职务上的行为,为请托人谋取利益的情况,应适用《刑法》第388条的规定。

最高人民法院于2003年11月13日发布的《全国法院审理经济犯罪案件工作座谈会纪要》规定:"刑法第三百八十八条规定的'利用本人职权或者地位形成的便利条件',是指行为人与被其利用的国家工作人员之间在职务上虽然没有隶属、制约关系,但是行为人利用了本人职权或者地位产生的影响和一定的工作联系,如单位内不同部门的国家工作人员之间、上下级单位没有职务上隶属、制约关系的国家工作人员之间、有工作联系的不同单位的国家工作人员之间等。"

在本案中,孙昆明承诺为刘宗友向大龙集团、中建八局相关负责人打招呼,请大龙集团、中建八局为恒安消防解决工程款项拖欠等事宜,主要是利用了其作为长丰公司董事长的职权或者地位产生的影响,即长丰公司与中建八局、大龙集团之间因星宇园工程一、二标段施工形成的合同关系,双方熟悉和有一定的工作联系,通过其他国家工作人员(中建八局相关负责人)或者其他公司企业人员(大龙集团相关负责人)职务上的行为,为恒安消防协调解决工程款项拖欠等事宜。从行为性质和法律关系上分析,本案中孙昆明利用了本人职权或者地位产生的影响和一定的工作联系,属于"利用本人职权或者地位形成的便利条件"的情形,应当适用《刑法》第388条关于"斡旋受贿"的规定。

第三,即使是适用《刑法》第388条的规定,因未为请托人谋取不正当利益,孙昆明的行为亦不成立斡旋受贿,不应以受贿罪追究其刑事责任。

《刑法》第388条规定:"国家工作人员利用本人职权或者地位形成的便利条件,通过其他国家工作人员职务上的行为,为请托人谋取不正当利益,索取请托人财物或者收受请托人财物的,以受贿论处。"可见,构成本条规定的受贿罪(斡旋受贿),国家工作人员为请托人谋取的必须是不正当利益,且是通过其他国家工作人员职务上的行为实施的。如果为请托人谋取的是正当利益或者不是通过国家工作人员职务上的行为谋取的,自然不成立斡旋受贿。

在本案中，大龙集团、中建八局依照合同约定应当及时向恒安消防支付工程款。孙昆明承诺向大龙集团、中建八局相关负责人打招呼，请求其为恒安消防解决工程款拖欠等事项，显然是为恒安消防谋取正当合法利益。最高人民法院、最高人民检察院1999年3月4日发布的《关于在办理受贿犯罪大要案的同时要严肃查处严重行贿犯罪分子的通知》对何谓"谋取不正当利益"进行了解释，即是指"谋取违反法律、法规、国家政策和国务院各部门规章规定的利益，以及要求国家工作人员或者有关单位提供违反法律、法规、国家政策和国务院各部门规章规定的帮助或者方便条件"。恒安消防按照与大龙集团、中建八局签订的消防安装工程专业分包合同的约定，履行了消防工程安装义务，大龙集团、中建八局未及时支付工程款项是违反合同约定的，恒安消防要求解决工程款项等拖欠事宜乃是合法合情合理，属于符合法律规定的利益。就此来论，孙昆明的行为虽然符合《刑法》第388条关于"斡旋"的规定，但也因未为请托人谋取不正当利益，即不满足"斡旋受贿罪"的成立要件，因而也不应以受贿罪论处。况且，大龙集团属于民营企业，其相关负责人不符合国家工作人员这一要件要求。

（二）公诉机关对孙昆明犯受贿罪的指控能否成立，证据是否确实、充分？

从在案证据反映的事实来看，2012年年初，孙昆明与恒安消防负责人刘宗友签订了房屋买卖合同，将其位于朝阳区堡头翠成馨园102号楼3单元1101房产卖给刘宗友，房屋价格为225万元。刘宗友先后向孙昆明支付了130万元，后因资金困难和房屋不能办理产权证，双方协商一致解除合同。孙昆明返还了刘宗友100万元，剩余的30万元，双方同意以孙昆明向刘宗友借款的形式确认其债权债务关系，后孙昆明也向刘宗友出具了相关借条。如孙昆明在2014年6月25日的供述中说："我对刘宗友说，我最近资金紧张，之前欠的30万时间也不短了，一时也还不了他，我就说需要给他写一张借条以明确我和他的责权……刘宗友也表示同意。于是我向刘宗友写了一张借条，是当时我在他公司的电脑上打印的，大致内容是'孙昆明向刘宗友借款30万元，借款人孙昆明，被借款人刘宗友'，但是这种借条上没有写明还款日期和利息，这个借条一式两份，我们各执一份。"刘宗友在2014年3月17日的证言中也提到："在这次吃完饭后，我还考察了一下当时那个区域的房价是两万多一平方米，我认为有便宜可占，于是就同意了购买孙昆明的这套房产，但是我也了解到这套房子的产权和一般的房子不太一样，孙昆明也表示这套房子有产权，但是是集体去办的，现在还没有房本。"上述孙昆明的供述与刘宗友的证言能相互印证，足以表明孙昆明出卖涉案房屋给刘宗友，系双方的真实意思表示，是一种民事法律行为。刘宗友之所以愿意购买孙昆明的房屋也是在考察房屋所在区域价格的基础上认为"有便宜可占"，且了解房屋产权过户的特殊性，而不是受到孙昆明作为长丰公司董事长的职权或者地位的影响，可以说此宗房屋买卖与孙昆明的职权或者地位没有任何关系。不能因为孙昆明接受刘宗友请托，就想当然地认为孙昆明与刘宗友之间不能有任何的民事法律行为，进而主观推测孙昆明是以"购房款"的名义索取贿赂。

笔者认为，要认定此笔未退还的涉案30万元房款系孙昆明向刘宗友索取的贿赂，必须确保案件事实清楚，证据确实、充分。而根据《刑事诉讼法》第53条第2款的规定："证据确实、充分，应当符合以下条件：（一）定罪量刑的事实都有证据证明；（二）据以定案的证据均经法定程序查证属实；（三）综合全案证据，对所认定事实已排除合理怀疑。"就本案来说，孙昆明的供述一直否认其索贿或者认为此笔涉案的30万元是以"购房款"名义收受的贿赂，其供述稳定、一致；而关键证人（行贿人）刘宗友的证言时有反复、多次陈述并不一致，存在不少疑点，其有关孙昆明以"购房款"名义向其索取贿赂的证言，与孙昆明的供述和辩解以及在案的借条等书证证明的事实矛盾。综合全案证据，《起诉意见书》《起诉书》据此认定此笔30万元系孙昆明以"购房款"名义向刘宗友索取的贿赂，没有形成完整的证据锁链，不能排除是房屋买卖和合法借贷关系的合理怀疑，尚未达到证据确实、充分的证明标准，得不出涉案的30万元系孙昆明向刘宗友索取的贿赂的唯一结论。

斡旋受贿中"利用本人职权或者地位形成的便利条件"的认定

——莫某受贿案

目 次

一、基本案情
二、诉讼经过
三、法理研析
　（一）如何认定《刑法》第388条所规定的"利用本人职权或者地位形成的便利条件"？
　（二）如何理解《刑事诉讼法》第187条第1款关于"关键证人出庭作证"的规定？
　（三）本案对莫某犯受贿罪的认定，是否事实清楚，证据确实充分？

一、基本案情

广东省珠海市中级人民法院（2013）珠中法刑初字第28号刑事判决认定：被告人莫某从2007年1月至2008年8月，任某市委常委、委员和市纪委书记；从2008年8月29日开始，任某某市委常委、委员和市纪委书记。

2008年11月,某市某石场(以下简称某石场)因非法制造爆炸物被某市公安局某分局立案侦查,石场经营者黄某被依法逮捕。2008年12月,某石场股东陈某、陈某某(均另案处理)经人介绍,找到曾经担任莫某司机的江某(另案处理),希望帮忙找关系为黄某办理取保候审。

在江某的介绍下,陈某、陈某某于2008年12月送给被告人莫某人民币20万元。莫某遂找到时任某市公安局副局长兼某分局局长的彭某,要求彭某为黄某办理取保候审,彭某收到莫某的指示后,指定时任某市公安局某分局分管法制的副局长姚某按照莫某的要求为黄某办理取保候审。2009年1月,某市公安局某分局对黄某的强制措施由逮捕变更为取保候审。黄某被取保候审后,与陈某某、陈某一起,在江某的陪同下再次送给莫某人民币20万元以表示感谢。

二、诉讼经过

2013年3月15日,广东省珠海市人民检察院以珠检公诉〔2013〕0028号《起诉书》指控被告人莫某犯受贿罪,依法向珠海市中级人民法院提起公诉。2013年12月17日,广东省珠海市中级人民法院作出(2013)珠中法刑初字第28号刑事判决,判决被告人莫某犯受贿罪,判处有期徒刑10年,并处没收个人财产人民币15万元。

三、法理研析

本案中,莫某曾先后担任广东省某市、某某市司法机关、纪委主要负责人,并曾于1996年荣获过"中国十大杰出检察官"称号,一度被民间誉为"打虎英雄",因而在案发之初及诉讼过程中,本案就一直受到社会的广泛关注。本案涉及的法理问题,主要包括以下三个方面:即如何认定《刑法》第388条所规定的"利用本人职权或者地位形成的便利条件"?如何理解《刑事诉讼法》第187条第1款关于"关键证人出庭作证"的规定?法院对莫某犯受贿罪的认定,是否事实清楚、证据确实、充分?上述这些问题涉及罪刑法定原则的坚守、疑罪从无和证据裁判原则的贯彻等现代刑事法治的基本原则问题,很有必要进行深入研究。

（一）如何认定《刑法》第 388 条所规定的"利用本人职权或者地位形成的便利条件"？

一审判决认定"被告人莫某符合'利用本人职权或者地位形成的便利条件'"，并且为请托人谋取不正当利益，据此认为莫某的行为构成斡旋受贿，应以受贿罪论处。对此，笔者认为，上述判决的认定属定性错误、法律适用不当，有违《刑法》第 388 条规定的立法精神和罪刑法定原则。

根据《刑法》第 388 条的规定，构成斡旋受贿，行为人在客观上必须是"利用本人职权或者地位形成的便利条件"，这也是直接影响本案定性的关键问题。何谓"利用本人职权或者地位形成的便利条件"？最高人民法院于 2003 年 11 月 13 日发布的《全国法院审理经济犯罪案件工作座谈会纪要》对其认定作了指导性规定，即"是指行为人与被其利用的国家工作人员之间在职务上虽然没有隶属、制约关系，但是行为人利用了本人职权或者地位产生的影响和一定的工作联系，如单位内不同部门的国家工作人员之间、上下级单位没有职务上隶属、制约关系的国家工作人员之间、有工作联系的不同单位的国家工作人员之间等"。人民法院审理涉及斡旋受贿的案件时，应根据最高人民法院上述纪要的有关规定和精神，准确认定《刑法》第 388 条中的"利用本人职权或者地位形成的便利条件"。

具体到本案，一审判决提到"实践中，只要符合以下三方面的条件，都应认定行为人'利用本人职权或者地位形成的便利条件'：其一，行为人本人具有一定职权或者地位，且对被利用的国家工作人员能产生影响作用；其二，被利用的国家工作人员所实施的职务行为，是受行为人的职权、地位影响而非其他原因作出的；其三，请托人看重的也并非是行为人本人的具体职权，而是行为人所拥有的职权或者地位形成的便利条件"。笔者认为，一审判决提出的上述所谓认定"利用本人职权或者地位形成的便利条件"的标准，并据此认定莫某符合"利用本人职权或者地位形成的便利条件"的情形，明显缺乏法律根据，也有违最高人民法院《全国法院审理经济犯罪案件工作座谈会纪要》的规定和精神。

第一，在最高人民法院已发布相关司法规范性文件，并明令参照执行的情况下，一审法院自搞一套所谓的标准或者根据有限的实践经验进行认定，不适当地扩大了"利用本人职权或者地位形成的便利条件"的适用范围，不仅有损刑法的人权保障机能和国民预测可能性，而且也有违依法办事的法治原则。

第二，姑且不论实践中是否真如一审判决所言的按照三方面的条件进行认定，就是实践中是如此认定的，也不意味着"利用本人职权或者地位形成的便利条件"的正确适用就是这样，实然的做法不等于应然的理解，有限实践经验更不能代替司法解释和司法规范性文件具有通行效力的规定。

第三，一审判决所提的上述三方面的条件模糊笼统、缺陷不少。如其条件之一的"行为人本人具有一定职权或者地位，且对被利用的国家工作人员能产生影响作用"，就存在一些问题，对被利用的国家工作人员能产生影响作用，这种影响作用是基于工作联系还是基于职务比被利用的国家工作人员高，或者是基于其他密切关系，与利用影响力受贿罪中的影响力是否一回事等，都并不明确、清楚。又如，其条件之三"请托人看重的也并非是行为人本人的具体职权，而是行为人所拥有的职权或者地位形成的便利条件"，更是犯了逻辑学上同义反复的错误，本意是要解释"利用本人职权或者地位形成的便利条件"，仍然用语义相同的句子"……而是行为人所拥有的职权或者地位形成的便利条件"来重复说明。正因如此，一审判决根据其提出的三方面条件，认定莫某符合"利用本人职权或者地位形成的便利条件"的情形，是完全难以让人信服的，其有关理由也是经不起推敲的。

具体来说，涉案行为发生时，莫某任某某市委常委、市纪委书记，彭某系某市公安局副局长暨某区公安分局局长，某市与某某市是平级的两个地级市。作为时任某某市委领导的莫某，如何能对某市公安系统的领导彭某产生纵向或者横向的制约作用？两人之间不仅没有职务上的制约、隶属关系，而且也没有职务上的影响关系，更不是单位内不同部门的国家工作人员之间、上下级单位没有职务上隶属、制约关系的国家工作人员之间、有工作联系的不同单位的国家工作人员之间的关系。换言之，即使按照一审判决所言的莫某找过彭某，那莫某也不是因有一定的工作联系找彭某，更不是因为其时任某某市委常委、市纪委书记的职权和地位对彭某产生影响而找彭某，而是因曾在某工作时认识彭某，基于以前工作上认识的熟人关系（人际关系）而找的彭某，不属于行为人利用了本人职权或者地位产生的影响和一定的工作联系的情形，不符合"利用本人职权或者地位形成的便利条件"的认定标准。至于一审判决提到的"莫某曾长期在某市政法部门、纪委担任要职，并曾任某市委领导，案发时任某某市委领导,其职位高于彭某",不仅难以自圆其说,而且也是违背《刑法》第388条规定的立法原意和精神的,因为行为人职务高低与双方之间是否存在制约或者影响关系并不存在必然的联系。此外,一审判决还得出"莫某之所以能够要求彭某实施职务上的行为为黄某办理取保候审,主要是因为其身居较高职位、拥有较为广泛的职权,从而能够对那些并不隶属于他的国家工作人员的职务行为产生影响",可以说没有任何事实依据,完全是凭主观分析和推断。难道莫某就一定不能以其与彭某之间因曾经在一地工作形成的人际关系(友情)对彭某产生影响?这些问题都是一审判决所述理由无法解释的。总而言之,莫某的行为不符合"利用本人职权或者地位形成的便利条件",其行为依法不构成斡旋受贿,不应以受贿罪论处。

(二)如何理解《刑事诉讼法》第187条第1款关于"关键证人出庭作证"的规定?

在本案一审庭审中,作为案件关键证人的江某、彭某均未出庭作证并接受质证。一审判决在其"判决理由"部分称:"根据《中华人民共和国刑事诉讼法》第187条第1款的规定,当事人或者辩护人对证人证言有异议,且该证人证言对案件定罪量刑有重大影响,人民法院认为证人有必要出庭作证的,证人应当出庭作证。根据前述规定,证人是否出庭,最终由人民法院决定,证人出庭所作证言效力并非当然高于书面证言,即证人出庭与否并不影响证言的证明力。本案中,证人彭某是否出庭作证,并非判断其证言证明力大小的因素。"对此,笔者认为,上述一审判决的有关理由实际上是对《刑事诉讼法》相关规定精神的片面、机械理解,本案中关键证人江某、彭某完全是应当和有必要出庭作证的。

1. 江某、彭某系本案关键证人,其出庭作证有利于查明事实真相,确保相关证据审查的准确性,同时也有利于保障莫某的辩护权

一审判决主要依据江某、陈某某、陈某、黄某、彭某等几位对案件事实认定和据以定罪量刑的证据具有关键证明作用的重要证人的证言来认定莫某收受涉案的40万元贿赂款,而关键证人江某、彭某不出庭作证并接受质证,不仅难以弥补书面证言无法对质的缺陷,而且使得本案有关事实真相无法查明,相关证人证言的真实性无法确认。如证人彭某在证言中说莫某给其打了电话,指示其为黄某办理取保候审手续,但莫某一直否认,而本案又没有电话通讯记录等予以佐证,那怎么能确认彭某所言的莫

某给其打了相关电话就是真实的呢？而只有彭某出庭作证接受控辩双方的质证，才有利于法庭查明这一案件事实、明辨是非，也才能更好地保障莫某辩护权的行使。

2. 要准确理解《刑事诉讼法》有关规定的精神，证人出庭作证是原则、不出庭作证是例外

《刑事诉讼法》第187条第1款规定："公诉人、当事人或者辩护人、诉讼代理人对证人证言有异议，且该证人证言对案件定罪量刑有重大影响，人民法院认为证人有必要出庭作证的，证人应当出庭作证。"从字面上看，根据上述规定，证人是否出庭，最终是由人民法院决定。但必须指出的是：人民法院的这种裁量权不是随意或者可以任意决定的，并非人民法院想同意就同意、想不同意就不同意。事实上，只要当事人或者辩护人对证人证言有异议，且该证人证言对案件定罪量刑有重大影响，确有必要出庭作证的，人民法院就应当准许，这才符合立法的原意和精神。须知，《刑事诉讼法》第59条也明确规定："证人证言必须在法庭上经过公诉人、被害人和被告人、辩护人双方质证并且查实以后，才能作为定案的根据。法庭查明证人有意作伪证或者隐匿罪证的时候，应当依法处理。"最高人民法院《关于适用〈中华人民共和国刑事诉讼法〉的解释》（法释〔2012〕21号）第203条规定："控辩双方申请证人出庭作证，出示证据，应当说明证据的名称、来源和拟证明的事实。法庭认为有必要的，应当准许；对方提出异议，认为有关证据与案件无关或者明显重复、不必要，法庭经审查异议成立的，可以不予准许。"第206条第1款规定："证人具有下列情形之一，无法出庭作证的，人民法院可以准许其不出庭：（一）在庭审期间身患严重疾病或者行动极为不便的；（二）居所远离开庭地点且交通极为不便的；（三）身处国外短期无法回国的；（四）有其他客观原因，确实无法出庭的。"原最高人民法院《关于执行〈中华人民共和国刑事诉讼法〉若干问题的解释》第141条则更是规定："证人应当出庭作证。符合下列情形，经人民法院准许的，证人可以不出庭作证：（一）未成年人；（二）庭审期间身患严重疾病或者行动极为不便的；（三）其证言对案件的审判不起直接决定作用的；（四）有其他原因的。"由上述立法和相关司法解释的规定不难得出判断，我国刑事证人作证历来就是坚持以"证人出庭作证为原则，不出庭作证为例外"的。本案中江某、彭某都是重要的关键证人，根本不符合不出庭作证的条件或者例外情况，而其证言对莫某能否定罪又有

直接影响,是完全有必要和应当出庭作证的,那么,一审法院又有什么根据和理由认为他们二人没有出庭作证的必要呢?

3. 本案作为受贿案件,特别是在被告人"零口供"的情况下,对定罪证据的要求更加严格,关键证人出庭作证更有必要

对于受贿案件,证据链中最重要的就是关键证人包括行受贿双方的供述、证言;若非如此,根本无法定罪,任何一方的言词证据都对案件定性有决定性的影响。在本案中,莫某始终否认收受了涉案的40万元贿赂款即"零口供"。相比于普通刑事案件,人民法院对于受贿案件特别是"零口供"的受贿案件在定罪证据的要求上理应更加严格、慎重,务必确保证据确实、充分,排除事实认定中的合理怀疑,使证据链环环相扣。而本案中江某是介绍贿赂人,一头连接受贿人莫某,一头连接行贿人陈某某、黄某、陈某等人,其重要性不言而喻;彭某也是一审判决认定莫某为他人谋取不正当利益的重要证人。这两人都是重要的关键证人,而且与莫某有利害关系,其出庭作证并接受质证,对于查清莫某是否收受了涉案的40万元贿赂款以及是否指示过彭某为行贿人谋取不正当利益,对于审查判断其证言的真实性,都是非常重要和必要的。

此外,一审判决所言的"证人出庭所作证言效力并非当然高于书面证言,即证人出庭与否并不影响证言的证明力",也难以站得住脚。按照一审判决上述所言的逻辑,那证人出不出庭还有什么关系呢?那么任何刑事案件是否只需提供书面证言就可以了。这是对我国近年来大力推行证人出庭作证制度改革的公然否定。若如此,那么《刑事诉讼法》规定有关强制证人出庭作证的措施还有必要吗?刑事诉讼中还需要保障被告人的辩护权、质证权和维护司法公正吗?答案不言自明。再者,证人尤其是关键证人不出庭作证并接受质证,势必会影响案件真相的查清,影响证据审查的准确性,进而会影响对证言真实性的判断,当然会影响到证据的证明力强弱,怎么能说证人出庭作证与否与证言的证明力没有关系呢!

综上,一审判决对莫某犯受贿罪的认定主要依据证人证言,而本案多名关键证人一审却未出庭作证并接受质证,致使有关案件事实难以查清,据以定罪量刑的有关证人证言的真实性无法确认。

(三)本案对莫某犯受贿罪的认定,是否事实清楚、证据确实充分?

在本案中,一审判决认定莫某两次共计收受某石场股东贿赂款人民

币40万元。对此，笔者认为，一审判决的上述认定没有确实、充分的证据支持，相关案件事实仍然是查而未清、疑点重重，一审判决的有关理由很多是站不住脚甚至是十分武断的。如一审判决在"判决理由"部分提到的"……等情况基本一致""上述细节，并非认定案件事实的关键细节，证人证言存在一定差异不影响主要事实的认定""虽然本案未收集袁某的取款凭证，但并不影响对贿赂款主要来源的认定"，等等，也在相当程度上表明该判决底气不足，其所认定的案件事实根本没有达到证据确实、充分，更遑论形成完整的证据锁链、排除合理怀疑。对于本案这样相关案件事实不清、定罪证据不足的案件，一审判决武断地作出有罪认定，不仅没有坚持疑罪从无原则，有违中央政法委《关于切实防止冤假错案的规定》、最高人民法院《关于建立健全防范刑事冤假错案工作机制的意见》的精神，而且也经不起法律和历史的检验，难以避免冤假错案的发生。

1. 关于涉案的第一笔贿赂款20万元的认定

一审判决认定："在江某的介绍下，陈某、陈某某于2008年12月送给被告人莫某人民币20万元。莫某遂找到时任某市公安局副局长兼某分局局长的彭某，要求彭某为黄某办理取保候审，彭某收到莫某的指示后，指定时任某市公安局某分局分管法制的副局长姚某按照莫某的要求为黄某办理取保候审。2009年1月，某市公安局某分局对黄某的强制措施由逮捕变更为取保候审。"上述判决的认定，主要依据有关证人证言，在定罪证据方面存在诸多疑点，证据之间的矛盾不能合理解释或者排除，无法形成完整的证据链条；综合全案证据，对所认定事实不能排除合理怀疑，不足以认定莫某收受了此笔贿赂款20万元。

第一，莫某明确否认收受了此笔20万元贿赂款，本案也没有证据证明莫某直接收受了此笔20万元或者曾有人告知他送了其20万元。首先，在本案中，莫某的供述始终否认其收受了此笔20万元贿赂款，其供述稳定、一致，可以说是"零口供"。其次，没有在案的书证、实物证据等客观证据证明莫某收受了此笔20万元。再次，即使江某、陈某、陈某某的证言真实可靠，也只是证明行贿的经过以及将礼品袋放在奥迪牌小轿车车尾箱内等情况，而未证实莫某直接收受了此笔20万元贿赂款，或者他们曾告知莫某礼品袋内有20万元，由于礼品袋周转某市、某某市两地并几经多人易手，那么怎么就能确定礼品袋内20万元尚在或者没有掉包？凭什么依据认定放礼品袋的奥迪牌小轿车就一定是莫某的？礼品袋放进奥迪牌小轿车车尾箱里了,就一定能得出莫某收受了此笔 20 万元吗？都是不无疑问的。事实上,莫某一直否认曾驾驶涉案奥迪牌小轿车到过涉案现场,也没有证据证明莫某驾车到过或者离开涉案现场的客观证据。

第二,礼品袋放入奥迪牌小轿车车尾箱时里面还有无 20 万元贿赂款无法查证属实,有合理理由怀疑存在掉包可能。从本案案情来看,装有此笔 20 万元的礼品袋是陈某在江某父亲的公司交给江某的,后在某某市江某与陈某、陈某某汇合时,江某在停车场又把该礼品袋拿给了陈某某。也就是说,涉案的此笔 20 万元现金包装好放在礼品袋中先后周转两地,并经过了陈某、江某、陈某某转手,那么在此过程中间该笔 20 万元现金是否确实仍在礼品袋里并且已放到涉案的奥迪牌小轿车车尾箱内了,是需要有证据支持和证实的。而一审判决认定此一节事实的证据(主要是证人证言)是存在疑问的。首先,陈某某的相关证言有不少自相矛盾之处,且与陈某的证言不能互相印证。例如,陈某某在 2012 年 10 月 26 日的《询问笔录》以及在一审庭审中表示,江某将礼品袋交给他后,他把 20 万元现金放在随身的挂包里,并且提到挂包是 A4 纸大小。但陈某某在 2012 年 2 月 14 日的《询问笔录》中又表示,钱是同烟酒一起放在汽车的后备箱里。陈某在一审庭审中回答辩护人提问时也明确表示,吃饭的过程中,钱在陈某某的车后尾箱里。那么,钱到底是在挂包里还是在汽车的后尾箱里,不仅陈某某的前后供述明显不一致,而且陈某某在一审庭审阶段的供述也与陈某的供述不能相互印证,证据之间的矛盾无法合理排除。其次,陈某某在有关供述笔录和一审庭审中所言"江某交还该礼品袋后,其取出现金放在随身携带的挂包内保管",也不符合常理和生活常识。陈某某在供述中明确提到挂包大概是 A4 纸大小,众所周知,20 万元现金数额较大,就算是捆扎也占有相当的空间,而要放入 A4 纸大小的挂包几乎是不可能的,这是基本的生活常识。可见,陈某某上述所言的真实性是值得质疑的。再次,只有陈某某的供述说江某将袋子交给他后,其查看了礼品袋中的 20 万元现金,并无其他有力证据予以佐证。当时在场的陈某的多次供述也只提到将涉案的礼品袋放在奥迪车的车尾箱,并没有提及、看见或者确认该笔 20 万元现金仍在礼品袋中。如陈某在 2012 年 2 月 14 日的《询问笔录》中说:"陈某某打开他的车尾箱,取出那个装有现金人民币 20 万元及 1 瓶路易十三洋酒、两条软中华香烟的礼品袋放到奥迪车的车尾箱。"又如陈某在一审庭审中回答公诉人的提问时说:"我当时与江某距离不够一米,放好礼品袋后,我就提出回去了,后来江某开他的车说带我们到路口,我们就离开了。"可见,当时在场的陈某只是看见了礼品袋,至于20万元现金是否在里面,其并不知道或者确定。综上,一审判决认定的所谓"证人陈某某的后期证言及出庭作证均证实,江某交还该礼品袋后,其取出现金放在随身携带的挂包内保管,后来,其将该笔现金放回礼品袋内,再将礼品袋放入莫某的奥迪车尾箱内"是难以成立的,在事实和证据方面还存在诸多疑点。也就是说,第一次行贿的现金人民币20万元由江某保管过并几经周转,不能不让人产生存在掉包可能的合理怀疑。

第三,晚饭后是谁将礼品袋放入奥迪车车尾箱内,法院应当查证清楚,这也是衡量陈某、江某、陈某某相关证言或供述真实性的重要依据。在本案中,陈某某、江某的证言表示是陈某某将礼品袋放到了奥迪车的车尾箱,但陈某的证言前后矛盾,其在2012年2月14日的《询问笔录》中称是陈某某将礼品袋放入奥迪车的车尾箱,但其在2012年10月29日的《询问笔录》中以及在庭审中均说是江某将礼品袋放入莫某的奥迪车车尾箱内。例如,陈某在一审庭审中回答公诉人提问时说:"江某叫陈某某将他车上的礼品袋和现金给江某,江某接到后就马上放在莫某的车尾箱,然后亲自将尾箱盖上。"由此可见,在此一节事实上,陈某前期的证言与后期的证言以及当庭供述不一致,也与江某、陈某某的证言矛盾。那么,是江某、陈某某所言属实,还是陈某的后期证言以及当庭供述属实,这就需要法院查证清楚,而不能回避。因为本案对莫某收受贿赂的认定是主要依据这几个关键证人的证言,而现在相关关键证人的证言前后不一致,如果对所认定事实不能排除这一合理怀疑,那么陈某等人的相关证言的真实性就无法确认,证据链条也难以环环相扣,这显然会影响到对相关案件事实的认定。因此,一审判决所谓"证人陈某的证言前后存在矛盾并不影响该节事实的认定,对辩护人提出的该项辩护意见不予采纳"并非科学的态度,也是轻率的。

2. 关于涉案的第二笔贿赂款20万元的认定

一审判决认定:"黄某被取保候审后,与陈某某、陈某一起,在江某的陪同下再次送给莫某人民币20万元,以表示感谢。"笔者认为,一审判决关于莫某收受此笔贿赂款的认定也是难以成立的,证据之间存在无法排除的矛盾和无法解释的疑问,定罪证据不足。

第一,对于谁将礼品袋带入莫某家以及将礼品袋放在莫某家具体哪个位置,是认定案件事实的关键细节,以记忆模糊来解释涉案关键证人之间证言的矛盾和疑点,实属苍白乏力、悬断是非。在第二次行贿过程中,关于谁将礼品袋带入莫某家以及将礼品袋放在莫某家具体哪个位置,不仅关键证人江某、陈某某、黄某、陈某的证言表述不一、出入很大,而且同一证人前后所述也不相同、互相矛盾,并与莫某的供述不能印证。这一点一审判决实际上也是认可的,但其却认为"因涉案证人第一次到案作证距离案发时已经3年,各证人对于一些细节的记忆不完全一致,符合常人的记忆规律,而且,除江某以外,其余证人均系第一次到莫某的住处,因此,各证人因不熟悉环境,对于礼品袋放置地点的表述存在差异,亦符合常情。上述细节,并非认定案件事实的关键细节,证人证言存在一定差异不影响主要事实的认定"。应当说,一审判决的上述理由实际上都是推测,没有建立在扎实的证据支持和法理基础之上。既然涉案证人第一次到案作证距离案发时已经3年和不熟悉环境,那为什么在同样久远的案发时间和陌生环境下,第一次行贿时江某将礼品袋交给陈某某时,陈某某又如何能准确记得打开礼品袋进行了查看并确认20万元现金还在?又凭何依据认定陈某某取出现金放在随身携带的挂包内保管?同理,在其他案件细节上又如何得出陈某某、江某等人所述的内容没有记错?可见,一审判决以这样"万能式理由"的推测是完全站不住脚的,也是苍白乏力的,因为其既可以用来作为解释案件中证言相互矛盾的理由,也可以用来作为否定证言相一致的依据。此外,谁将礼品袋带入莫某家以及将礼品袋放在莫某家具体哪个位置,明显是案件的关键细节,涉及认定莫某收受此笔20万元贿赂款的事实是否属实,认定的证据是否确实、充分,对所认定的事实是否已排除合理怀疑,以及相关关键证人的证言的真实性能否确认等重要问题。而不是一审判决所指的"并非认定案件事实的关键细节"。再者,相关证人证言存在一定差异,法院理当在综合全案证据进行审查,确认证据的真实性后,才能将其作为定案的根据,而不能简单一句"证人证言存在一定差异不影响主要事实的认定",就将其审查判断证据的职责回避和搪塞过去。

第二,黄某等人是否还贿送了江某20万元,并非与本案没有关联性,相关证人证言的矛盾,法院应予审查判断。在第二次行贿过程中,关于黄某等人总共送出了多少钱,是20万元还是40万元?是否还送给江某20万元?送给江某的20万元是否就是送给莫某的20万元?如果送给江某

20万元,那相关礼品袋及其里面的资金从何而来?对于这些问题,不仅陈某、陈某某前后的证言不一致,而且其前期证言也与江某、黄某的证言互相矛盾。例如,陈某、陈某某于2012年2月14日的证言表示,仅送给莫某一个礼品袋和两箱水果,礼品袋内含20万元和烟酒;但二人在2012年11月5日的《讯问笔录》中则表示,准备了现金和烟酒两份,给江某也送了一份。陈某在一审庭审质证时又补充说,其并没有看到黄某等去某某市准备了两份礼品袋,只是在车上听说的。可见,陈某、陈某某等人的前后证言有较大出入、描述事实不一致,并且疑点重重。那么,本次某某市之行到底是送出了一个20万元还是两个20万元,送给莫某的20万元是否就是送给江某的20万元等,送给莫某的礼品袋里还有没有20万元,就成为问题,这涉及认定莫某收受此笔涉案20万元贿赂款的证据是否确实、充分的问题,与本案显然具有关联性,法院应当查证属实,并排除合理疑点。事实上,不仅莫某一直否认收受了此笔20万元贿赂款,当时在场的江某的供述也否认亲眼看到了送给莫某的礼品袋中的现金。如江某在2013年4月15日的《讯问笔录》中明确说道:"但当时我没有亲眼看到礼品袋内的现金,但事后我听陈某某说礼品袋里面有20万现金。"也就是说,江某只是听陈某某说过礼品袋里面有20万现金,但并未亲眼所见和查看核实。遗憾的是,一审判决以"因该节事实与本案没有关联性,相关证人证言是否存在矛盾,不属于本案审查范围"为由,对此明显采取了回避的态度。

3. 关于涉案贿赂款数额和来源的认定

一审判决根据黄某、陈某、陈某某的证言认定:因某石场案,陈某某等某石场股东贿送莫某等相关人员约人民币140万元,陈某某提供了约60%的款项,袁某提供了40%的款项,陈某提供了很少的款项;陈某某从其妻子谢某的银行账户上共取现24笔,合计人民币103万元。对此,笔者认为,一审判决对涉案贿赂款数额和来源的上述认定是一笔糊涂账,有关事实根本没有查证清楚。

首先,姑且不将十余条中华烟和多瓶路易十三洋酒所花费用计算在内,按照一审判决的认定,陈某某等某石场股东贿送莫某等相关人员约人民币140万元,陈某某提供了约60%的款项,袁某提供了40%的款项,陈某提供了很少款项;陈某某从其妻子谢某的银行账户上共取现24笔合计人民币103万元。不难计算出,140万元的60%是84万元,而陈某某从其妻子谢某的银行账户上取了103万元,其相关数额也完全对不上,那多出的近20万元哪里去了,是多贿送了近20万元吗?看来都是存在疑点的,相关案件事实并没有查清楚。

其次,一审判决认定袁某提供了40%的款项,也就是50万余元,却没有任何取款凭条、银行流水清单等客观证据予以证实,这一点一审判决也承认本案未收集袁某的取款凭证。既然没有客观证据等予以证实,又怎么能确认陈某某关于"袁某提供40%的款项"的证言就一定真实?况且陈某某提到的自己出了140万元贿赂款中的60%的款项,也与有关银行取款凭条和银行流水清单出入很大,数额根本对不上。至于说陈某提供了很少款项,到底是多少,也没有搞清楚,而且陈某某在2012年10月26日的《询问笔录》中明确提到"我记得陈某出的钱我事后已经补回给他了"。陈某在2012年10月29日的供述中也说:"……我印象中好像我也有极小一部分,而且事后陈某某也还给我了。"也就是说,陈某某已将陈某出的钱补给他了,实际上相当于140万元中陈某并没有出钱。

再次,一审判决认定的陈某某从其妻子谢某的银行账户上取现金103万元,也与该判决所认定的广州市农村信用合作联社取款凭条复印件、银行流水清单显示的数额对不上。广州市农村信用合作联社取款凭条复印件证实的是,谢某从2008年11月17日至2009年1月20日23次取款合计人民币100万元。银行流水清单证实的是,上述期间,该账户共计取现24笔人民币104.5万元。103万元、100万元、104.5万元,这三个数额也存在出入,并没有核实清楚。

综上所述,一审法院认定莫某把受贿罪的事实不清、证据不足,证据之间的矛盾和疑点无法合理排除,不足以认定。

连续通宵夜审和威胁抓捕近亲属而收集的口供应否认定为非法证据

——王小海受贿案

目 次

一、基本案情
二、诉讼经过
三、法理研析
　（一）连续多日通宵夜审应否认定为"刑讯逼供等非法方法"？
　（二）侦查机关威胁抓捕近亲属而收集的犯罪嫌疑人的有罪供述，应否作为非法证据排除？
　（三）一审判决对王小海犯受贿罪事实的认定是否清楚？证据是否确实、充分？

一、基本案情

浙江省温岭市中级人民法院（2014）台温刑初字第1674号刑事判决认定：被告人王小海在任矿管办主任期间，利用职务便利，多次非法收受他人财物，合计人民币28万元，并为他人谋取利益。具体事实如下：

2001年下半年，温岭市石华花岗岩开发公司股东杨财友为了承接温岭市松门镇东南工业区的塘渣填土工程，需要在本市松门镇南塘四村下岗山附近设置矿点并办理采矿许可证。杨财友为了获得时任矿管办主任的被告人王小海的关照,于 2001 年下半年的一天,至本市太平街道东辉小区被告人王小海的家中贿送给其人民币 5 万元,被告人王小海予以收受。杨财友为了继续得到被告人王小海对其矿山开发的关照,言明给被告人王小海一定份额的干股,并先后于 2002 年年中、2002 年阳历年底至本市东辉小区附近,分别以股份分红贿送给被告人王小海人民币 5 万元、15 万元,被告人王小海均予以收受。杨财友 3 次贿送共计人民币 25 万元,被告人王小海至今未予退还。

温岭市锦屏袁家村石硝坤采石场的股东袁云兵,为了感谢被告人王小海在石硝坤采矿权设置、招拍挂等事情上的关照,于 2007 年先后两次至温岭市国土资源局被告人王小海的办公室,分别贿送给其人民币 1 万元、2 万元。被告人王小海对袁云兵两次贿送的共计人民币 3 万元均予以收受,至今未予退还。

二、诉讼经过

2014 年 10 月 15 日,浙江省温岭市人民检察院以温检公诉刑诉〔2014〕2429 号《起诉书》指控被告人王小海犯受贿罪,依法向浙江省温岭市人民法院提起公诉。2015 年 1 月 12 日,浙江省温岭市中级人民法院作出(2014)台温刑初字第 1674 号刑事判决,判决被告人王小海犯受贿罪,判处有期徒刑 10 年,并处没收财产人民币 6 万元,附加剥夺政治权利两年。王小海不服,依法提出上诉。2015 年 5 月,浙江省台州市中级人民法院作出终审裁定,对王小海受贿一案,裁定驳回上诉,维持原判。

三、法理研析

本案涉及的法理问题,主要包括以下三个方面:一是连续多日通宵夜审应否认定为"刑讯逼供等非法方法"?二是侦查机关威胁抓捕近亲属而收集的犯罪嫌疑人有罪供述,应否作为非法证据排除?三是法院对王小海犯受贿罪事实的认定是否清楚,证据是否确实、充分?上述这些问题,不仅直接关涉刑事诉讼中非法证据的认定和排除,也与司法机关能否切实保障人权、贯彻疑罪从无原则息息相关。

（一）连续多日通宵夜审应否认定为"刑讯逼供等非法方法"？

《刑事诉讼法》50条规定："审判人员、检察人员、侦查人员必须依照法定程序,收集能够证实犯罪嫌疑人、被告人有罪或者无罪、犯罪情节轻重的各种证据。严禁刑讯逼供和以威胁、引诱、欺骗以及其他非法方法收集证据,不得强迫任何人证实自己有罪……"第54条规定："采用刑讯逼供等非法方法收集的犯罪嫌疑人、被告人供述和采用暴力、威胁等非法方法收集的证人证言、被害人陈述,应当予以排除……"至于何谓"刑讯逼供等非法方法",最高人民法院《关于适用〈中华人民共和国刑事诉讼法〉的解释》第95条第1款作了解释,即"使用肉刑或者变相肉刑,或者采用其他使被告人在肉体上或者精神上遭受剧烈疼痛或者痛苦的方法,迫使被告人违背意愿供述的,应当认定为刑事诉讼法第五十四条规定的'刑讯逼供等非法方法'"。具体到本案,有证据表明侦查机关采取了连续通宵疲劳审讯等手段对王小海进行审讯,而且持续时间长达数天。王小海在看守所羁押期间,不仅晚上要接受侦查人员高强度、持续不断的夜审,白天还要按照监管机关的要求劳动,其基本的休息时间都不能保障,而且身体也出现了剧痛等严重不适状况。正是在这种身心备受折磨、遭受剧烈痛苦的情况下,王小海才作出有罪供述的。如王小海在一审开庭时多次提到"在侦查人员的高压折磨下,造成精神和肉体双重折磨痛苦的情况下,为了求得好过才认的""自从第一天被拘,连续45天,被投放了两个看守所,待了3个监室,进行了连续41天的审讯,先是在温岭看守所18天,接下去被异地羁押,及台州市看守所20天的夜审和3天的特审,中间,我的屁股生满了疗疮,坐立不安。我的腿部严重浮肿,达到3次。我去年右腹沟肿瘤手术和膝半月板两次手术,这些部位剧烈疼痛,他们(侦查人员)都是知道的,尤其夜审……""晚上没睡觉,白天一起劳动,体力严重透支,甚至到最后十来天,27度情况下,我穿长袖,拧紧扣子,还浑身发抖""夜审的时间,我算了一下,有12小时,都是在休息时间,晚上十点不到,到白天的八点半"。一审判决中也明确认可"可以证实被告人王小海受到连续夜审的状况"。可以说,本案中侦查机关是采取变相刑讯逼供和精神折磨的手段,即采用情节严重的"熬"(高强度并且持续数日的通宵疲劳审讯)的非法手段逼取王小海口供。事实上,情节严重的体罚、虐待或者饿、晒、烤、冻、熬等非人道手段,虽然不以公然使用暴力、打人的方式表现出来,但与刑讯逼供本质无异，都严重侵犯了犯罪嫌疑人、被告人的人权，都有违《刑事诉讼法》及相关司法解释的规定和要求，都应当依法排除。最高人民法院《关于建立健全防范刑事冤假错案工作机制的意见》明确规定："采用刑讯逼供或者冻、饿、晒、烤、疲劳审讯等非法方法收集的被告人供述，应当排除。"至于一审判决提到的"我国刑事诉讼法律没有将侦查机关进行连续夜审的状况列入禁止范围，不能视为非法证据"，则是经不起推敲的。《刑事诉讼法》第 54 条除了规定刑讯逼供这一非法取证方法之外，还规定了"等其他非法方法"。最高人民法院颁布的《关于适用〈中华人民共和国刑事诉讼法〉的解释》第 95 条也明确规定"采用其他使被告人在肉体上或者精神上遭受剧烈疼痛或者痛苦的方法，迫使被告人违背意愿供述的"情形，应认定为《刑事诉讼法》第 54 条规定的"刑讯逼供等非法方法"。故而，本案中侦查机关对王小海审讯采取的方式应认定为"刑讯逼供等非法方法"，采取此手段获取的犯罪嫌疑人有罪供述理当排除。

（二）侦查机关威胁抓捕近亲属而收集的犯罪嫌疑人的有罪供述，应否作为非法证据排除？

本案证据材料还表明，侦查人员在对王小海夜审的过程中，还对其采取威胁、诱供等非法方法，给王小海施加巨大心理压力和负担，使其精神上遭受了剧烈痛苦和陷于恐惧状态之中，这严重影响了王小海有罪供述的自愿性和真实性。如王小海在一审当庭供述中多次提到"他们告诉我：我们的侦查实践最长可以审到 7 个月，台州市内最长熬到的是百来天，你继续对抗，熬到什么时候，你自己说说。""王小海，你再不老实交代，把你妻子抓起来，把你兄弟抓进来。这个抓妻捕兄的警讯，我当场号啕大哭。我这个人不喜欢哭，但就是觉得天要塌下来，孩子、父母怎么办……为了亲情，说难听的，死了都愿意……又受到侦查人员警告：也不要你考 100 分，80 分、90 分、60 分也可以，你要继续，领导意思要在杨财友的第二次、第三次上挖。结果就挖了一个 5 万元，一个 15 万元，视频可以看看，这就是我承受的非人的过程。"从上述王小海的当庭供述可以看出，侦查人员采取了抓妻捕兄等使王小海遭受剧烈精神痛苦的非法方式，迫使其违背意愿供述。若王小海所述情况属实的话，侦查人员的所作所为则不仅有悖其职责要求，而且也是严重违法的，难以避免冤假错案的发生和让人民群众在本案中感受到公平正义。

在本案一审庭审中,王小海及其辩护律师都向一审法院申请排除非法证据,王小海也明确阐述了涉嫌非法取证的侦查人员、时间、地点、方式、内容以及被非法取证的过程、多份讯问笔录缺失等相关线索,并且提出调取审讯的同步录音录像查看。最高人民法院《关于适用〈中华人民共和国刑事诉讼法〉的解释》第 96 条明确规定:"当事人及其辩护人、诉讼代理人申请人民法院排除以非法方法收集的证据的,应当提供涉嫌非法取证的人员、时间、地点、方式、内容等相关线索或者材料。"第 100 条规定:"法庭审理过程中,当事人及其辩护人、诉讼代理人申请排除非法证据的,法庭应当进行审查。经审查,对证据收集的合法性有疑问的,应当进行调查;没有疑问的,应当当庭说明情况和理由,继续法庭审理……"可以说,王小海及其辩护人提出的非法证据排除申请是完全符合最高人民法院颁布的《关于适用〈中华人民共和国刑事诉讼法〉的解释》第 96 条之规定的,人民法院理当决定对证据收集的合法性进行调查。最高人民法院《关于适用〈中华人民共和国刑事诉讼法〉的解释》第 101 条第 1 款还明确规定:"法庭决定对证据收集的合法性进行调查的,可以由公诉人通过出示、宣读讯问笔录或者其他证据,有针对性地播放讯问过程的录音录像,提请法庭通知有关侦查人员或者其他人员出庭说明情况等方式,证明证据收集的合法性。"然而遗憾的是,本案非法证据的排除程序始终未能依法启动,一审以所谓的"非法证据排除程序的启动挺复杂的,不但要提供具体的证据,不但要提供全程录音录像,还要提供其他证据"(参见《庭审记录》)理由搪塞,不仅没有当庭有针对性地播放讯问过程的录音录像,公诉人也没有提请法庭通知有关侦查人员或者其他人员出庭说明情况等,因而使得本案侦查人员收集王小海有罪供述的合法性无法确认。

(三)一审判决对王小海犯受贿罪事实的认定是否清楚?证据是否确实、充分?

要认定涉案的 28 万元系王小海收受的贿赂款,必须确保案件事实清楚,证据确实、充分。而根据《刑事诉讼法》第 53 条第 2 款的规定:"证据确实、充分,应当符合以下条件:(一)定罪量刑的事实都有证据证明;(二)据以定案的证据均经法定程序查证属实;(三)综合全案证据,对所认定事实已排除合理怀疑。"就本案来说,姑且不论王小海的有罪供述系侦查人员采取刑讯逼供等非法方法获取,应当作为非法证据排除,就以一审判决目前定案的事实和证据来说,认定王小海收受28万元贿赂款的事实还是存在不少疑点的,证据之间的矛盾未能合理排除,尚未达到证据确实、充分的证明标准,无法得出王小海确实收受了涉案的28万元贿赂款的唯一结论。

1. 对于涉案的第一起受贿25万元的事实,认定王小海受贿的证据不足,没有达到确实、充分的证明标准

按照一审判决的认定,王小海收受杨财友的25万元,主要包括杨财友为获得时任矿管办主任王小海的关照,于2001年下半年的一天至王小海的家中贿送的人民币5万元,以及2002年年中、2002年阳历年底至本市东辉小区附近,分别以股份分红贿送给王小海人民币5万元、15万元。对此,笔者认为,一审判决据以作出上述认定的有关证据,还存在不少无法合理排除的矛盾和疑点,对所认定的事实难以排除合理怀疑。

第一,对于公诉机关的有罪指控,王小海当庭予以否认,推翻了其在侦查阶段所作的收受杨财友25万元贿赂款的有罪供述,明确表示其是受到侦查人员的高压折磨、造成精神和肉体双重痛苦的情况下才违心认罪的。可见,作为重要的法定证据,本案中被告人当庭的口供是否认受贿指控的。

第二,行贿人的证言对受贿事实的认定起着关键的作用,但本案行贿人杨财友的证言存在诸多矛盾之处,不能排除合理怀疑。如杨财友在谈到采矿利润时,在温岭市纪委2014年5月27日所作的《调查笔录》中表示:"我的塘渣矿开采出来都是供松门镇东南工业区填塘渣用,合在一起大概一年利润在500万元左右。"但其在2014年6月10日的《询问笔录》中却又表示:"这些费用成本除去后,整个矿山开采了两年左右,我记得最后有五六百万元利润的。"到底是填塘渣和采矿两个工程合起来一年利润约500万元,还是采矿一个工程两年的利润五六百万元?证言前后出入很大,并不清楚和确定。退一步说,如果是按照前面《询问笔录》中杨财友所述,采矿两年的利润五六百万元,那一年的利润就是两三百万元;按照杨财友所陈述的按给王小海15%的干股分红计算,无论如何一年也分不到62.7万元(杨财友在有关《询问笔录》中表示向王小海行贿了62.7万元)。

第三,行贿人杨财友的证言也与被告人王小海的有罪供述不能印证。如杨财友在证言中多次提到是王小海主动向其索要15%的干股,但王小

海即使在有罪供述中也否认是其向杨财友索贿,而是杨财友主动邀请其入股。王小海在2014年7月11日的《讯问笔录》中说:"他曾多次跟我提过说矿山肯定挣钱的,让我在他的矿山投点股份,但我没有跟他明确表示……""他既然邀请过我入股,又明确表示过要给我好处……"又如杨财友在证言中表示共贿送王小海人民币62.7万元,并且从第一次送了5万元之后,都是王小海主动打电话向他索要贿赂款,并且有多次频繁电话联系;但王小海的有罪供述予以了否认,称都是杨财友与他电话联系后才见面的。那么,到底是王小海打电话给杨财友,还是杨财友主动打电话联系王小海,通过调取2002年王小海、杨财友电话的通讯记录和话费详单,即可看出谁是主叫、谁是被叫,从而足以准确判断杨财友、王小海所言的真实与否。然而,非常遗憾的是,公诉机关提供的有关情况说明却表示,因时间久远,台州移动公司、温岭移动公司无法提供话费详单,致使杨财友上述所言的真实性无法确认,不能排除合理怀疑。

第四,行贿人杨财友的证言亦与郭海林、王金海等人的证言不能完全相互印证。如杨财友在证言中提到是王小海指派郭海林来其矿山监督,但郭海林、王金海的证言则否认与王小海有关,而是王金海介绍其去石华公司的。如郭海林在2014年6月16日的《询问笔录》中说:"王金海跟我说,刚好有一个工作可以让我去做,但是待遇不是很好,问我愿不愿去。我说愿意去,于是王金海就带着我来到了石华公司那里。""王金海他应该是知道我在石华工作的,他们家其他人是否知道,我就不清楚了。我在石华具体工作及领工资的情况我没有跟王金海他们家人说过,他们是不是知道,我也不清楚。"王金海在2014年9月1日的《询问笔录》中也表示:"我母亲跟我说起我表弟的情况后,因为当时我知道杨财友在开矿山、做工程,我就把我表弟带到杨财友的工地上,介绍郭海林到杨财友那里工作。"可见,郭海林与王金海的证言能够相互印证,而与杨财友的证言矛盾。又如,杨财友在有关证言中提到在矿山经营中曾有大检查,王小海让兄弟王金海通风报信,而王金海的证言却表示否认;王小海的供述也未说过让王金海通风报信。

第五,在本起受贿事实中,杨财友称共贿送王小海62.7万元,却无账册记录、财务凭证等客观证据佐证,仅系其一面之词。事实上,一审判决中也明确提到了"在第一节犯罪事实中,杨财友所称贿送给王小海62.7万元人民币,根据现有材料尚无其他证据佐证……"既然没有足够的证据佐证,形不成完整的证据链条,难以排除合理怀疑,也就是说缺乏确实、充分的证据证明杨财友贿送了62.7万元,那么,按照证据裁判的原则,就不应认定杨财友向王小海贿送了62.7万元,这才符合疑罪从无的原则和精神。而不是选择疑罪从轻,即根据王小海被高强度的通宵疲劳审讯、精神上遭受剧烈痛苦的情形下所作的有罪供述(收受涉案的人民币25万元)来认定。

2. 对于涉案的第二起受贿3万元的事实,认定王小海受贿的证据实质上系孤证,没有达到确实、充分的证明标准

对于袁云兵于2007年先后两次至王小海办公室分别贿送给其人民币1万元、2万元,从一审判决定案的证据看,实际上只有行贿人袁云兵的证言与王小海的有罪供述。关于王小海的有罪供述,系侦查人员采取疲劳审讯等非法方法收集的,依法应当作为非法证据予以排除,前文已述,此处不赘。而且王小海当庭供述时也明确否认收受了袁云兵3万元。可以说,一审判决认定王小海收受袁云兵3万元的证据,实际上只有行贿人袁云兵一人的证言(孤证),而无其他证人证言、客观证据予以佐证;而且作为本起受贿事实的唯一关键证人(行贿人)的袁云兵一审未出庭作证并接受质证,致使有关案件事实难以查清,且其证言又与王小海的当庭供述存在冲突和出入,证据之间的矛盾难以合理排除,未达到排除合理怀疑的证明程度,袁云兵证言的真实性无法确认,因而不能将其作为定案的根据。

笔者认为,杨财友、袁云兵系本案的行贿人和关键证人,也是一审判决据以认定王小海分别收受人民币25万元、3万元的最为核心的证据。《刑事诉讼法》第187条第1款明确规定:"公诉人、当事人或者辩护人、诉讼代理人对证人证言有异议,且该证人证言对案件定罪量刑有重大影响,人民法院认为证人有必要出庭作证的,证人应当出庭作证。"本案中杨财友、王小海是行贿人和最为重要的关键证人,根本不符合法定的不出庭作证的条件或者例外情况,而其证言对王小海能否定罪又有重要而直接的影响,是完全有必要和应当出庭作证的。而杨财友、袁云兵不出庭作证,显然既不利于查明事实真相和保障王小海的辩护权,也难以确保相关证据审查的准确性。

总而言之,刑事审判工作坚持的是证据裁判原则,即人民法院对于被告人是否有罪的认定必须基于证据证明的事实。最高人民法院周强院长

在 2013 年 10 月召开的第六次全国刑事审判工作会议上也强调指出,要坚持证据裁判,严格把握证明标准,认定被告人有罪必须做到证据确实、充分,依法排除非法证据。而就本案来说,综合全案证据分析和判断,应当说一审法院对王小海犯受贿罪的证明尚未达到确实、充分的证明程度,不能排除合理怀疑,不足以认定王小海收受了涉案的 28 万元贿赂款。

国企负责人收取业务费返点的行为如何定性

——汤永坚受贿、贪污、挪用公款案

目　次

一、基本案情
（一）受贿罪
（二）贪污罪
（三）挪用公款罪

二、诉讼经过

三、法理研析
（一）国企负责人从有合作关系的广告公司分得其所收取的部分业务费返点的行为如何定性？
（二）汤永坚是否具有非法占有涉案的 37 万元公款的主观故意？
（三）认定汤永坚利用职务上的便利侵吞雷迪欧媒介公司的套现款 66 万元的证据，是否确实、充分？

一、基本案情

江苏省南京市中级人民法院以（2013）宁刑二初字第 20 号刑事判决认定：雷迪欧广告公司系南京电台下属的国有公司，被告人汤永坚于

1992年担任该公司总经理,负责公司全面工作。雷迪欧媒介公司系雷迪欧广告公司出资20%成立的自然人控股公司,应南京电台领导要求,汤永坚担任雷迪欧媒介公司的总经理和法人代表。

（一）受贿罪

2007年8月至2012年8月,天津妍燊广告有限公司(以下简称妍燊公司)与雷迪欧广告公司、雷迪欧媒介公司先后合作经营南京新闻台、南京电台的咨询广告,合同约定妍燊公司作为吉林声广传媒有限公司及精正保健品的代理商,可按客户投放广告额度享受5%或6%的返点奖励。被告人汤永坚利用担任雷迪欧广告公司、雷迪欧媒介公司法定代表人、总经理的职务便利,私下与妍燊公司负责人杨岩商定,自己在妍燊公司收取的返点费中分得一部分,后被告人汤永坚以现金、银行转账等方式收受杨岩人民币共计322万元,并在客户维护等方面帮助妍燊公司谋取利益。

（二）贪污罪

（1）2011年4月,被告人汤永坚利用担任雷迪欧媒介公司法定代表人、总经理的职务便利,将雷迪欧媒介公司账上人民币37万元支出用于归还个人债务,后其明知公司会计用代开的虚假发票做账却仍在费用报销审批单上签字审批,最终以车展尾款的名义将37万元的账做平。

（2）2009年1月至2010年10月,雷迪欧媒介公司为套取现金,被告人汤永坚安排会计周健将雷迪欧媒介公司公款汇入妍燊公司账户,由妍燊公司开具虚假广告发票并扣除税款后,再将剩余款项汇至周健及任永青的个人工商银行卡,汤永坚用于单位发放福利。雷迪欧媒介公司以上述方式向妍燊公司汇款共计人民币442.9978万元,妍燊公司将返还款共计人民币339.1212万元返还至周健及任永青的银行卡上,另外66万元分3笔分别于2010年4月22日、9月15日、2011年4月26日汇入汤永坚个人招商银行卡,后被汤永坚用于个人消费。

（三）挪用公款罪

2011年4月21日,被告人汤永坚利用担任雷迪欧广告公司法定代表人、总经理的职务便利,将雷迪欧广告公司暂存于天豪律师事务所薛某律师个人建设银行卡上的广告款人民币308471元支出用于归还个人债务,后于 2012 年 8 月 23 日将上述款项归还。

另查明,被告人汤永坚因违纪问题被采取"双规"措施期间,主动交代了办案机关之前不掌握的收受妍燊公司杨某 300 万余元、贪污雷迪欧媒介公司 37 万元、挪用雷迪欧广告公司 30 万余元的犯罪事实,退缴赃款人民币 30 万元,其在海南雅居乐房地产开发有限公司购买的位于海南省陵水县的房产被司法机关冻结。

二、诉讼经过

2013 年 8 月 15 日,江苏省南京市人民检察院以宁检刑诉〔2013〕65 号《起诉书》指控被告人汤永坚犯受贿罪、贪污罪、挪用公款罪,依法向江苏省南京市中级人民法院提起公诉。2013 年 12 月 2 日,江苏省南京市中级人民法院以(2013)宁刑二初字第 20 号《刑事判决书》作出一审判决,判决认定被告人汤永坚犯受贿罪、贪污罪、挪用公款罪,决定执行有期徒刑 19 年,并处没收财产人民币 130 万元。判决宣告后,汤永坚不服,依法提出上诉。2014 年 9 月 1 日,江苏省高级人民法院作出(2014)苏刑二终字第 0008 号《刑事判决书》,该判决认为,一审判决认定汤永坚犯受贿罪、挪用公款罪事实清楚,证据确实充分,适用法律正确,审判程序合法,量刑适当;认定汤永坚贪污公款 37 万元事实清楚,证据确实充分;但认定汤永坚贪污公款 66 万元证据不足,依法应予改判。遂撤销一审判决,以汤永坚犯受贿罪、贪污罪、挪用公款罪,数罪并罚,决定执行有期徒刑 17 年,并处没收财产人民币 115 万元。

三、法理研析

本案中,相关法院认定汤永坚的行为构成贪污罪、受贿罪和挪用公款罪。对于汤永坚挪用公款的犯罪事实,笔者认为其符合挪用公款罪的构成要件,应当以挪用公款罪追究刑事责任,对相关审理法院的认定不持异议。但一、二审判决对汤永坚犯贪污罪、受贿罪的认定,笔者是不能赞同的。概言之,主要涉及以下几个法理问题。

（一）国企负责人从有合作关系的广告公司分得其所收取的部分业务费返点的行为如何定性？

所谓受贿罪，根据《刑法》第385条的规定，是指国家工作人员利用职务上的便利，索取他人财物，或者非法收受他人财物，为他人谋取利益的行为。构成受贿罪，要求行为人主观上有受贿的故意，客观上实施了利用职务便利，索取他人财物，或者非法收受他人财物，为他人谋取利益的行为。具体到本案，一审判决认定被告人汤永坚利用职务上的便利，私下与妍燊公司负责人杨岩商定，自己在妍燊公司收取的返点费中分得一部分，后汤永坚以现金、银行转账等方式收受杨岩共计人民币322万元，并在客户维护等方面帮助妍燊公司谋取利益。对此，笔者认为，一审判决的上述认定缺乏必要的事实基础和法律依据，存在明显的错误。汤永坚从妍燊公司负责人杨岩处取得的2%～3%的返点即涉案的322万元，既非其利用自身担任雷迪欧广告公司法定代表人、总经理的职权，也不是利用职务上有隶属、制约关系的其他国家工作人员的职权，而是基于其与妍燊公司合作拓展、维护精正、吉林声广等广告客户这一法律关系中的特殊地位和作用（即负责和拓展广告业务的业务员）所取得的对价，双方实质上是一种民事法律关系，而非受贿罪客观方面构成要件中的所谓"利用职务上的便利，索取他人财物，或非法收受他人财物"；汤永坚取得涉案的322万元与其是否担任雷迪欧广告公司法定代表人、总经理这一职务并无直接的因果关系。同时，妍燊公司与汤永坚基于所共同拓展、维护的祥康、精正、吉林声广等客户广告而取得广告费5%或6%的返点奖励亦为雷迪欧广告公司对公司内部业务人员、南京广播电台（南京广电集团）工作人员及其他广告代理公司或人员业务返点的普遍做法和惯例，而非汤永坚的个人行为所谋取，除与其他业务人员取得相同比例返点外，妍燊公司并未取得任何其他利益。

其一，一审判决查明的事实表明，2006年起，妍燊公司与雷迪欧广告公司、雷迪欧媒介公司先后合作经营咨询广告，双方合同约定妍燊公司可按客户投放广告额度享受5%或6%的返点奖励。同时，一审确认的证据证实，妍燊公司作为外地公司，需要汤永坚的帮助，汤永坚事实上也帮助妍燊公司在客户维护上做了很多工作，乃至"南京地头上所有的事"。同时在客户拓展方面，汤永坚也与妍燊公司进行了密切合作。在2006年前，祥康公司即已成为汤永坚所拓展的客户，妍燊公司在与雷迪欧公司开展合作后,又与汤永坚共同对祥康公司在广告投放量上进行开拓,从而取得了祥康公司更大的广告投放量。上述诸多事实说明,妍燊公司与汤永坚之间是平等的民事主体基于广告业务拓展、广告客户维护方面所展开的合作而建立的民事法律关系,而非一审起诉书所指控的受贿罪所表征的"权钱交易"关系。汤永坚取得广告费5%或6%返点中的2%或3%,完全基于自身的努力和付出,这一点也为一审判决所确认的杨岩的证言证实。这是民事主体在合作拓展广告业务过程中意思自治的体现,刑法不应去干涉。不能因为汤永坚担任了雷迪欧广告公司、雷迪欧媒介公司的法人代表、总经理这一职务,而不分析相关的法律关系和案件情况,就武断地认定其从妍燊公司杨岩处分得返点就一定是利用了其职务便利。任何脱离主客观相统一原则来分析认定汤永坚取得返点行为之法律性质的做法,都会陷入认识上的误区。因此,汤永坚从妍燊公司负责人杨岩处分得2%~3%的返点即涉案的322万元,存在正当性的事实基础,从法律性质上看,属于汤永坚基于拓展妍燊公司介绍的广告业务及相关客户维护等劳务付出应取得的对价,而非妍燊公司给予汤永坚的回扣。

其二,给予业务员一定比例的返点是广告行业的惯例,且有在案证据表明南京广播电台、雷迪欧广告公司等存在返点的规定或做法。由于广告行业的业务竞争比较激烈,为开拓业务,调动业务员等的积极性,增进广告业务创收和经济效益,有关电台、广告代理商通常会给予开拓相关广告业务的业务员一定比例的返点或者提成,这是广告行业的通常做法,并不违背国家法律和政策。证人王萍、潘艳等在证言中也明确提到,南京广播电台鼓励台里做得较好的业务员成立自己的广告公司,通过自己的广告公司取得返点。在案的《南京人民广播电台广告管理暂行规定》(宁电台〔1996〕10号)更是明确提到:"原则上,广告业务员应只完成所属系列台的广告任务,但为使总台广告收入不致流失,业务员也可承接其他系列台的广告业务,合同签订后业务关系移交至广告部编辑处,不计入其广告任务,但享受业务提成。"前述南京广播电台文件中所谓的"业务提成",实质上就是返点。这一文件的相关规定,也得到了前述证人王萍、潘艳等证言的佐证,表明南京广播电台确存在给予业务员返点(业务提成)的规定和做法。就南京雷迪欧广告公司而言,其作为南京广播电台主办的国有企业,虽然公司内部没有明文的给予返点的规定,但基本上也是参照广告行业惯例以及南京广播电台上述文件而给予业务员一定比例的奖励,这种奖励与"返点"或者"业务提成"只是名称上有所不同,性质上并无二致。如汤永坚明确供述:"给予员工的年终奖,是参照返点的比例来发放的。"证人周健、胡静杰也证实,汤永坚在年底根据每个员工对公司的贡献大小,给予不同程度的奖金。汤永坚的供述与证人周健、胡静杰的证言能相互印证,足以证实雷迪欧广告公司的确存在根据业务员对公司贡献大小(实际上是拓展的广告业务量大小)而给予奖金(返点或者业务提成)的惯常做法。同时,从雷迪欧广告公司发放咨询广告稿费(实为返点或业务提成)的记录来看,2008年1月至2011年12月的发放记录表中"客户名称"一栏所记载的鹿建等人均为雷迪欧广告公司或南京广播电台(南京广电集团)的职员,他们所取得的稿费(返点)比例亦为5%或6%。因此,汤永坚除却公司法定代表人、总经理身份外,作为公司最核心的广告业务员身份基于其拓展的妍燊公司代理的相关广告业务以及后续付出的客户维护等劳务,从妍燊公司分得2%~3%的返点即涉案的322万元,完全符合广告行业及南京广播电台(南京广电集团)、雷迪欧广告公司的惯例和有关规定,并无不妥。

其三,从雷迪欧广告公司在与妍燊公司合作经营南京新闻台、南京电台咨询类广告的这一法律关系中的地位和作用看,虽然雷迪欧广告公司具有南京新闻台、南京电台咨询类广告的独家代理权,但其既不能牵制妍燊公司及其代理的广告客户,也没有广告费用的定价权和相关广告事务的决定权。首先,本案中妍燊公司及其代理的广告客户特别是祥康公司这样的大客户,处在广告"买方市场"的角色,如果需要做广告,完全可以选择更高层次或者其他地区的广播电台或其他电视、报纸等媒体,在广告业务中居于较为主动的地位。正是如此,汤永坚也做了很多后续的客户维护工作,以确保这些客户长期在电台投放广告。证人王萍、潘艳的证言也证明:"汤永坚作为广告公司的负责人,负责公司的运营、管理,有求于客户,作为电台与客户的中间商,媒体和客户都是他的上帝,作为雷迪欧广告公司两边都要求,既求客户,也求媒体。而且客户不是只可以选择南京电台一家媒体,而是可以面对许多资源如电视等。"可见,汤永坚所在的雷迪欧广告公司在与妍燊公司合作经营南京新闻台、南京电台咨询类广告的这一法律关系中,是处于"买方市场"的卖方地位,其有求于客户,这也是广告行业存在返点惯例的重要原因。可以说,雷迪欧广告公司与妍燊公司在合作经营广告业务上完全是一种平等的民事法律关系,而且雷迪欧广告公司还较为被动，需要主动去拓展广告业务并进行客户维护，并非汤永坚利用其担任雷迪欧广告公司或者雷迪欧媒介公司法人代表、总经理职务范围内的权力或者职务上主管、负责或者承办某项公共事务的职权及其所形成的便利条件，就能做得到或者办得成的。事实上，广告业务的拓展在很大程度上取决于业务员个人的业务拓展能力和社会关系等方面的因素。其次，雷迪欧广告公司同样作为代理商（中间商）尽管有南京新闻台、南京电台咨询类广告的独家代理权，但有关广告费的定价以及最终能否办成广告业务等，也并不是汤永坚能够决定的，而主要是由南京广播电台决定，雷迪欧广告公司只是基于与南京广播电台的特殊关系，享有独家代理权并收取相应的广告代理费。上述两点也进一步佐证了汤永坚从妍燊公司杨岩处取得返点并不属于受贿罪构成要件中的"利用职务便利"。

一言以蔽之，汤永坚从妍燊公司取得2%~3%的返点（322万元）是基于其与妍燊公司合作拓展广告业务及所做的客户维护等劳务的对价，而非利用担任雷迪欧广告公司法定代表人、总经理的职务便利，且有大量证据表明的确存在广告业务返点的惯例和做法，同时，汤永坚既无主观上为妍燊公司谋取利益的意图，亦无客观上为妍燊公司谋取利益的行为，因此汤永坚的行为不符合受贿罪的构成要件，不构成受贿罪。

（二）汤永坚是否具有非法占有涉案的37万元公款的主观故意？

一审判决认定"汤永坚从雷迪欧媒介公司账上支取人民币37万元用于归还个人债务，并填写了暂支单。后汤永坚在明知公司会计用其他发票平账的情况下仍签字审批，最将该37万元以车展尾款的名义将账做平。至案发，汤永坚始终未将该37万元归还公司"，据此认为汤永坚"主观上具有非法占有37万元公款的主观故意"。笔者认为，汤永坚主观上是否具有非法占有37万元公款的犯罪故意，涉及对其主观心态的判断分析，不能单凭涉案行为与结果等某一方面的情况，而应当考虑案件的起因和发展过程等基本案情，以案件的全部事实为根据，综合地进行分析认定。从本案案情和在案证据看，一审判决对上述有关事实的认定并不能当然得出汤永坚主观上具有非法占有37万元公款的犯罪故意的结论。

其一，由于雷迪欧媒介公司财务管理不规范和财务制度不健全，该公司长期存在两本账（大账/小账——账外账）。一审判决认定的事实中，明确证实汤永坚从雷迪欧媒介公司账上支取人民币37万元是填写了暂支单的。所谓暂支单,就是用于暂时借支费用、到期需归还的凭证单。这一暂支单附在雷迪欧媒介公司小账的有关账页上,并且还在账页中记载了"汤总4—21,取现37万元"。这在很大程度上说明了汤永坚是从雷迪欧媒介公司账上暂借37万元,到时是需要归还的,而非要非法占有该37万元。直至案发,雷迪欧媒介公司小账上关于汤永坚从公司账上暂取37万元的这一记载以及暂支单原件仍是存在的,并未被非法销账或者将账做平。在判断汤永坚主观上是否具有贪污故意时不能忽视这些事实和客观情况,尤其是具有暂支单和两本账的事实。

其二,一审判决关于"至案发,汤永坚始终未将该37万元归还公司"的认定,也完全不足以推出汤永坚主观上具有贪污该笔37万元犯罪故意的结论。诚然,汤永坚至案发未能将该37万元归还公司是客观事实,但不能归还的原因可能是多种多样的,并不等于就是不想归还或者不认账,更不意味着想非法占有进行贪污。实际上,汤永坚一直是认账的,承认使用了该37万元,之所以未能归还,正如其在供述中所称:"2011年年底发了奖金,自己手上钱也不足,想拖一拖,就一直没有还(参见一审判决第8页)。"汤永坚的上述供述也与雷迪欧媒介公司小账上有汤永坚暂支37万元的记载以及与附有暂支单所能证明的事实能相互印证,有力表明了汤永坚主观上没有非法占有该笔37万元的犯罪故意。

其三,不应将雷迪欧媒介公司用代开发票处理有关现金的惯例和不规范做法等同于汤永坚贪污。雷迪欧媒介公司会计周健用代开发票并由汤永坚在其上签字审批,以报销的方式将该账做平,这些行为确实是存在的。如果抛开本案其他案情和证据,单看上述行为,确实不能排除贪污的嫌疑。但是,需要注意的是,雷迪欧媒介公司会计用代开发票进行充账,一直是该公司用于处理有关不好处理的资金的长期惯例;此笔涉案的37万元资金的处理,也是如此,继续沿用以前的公司惯例,由会计用其他代开发票经汤永坚签字审批平账。当然,这只是充分说明了雷迪欧媒介公司财务管理确实存在严重问题和漏洞,但却不能由此就简单地得出汤永坚意欲贪污该笔37万元资金的结论。除了看到公司大账上涉案的37万元被平账的表象外,更要对其进行实质上的分析,到底是为了贪污而平账还是根据公司惯例不规范处理有关资金,这需要结合事前、事中和事后有关案情进行综合判断。而从前文的分析看,汤永坚并非是为了贪污而让会计用代开发票平账,其主观上没有非法占有该笔 37 万元资金的犯罪故意。

总之,关于涉案的 37 万元,汤永坚主观上没有非法占有的犯罪故意,雷迪欧媒介公司的小账(账外账)上对该笔款项亦未平账并且附有暂支单,不应将雷迪欧媒介公司用代开发票处理有关现金的惯例和不规范做法等同于汤永坚贪污。

(三)认定汤永坚利用职务上的便利侵吞雷迪欧媒介公司的套现款 66 万元的证据,是否确实、充分?

一审判决认定"汤永坚明知妍燊公司将套现的返还款汇至其个人招商银行卡的情况下仍将该钱款用于个人使用,事后未退还,反映了其主观上具有非法占有单位财物的主观故意,其行为符合贪污罪的构成要件,应认定构成贪污罪"。笔者认为,一审判决的上述认定不能成立,也没有达到确实、充分的有罪证明标准。事实上,江苏省高级人民法院对本案的二审判决也否定了一审判决对此一节犯罪事实的认定。

其一,构成贪污罪,客观方面要求行为人必须利用职务上的便利。而从涉案的 66 万元来看,其从妍燊公司汇入汤永坚的个人银行账户并被其使用,并非是汤永坚利用了雷迪欧媒介公司法人代表、总经理的职务便利。汤永坚既没有向妍燊公司提出让把返回款汇入其个人银行卡的要求,也没有指使或者授意雷迪欧媒介公司的会计周健和任永青要求妍燊公司将涉案的 66 万元汇入汤永坚的个人银行卡。涉案的 66 万元是妍燊公司会计自行汇入汤永坚个人银行卡的,这可以说与汤永坚"利用职务上的便利"没有任何关系。即使汤永坚后来明知并使用了妍燊公司汇给其的 66 万元套现款,其应承担的也是民事责任,即应将 66 万元返回给雷迪欧媒介公司,而与贪污犯罪无涉。

其二,本案存在经一审判决确认的有关证据,证明汤永坚没有利用职务上的便利非法占有雷迪欧媒介公司的部分套现款(66 万元)。如汤永坚供述:"提现的钱妍燊公司应该全汇到任永青和周健两个会计的卡上了。自己不知道有 68 万元汇到了自己的银行卡上。"妍燊公司负责人杨岩也证明:"对该部分差额(即涉案的 66 万元)汇到汤永坚个人卡上自己不知情,事先也没有和汤永坚约定。"由此可见,一审判决认定该笔贪污事实的证据之间的矛盾未能合理排除,无法形成完整的证据锁链,没有达到

《刑事诉讼法》规定的证明标准。一审判决在"判决理由"部分也未对汤永坚是否利用职务便利贪污该笔66万元返回款进行说明和分析。仅以"汤永坚明知妍燊公司将套现的返还款汇至其个人招商银行卡的情况下仍将该钱款用于个人使用,事后未退还",就认定汤永坚的行为构成贪污罪,显然是缺乏说服力的,也缺乏扎实的证据支撑。

由上述分析可以得出结论:关于涉案的66万元,汤永坚并非是利用职务上的便利侵吞雷迪欧媒介公司的套现款,认定汤永坚非法占有该笔款项的证据未达到确实、充分的证明标准。二审判决对此节犯罪事实的否定是正确的。

受贿与正常经营所得以及挪用公款与民间借贷的区分

——利沛钦受贿、挪用公款、行贿案

目　次

一、基本案情
二、诉讼经过
三、法理研析
　（一）涉案的 320 万余元是利沛钦等人收受的贿赂款还是正常经营所得？
　（二）蓝天公司转款 300 万元给世峰公司、利氏公司增加注册资金，是属于公司间的正常借贷还是利沛钦挪用公款？
　（三）上级官员给予下级官员财物，希望下级官员协助履行有关职责，是否构成行贿罪？

一、基本案情

广东省东莞市人民检察院东检刑二诉〔2010〕11 号《起诉书》指控：2007 年 12 月 12 日，黄江供销社将黄江镇 2008 年至 2010 年的废品回收业务，统一承包给东莞市联成实业有限公司（以下简称联成公司）经营。联成公司将方案直接上交该镇镇长审阅，当时任废品回收小组组长的利沛钦觉得"被越级",非常不满。利沛钦一方面让梁钦亮、李永强和曾海坤商议决定,利用职务之便,要求联成公司将镇上效益好的村组的废品站交给他们承包,另一方面利沛钦给联成公司施压。2007年12月29日,利沛钦安排该镇经贸办组织召开废品站承包经营者交接会议,会前派发资料,称联成公司与黄江供销社的3年合同违反相关文件规定,联成公司立即识趣地将黄江镇大冚村废品站以成本价交给利沛钦承包。会上发言时,利沛钦才转而要求与会者支持联成公司。2008年和2009年,利沛钦将大冚村废品站又外包给朋友,4人又获利320万余元,设成小金库。2008年1月,4人每人从中分得5万元,其他款项主要用于借款给利沛钦的朋友,帮助他的公司上市,还有接待"来自北京的朋友"等。

利沛钦从联成公司手上夺来大冚村废品站后,为了与负责废品回收工作的黄江镇政府经贸办副主任张恩良(另案处理)搞好关系,利沛钦决定给他送钱。2008年春节前,梁钦亮从小金库中取出1万元,送到张恩良办公室,请他日后多多关照。2009年春节前,经利沛钦同意,梁钦亮又拿出1万元送给张恩良,感谢他一年来的支持和帮助。

东莞市蓝天废品回收有限公司(以下简称蓝天公司)是一家国有控股有限责任公司,主要负责收缴各废品站上交的承包费等款项,利沛钦作为黄江镇镇党委委员,分管该公司业务。2006年6月至2008年12月期间,利沛钦利用职务之便,个人擅自决定从蓝天公司先后挪用300万元给东莞市黄江世峰开发有限公司(以下简称世峰公司)和东莞市黄江利氏实业开发有限公司(以下简称利氏公司)用于经营活动。其中,挪用200万元用于世峰公司工商登记注册,以增加注册资金。挪用100万元用于利氏公司的工商登记注册,增加该公司的注册资金。随后利沛钦归还了所挪用款项。

另外,利沛钦自1988年开始向常平镇桥沥管理区大冚经济合作社、南门经济合作社等购买土地。在开发利用土地过程中,非法占用农用地16.41亩,造成这些农用地被毁坏,至今未恢复其原有种植条件及用途。

二、诉讼经过

2010年3月4日,广东省东莞市人民检察院以东检刑二诉〔2010〕11号《起诉书》指控被告人利沛钦犯受贿罪、挪用公款罪、行贿罪、非法占用农用地罪,向广东省东莞市中级人民法院提起公诉。起诉后,被告人利沛钦及其辩护人均持异议,认为一审公诉机关的指控定性不准、证据不足,被告人利沛钦的行为不构成受贿罪、挪用公款罪、行贿罪、非法占用农用地罪。2010年5月27日,东莞市中级人民法院以受贿罪、挪用公款罪、行贿罪、非法占用农用地罪四罪并罚,判处利沛钦有期徒刑16年,并没收个人财产50万元,罚金10万元。一审判决后,利沛钦对其定罪和量刑表示不服,向广东省高级人民法院提起上诉。2010年8月6日,广东省高级人民法院作出终审裁定,裁定驳回上诉,维持原判。

三、法理研析

在本案中,围绕利沛钦的行为是否构成受贿罪、挪用公款罪、行贿罪和非法占用农用地罪,控辩双方存在激烈的争议。公诉机关认为:利沛钦无视国法,身为国家工作人员,利用职务便利,单独或伙同被告人梁钦亮、李永强、曾海坤非法收受他人财物,为他人谋取利益,其行为均已触犯《刑法》第385条之规定;利沛钦利用职务上的便利,挪用公款进行营利活动,其行为已触犯《刑法》第384条第1款之规定;利沛钦、梁钦亮为谋取不正当利益,给予国家工作人员财物,其行为已触犯《刑法》第389条之规定;利沛钦违反土地管理法规,非法占用农用地并改变被占用农用地用途,造成农用地大量毁坏,其行为已触犯《刑法》第342条、《刑法修正案(二)》之规定。以上犯罪事实清楚、证据确实充分,应当以受贿罪、挪用公款罪、行贿罪、非法占用农用地罪追究利沛钦的刑事责任。

针对公诉机关的上述指控,利沛钦的辩护人辩护称:利沛钦的行为不构成受贿罪、挪用公款罪、行贿罪、非法占用农用地罪。

(1) 关于利沛钦接受黄江镇供销社10万元现金的问题。辩护人的基本观点是利沛钦"有接受现金之客观行为,无收取贿赂之主观故意"。

(2) 关于利沛钦等四人共同受贿3 207 400元的问题。辩护人的基本观点是利沛钦"有捞取好处之主观愿望,无收受贿赂之客观事实"。

(3) 关于利沛钦挪用公款300万元的问题。辩护人的基本观点是两次借款都属于单纯的民间借贷,而不是挪用公款犯罪。

(4) 关于利沛钦向张恩良行贿2万元的问题。辩护人的基本观点是利沛钦等并没有要求张恩良为他们"谋取不正当利益",不符合法律关于行贿的条件要求。

（5）关于利沛钦非法占用农用地的问题。辩护人的基本观点是公诉机关指控被告人利沛钦犯非法占用农用地罪事实不清，证据不足，且法律适用错误。

囿于本书的主题，对利沛钦的行为是否构成非法占用农用地罪的问题，本书不作探讨。针对该案控辩双方争议的焦点，这里着重就利沛钦的行为是否构成受贿罪、挪用公款罪和行贿罪进行研析。

（一）涉案的 320 万余元是利沛钦等人收受的贿赂款还是正常经营所得？

根据《刑法》第 385 条第 1 款的规定，受贿罪是指国家工作人员利用职务上的便利，索取他人财物的，或者非法收受他人财物，为他人谋取利益的行为。可见，构成受贿罪，其客观方面必须是利用职务上的便利，索取他人财物，或者非法收受他人财物，为他人谋取利益。综观本案案情，笔者认为，涉案的 3 207 400 元，不能认定为是利沛钦等人非法收受的他人财物。主要理由在于：

1. 联成公司实际上并非是以成本价将大岜村废品经营点转包给利沛钦等人，利沛钦等没有非法收受联成公司的财物

具体到本案，要认定利沛钦等是否共同非法收受他人财物 320 万余元，就应当搞清楚联成公司到底是以成本价还是加价将大岜村废品经营点转包给利沛钦等人，这是认定利沛钦等是否共同受贿的一个关键问题。如果利沛钦等人并没有直接从联成公司获得利益或者非法收受其财物，那就很难说利沛钦等人共同受贿成立。综观全案，从 2007 年 12 月 12 日黄江供销社以黄江回收公司名义与联成公司签订的《黄江镇废旧物资经营目标责任书》来看，黄江供销社将 2008 年—2010 年黄江镇的废品回收业务（共 23 个经营点）统一承包给联成公司经营，联成公司每年向黄江供销社上缴 1 230 万元。而从书证《黄江镇废旧物资经营情况表》可知，联成公司应上缴黄江供销社的这 1 230 万元，是在 2007 年黄江镇各废品回收经营点的经营总额 1 045 万元的基础上上浮 17.5% 得来的（准确数额应当是 1 045 万 + 1 045 万 × 17.5% ≈ 1 228 万元）。其中，黄江镇供销社承包给联成公司的 23 个废品回收经营点之一——大岜村废品经营点，联成公司应上缴黄江供销社的金额是 77 万元（即大岜村废品经营点

2007年经营金额65万+65万×17.5%=77万)。也就是说,单就大岙村废品经营点来说,黄江供销社承包给联成公司经营的价格是77万元。那么,联成公司将大岙村废品经营点转包给利沛钦等人经营的价格又是多少呢?从本案有关证人证言及书证可知,利沛钦等人是以1 026 300元/年(包括97.75万元的费用+4.88万元的税金)的价格从联成公司转包过来的。这一点也得到了《起诉书》的明确认可。换言之,联成公司是以1 026 300元/年的价格将大岙村废品经营点再次转包给利沛钦等人的,扣除其应上缴黄江镇供销社的77万元,其实际获利20万余元,利润率达到了32%。而非以成本价转包的。上述事实清楚表明,联成公司并非是以成本价将大岙村废品经营点转包的,其并没有直接让利给利沛钦等人。事实上,联成公司因转包大岙村废品经营点给利沛钦等人还获得了20万余元的利润。由上可见,利沛钦等人并没有直接从联成公司获得利益或者非法收受其财物。虽然控方提供的不少证人证言表明,联成公司是受到利沛钦的压力而以成本价将大岙村废品经营点转包给利沛钦等人的,但是如前所述,本案也有有力的书证表明:联成公司并非是以成本价转包(事实上是加价转包)给利沛钦等人的,利沛钦等人没有直接非法收受联成公司的财物。当然,这也涉及证据的证明力大小问题。根据证据法学的基本理论和刑事证据效力的一般规则,对上述重要书证所具有的证明力和证据效力的优先性应予确认,其所证实的事实也应当予以采信。而否认联成公司加价将大岙村废品经营点转包给利沛钦等人的相关证人证言等,相比上述重要书证,其证明力和证据效力自然应当居后。

2. 利沛钦等人将大岙村废品经营点再转包给他人后获得的利益是经营所得,而非受贿款

如前所述,利沛钦等人并没有直接从联成公司获得利益或者非法收受其财物。而公诉机关指控以及法院认定利沛钦等人共同受贿320万余元,实际上是把利沛钦等人取得大岙村废品经营点的经营权后将其再次转包给他人所获得的收益当成了贿赂款,亦即将利沛钦等人的经营所得当成了贿赂款。对此,从法律关系的性质上说,利沛钦等人获得大岙村废品经营点的经营权后将其再次转包给他人所获得的收益,并非受贿罪中所指涉的贿赂或者索取他人财物,即使其再次转包违反相关规定或者存在瑕疵,应当通过《合同法》等民事法律进行调整和规范,而与刑法中的受贿罪相去甚远。如果以此作为认定被告人利沛钦等人共同受贿的犯罪事实,则势必会混淆罪与非罪的界限。

(二)蓝天公司转款 300 万元给世峰公司、利氏公司增加注册资金,是属于公司间的正常借贷还是利沛钦挪用公款?

根据《刑法》第 384 条第 1 款的规定,挪用公款罪是指国家工作人员利用职务上的便利,挪用公款归个人使用,进行非法活动的,或者挪用公款数额较大、进行营利活动的,或者挪用数额较大、超过 3 个月未还的行为。按照 2002 年 4 月 28 日全国人大常委会通过的《关于〈中华人民共和国刑法〉第三百八十四条第一款的解释》的规定,所谓挪用公款"归个人使用"是指:"(一)将公款供本人、亲友或者其他自然人使用的;(二)以个人名义将公款供其他单位使用的;(三)个人决定以单位名义将公款供其他单位使用,谋取个人利益的。"公诉机关指控被告人利沛钦利用职务上的便利,挪用公款进行营利活动,实际上也就是认定利沛钦个人决定以单位名义将蓝天公司公款供世峰公司和利氏公司使用。蓝天公司转款 300 万元给世峰公司和利氏公司以增加注册资金,属于公司间的正常借贷往来,而非利沛钦挪用公款,利沛钦的行为不构成挪用公款罪。

1. 蓝天公司转款 300 万元给世峰公司、利氏公司,完整履行了借贷的全部手续

从本案证据材料看,无论是蓝天公司转款 200 万元给世峰公司还是转款 100 万元给利氏公司以增加注册资本,世峰公司、利氏公司都给蓝天公司出具了收据等,蓝天公司也有相关的支出凭证,并有分管蓝天公司的被告人利沛钦的审批签字,应当说完整履行了公司之间正常的借贷手续,符合单位间合法借贷的特征。

2. 确有证据证明利沛钦曾要求世峰公司、利氏公司向蓝天公司支付利息

首先,从利沛钦的供述看,他多次提到"我当时叫李明旺和庚磊钦按照银行贷款利率收取利息,他们计算是 5 000 多元的利息,我曾吩咐利润权支付给蓝天公司,但利润权实际有没有支付我并不清楚";"借钱我都要求利润权支付利息"。

其次,从证人证言来看,证人利润权作证称:"当时听利沛钦讲,借款时曾给经贸办的人说好支付一些利息,具体多少利息,我就不知道。""2009 年 8 月 27 日,利沛钦打电话给我,问利氏公司借款有没有支付利

息给蓝天公司,我说没有,大概要5 000元利息,后我到银行转账1万元给蓝天公司。"上述利沛钦的供述与证人利润权的证言相互印证,表明利沛钦确实曾要求世峰公司、利氏公司相关经办人向蓝天公司支付利息。这一事实有力地说明利沛钦同意世峰公司、利氏公司向蓝天公司借款,主要是想通过公司间正常借贷并支付利息的方式获得蓝天公司资金的使用权,而非明知是公款而有意违反有关规定予以挪用,即并非是想非法取得蓝天公司资金的使用权。

3. 不能因为利沛钦是蓝天公司的主管领导,对蓝天公司的相关资金流转进行审批,就想当然地认为利沛钦是个人决定以单位名义将蓝天公司资金供其他单位使用

在本案中,蓝天公司是黄江镇经贸办下属公司,而利沛钦又以黄江镇镇党委委员职务分工主管经贸办,亦即利沛钦是蓝天公司的主管领导,对于蓝天公司的大额资金流转具有单独审批权。证人曾清林、温林就的证言也证实了这一点。笔者认为,利沛钦作为蓝天公司的主管镇领导,对蓝天公司给其他单位的大额贷款进行审批等,是其正常行使职权、履行其职责的表现,不能把办理了借贷审批手续的公司间合法借贷混同于挪用公款。也就是说,不能因为利沛钦是蓝天公司的主管领导,甚至积极促成蓝天公司贷款给世峰公司、利氏公司,并在相关资金流转收据上审批签字"同意暂借"等,就想当然地认为利沛钦是挪用公款进行营利活动,即认为利沛钦是个人决定以单位名义将蓝天公司资金供其他单位使用。否则,容易混淆罪与非罪的界限,会不适当地扩大刑罚的打击面。

(三) 上级官员给予下级官员财物,希望下级官员协助履行有关职责,是否构成行贿罪?

在本案中,利沛钦是黄江镇镇党委委员,张恩良是黄江镇经贸办副主任,利沛钦是张恩良的上级。公诉机关指控利沛钦行贿两万元给张恩良,以让张恩良协助他解决在承包大㘵村废品站时遇到的一些问题。利沛钦在法庭上也辩称:给钱张恩良,并不是行贿,只是"过年了给个红包仔","请经贸办的人吃个饭","经贸办副主任张恩良是我的下属,我怎么可能给他送钱,他送给我还差不多!"那么,上级官员给予下级官员财物,希望下级官员协助履行有关职责,到底是否构成行贿罪呢?笔者认为,判断的标准就在于上级官员给予下级官员财物的行为是否符合行贿罪的构成

要件。

根据《刑法》第 389 条第 1 款的规定,所谓行贿罪,是指为谋取不正当利益,给予国家工作人员财物的行为。本罪的主观方面是直接故意,即具有谋取不正当利益的目的。所谓不正当利益,既包括非法利益,也包括违背政策、规章、制度而得到的利益。行为人是否具有谋取不正当利益的目的,是区分本罪与非罪界限的重要标志。出于获取正当利益的目的,向国家工作人员给予财物的,不能构成本罪。具体到本案,虽然梁钦亮与利沛钦商量后有送给张恩良(黄江镇经贸办副主任)两万元的事实,但其主观上并不是为了谋取不正当利益,而是希望张恩良在废旧物资经营的日常管理工作中认真负起责任来,协助处理好大岽村废品经营站相关废品经营纠纷等。如张恩良在证言中提到"也有一些人违反镇政府的规定,越权在大岽村收取废品,也是由我协助处理的"。不难看出,这些所谓的"协助处理"等,本是作为主管废品经营的黄江镇经贸办副主任张恩良应当履行的工作职责,这种要求是正当合法的,根本谈不上是谋取不正当利益。这就好比行为人给警察送钱,希望在自己受到犯罪行为侵害时警察给予保护或者协助处理一样,行为人的这种要求根本算不上是谋取不正当利益,因为警察本具有保护公民人身权利的职责。同理,利沛钦等人承包大岽村的废品回收经营业务,希望黄江镇主管废品经营的经贸办副主任张恩良协助处理相关废品经营纠纷,在废旧物资经营的日常管理工作中认真负起责任来,也不能认为是为了谋取不正当利益。易言之,利沛钦主观上不具有谋取不正当利益的目的,不符合行贿罪主观方面的构成要件,其行为不构成行贿罪。

量刑情节如何限制受贿罪死刑的适用
——李培英贪污、受贿案

目　次

一、基本案情

二、诉讼经过

三、法理分析

（一）李培英近亲属已代为退缴全部受贿赃款，其犯罪情节不属于极其严重

（二）李培英归案后如实交代司法机关尚未掌握的主要受贿犯罪事实，并未当庭推翻供述，应当认定为自首

（三）李培英所涉受贿款虽然数额巨大，但并未给国家造成特别重大经济损失

（四）李培英认罪态度较好，有真诚的悔罪表现，其人身危险性不是极大

一、基本案情

2000年至2003年，李培英利用担任北京首都国际机场集团公司总裁（总经理）、北京首都国际机场股份有限公司董事长职务上的便利，借北京首都机场集团公司和北京首都国际机场股份有限公司委托中国民族国际信托投资公司和北京北广联经济开发有限公司理财之机，先后三次

私自转走理财款累计人民币8 250万元,并采取降低理财利率、固定收益、多列亏空等手段做平账处理,使该款项完全脱离北京首都机场集团公司和北京首都国际机场股份有限公司的控制,而由其个人使用或者实际控制。

李培英在担任北京首都国际机场副总经理,北京首都国际机场集团公司副总经理、总裁、总经理,北京首都国际机场股份有限公司董事长、北京首都机场建设投资有限公司董事长期间,于1995年1月至2003年11月间,利用职务上的便利,为他人谋取利益,索取、非法收受陈小平、麦炳辉、北京北广联经济开发有限公司等六人和单位财物共计折合人民币2 661.44万元。

二、诉讼过程

李培英涉嫌贪污、受贿犯罪一案,由山东省人民检察院于2008年1月30日立案侦查,2008年7月15日侦查终结。其间,经最高人民检察院批准,三次延长侦查羁押期限。2008年7月16日,山东省人民检察院依法告知了李培英有委托辩护人等诉讼权利。2008年8月15日,由最高人民检察院指定,山东省人民检察院将该案移送山东省济南市人民检察院审查起诉。济南市人民检察院受理后,分别于2008年9月15日、11月30日两次各延长办案期限半个月,并分别于2008年9月30日和12月15日两次退回侦查部门补充侦查,2008年12月22日,案件再次移送济南市人民检察院审查起诉。2008年12月24日,济南市人民检察院依法向济南市中级人民法院提起公诉。

2009年1月21日,济南市中级人民法院依法组成合议庭,公开审理了此案。2009年2月6日,山东省济南市中级人民法院一审判决李培英犯贪污罪,判处死刑,缓期两年执行,剥夺政治权利终身,没收个人全部财产;犯受贿罪,判处死刑,剥夺政治权利终身,没收个人全部财产;决定执行死刑,剥夺政治权利终身,没收个人全部财产;追缴在案的李培英犯罪所得人民币10 894.7万元中的8 250万元发还首都机场集团公司,余款2 644.7万元依法上缴国库。

2009年2月19日,李培英以量刑过重为由提出上诉。

2009年3月17日,山东省高级人民法院公开审理此案,山东省人民检察院派员出席二审法庭,发表了维持原判的检察意见。山东省高级人民法院审理本案期间,依法延长审理期限1个月。鉴于李培英二审期间提供了揭发多人犯罪的线索,2009年5月5日,山东省人民检察院建议山东省高级人民法院延期审理本案,并于同年2009年6月3日建议恢复审理。二审法庭审理认为,原审判决认定事实清楚,证据确实、充分,定罪准确,量刑适当,审判程序合法,关于李培英及其辩护人所提"李培英有自首、立功表现,且已退赔全部涉案赃款,认罪态度好,可从轻处罚"的上诉理由和辩护意见不能成立,李培英在二审期间揭发他人犯罪的线索,经查不能构成立功。2009年7月6日,山东省高级人民法院作出裁定:驳回上诉,维持原判,依法报请最高人民法院核准死刑。

2009年7月31日,最高人民法院裁定核准山东省高级人民法院维持第一审对李培英以贪污罪判处死刑,缓期两年执行,剥夺政治权利终身,没收个人全部财产;以受贿罪判处死刑,剥夺政治权利终身,没收个人全部财产,决定执行死刑,剥夺政治权利终身,没收个人全部财产的刑事裁定。

2009年8月7日,李培英被执行死刑。

三、法理研析

李培英是中国民航系统有史以来第一个被判处死刑的国有企业高层管理人员。李培英被判处死刑,一度在民航界引起轰动。在本案中,李培英所犯受贿罪行相当严重,但具有亲属代为退缴赃款、认罪态度好、未给国家造成特别重大经济损失等诸多量刑情节,而且李培英也曾为北京首都机场集团公司的发展作出过重大贡献。那么,根据李培英所犯受贿犯罪的事实、犯罪的性质、情节和对社会的危害程度,应否判处其死刑立即执行?也即量刑情节如何限制死刑的适用?这是本案控辩双方争论的焦点,也是值得深入研究的法理问题。

根据《刑法》第48条的规定,死刑只适用于罪行极其严重的犯罪分子。对于应当判处死刑的犯罪分子,如果不是必须立即执行的,可以判处死刑同时宣告缓期两年执行。所谓"罪行极其严重",是指犯罪的性质极其严重,犯罪的手段、犯罪后果等情节极其严重,被告人主观恶性极深,人身危险性极大。也就是说,犯罪分子所犯罪行对国家和人民的利益危害特别严重和情节特别恶劣。而哪些犯罪分子属于"不是必须立即执行"死刑的,《刑法》没有明确规定,但根据刑事审判经验和通行的刑法学理论,一般是指根据案件的具体情况和犯罪分子的悔罪表现,可以不立即执行死刑的,通常包括犯罪后自首、立功或者有其他法定从轻情节的;被害人具有明显过错的;基于被害人过错而激愤犯罪的;被告人有其他表明主观恶性或人身危险性不是特别严重的情节的;虽然罪行极其严重但具有其他应当留有余地情况的;等等。综观全案的案情,笔者认为,李培英所犯受贿罪行虽然相当严重,但具有诸多从宽处罚的情节,不应当判处其死刑立即执行。

(一)李培英的近亲属已代为退缴全部受贿赃款,其犯罪情节不属于极其严重

我国《刑法》第61条的规定:"对于犯罪分子决定刑罚的时候,应当根据犯罪的事实、犯罪的性质、情节和对于社会的危害程度,依照本法的有关规定判处。"按照刑法理论的通说,条文中的这个"情节"是指定罪情节以外的其他表明行为的社会危害性程度和行为人的人身危险性程度的主客观事实情况,既包括部分罪中情节,又包括罪前情节和罪后情节,它们统称为量刑情节,是人民法院在特定法定刑范围内据以从宽从严处罚的唯一根据。而积极退赃作为重要的罪后情节,不仅能够反映出被告人的悔罪态度,而且有利于弥补其犯罪行为给社会带来的危害和造成的经济损失,在相当意义上也表明了被告人的主观恶性程度和人身危险性大小。虽然积极退赃不是法定量刑情节,但却是重要的酌定从宽处罚情节。对行为的社会危害性和行为人的人身危险性的影响,与法定量刑情节相比,不仅不小于后者,在某些情况下(如在经济犯罪、贪污贿赂等犯罪中),甚至还要超过某些法定的量刑情节,法院在量刑时理当予以充分考虑。

结合本案的案情来看,李培英在归案后,不仅主动要求其近亲属代为退缴贪污受贿所得赃款,而且其近亲属事实上也代为退缴了全部赃款。这从本案的《刑事判决书》等相关法律文书中均可以得到明确印证。如《起诉意见书》(鲁检反贪移诉〔2008〕3号)在"四、需要说明的问题"中明确指出:"并积极退缴赃款。"《起诉书》(鲁济检刑诉〔2008〕149号)也指出:"案发后,已追缴赃款共计人民币1.08947亿元",而追缴的上述赃款中既包括公诉机关所指控李培英所涉的贪污款8 250万元,也包括其所涉的受贿款2 661.44万元。在《刑事判决书》[(2008)济刑二初字第49号]中更是有"追缴在案的被告人李培英犯罪所得人民币1.089 47亿元中的8 250万元发还首都机场集团公司,余款2 644.7万元依法上缴国库"的明确表述,其中的8 250万元是指李培英所涉的贪污款,而余款2 644.7万元则是指其所涉受贿款。也就是说,一审判决虽然在"判决理由"部分只是非常模糊地表述"虽有近亲属代为退缴受贿赃款的情节……",没有明确具体地指出退缴受贿赃款数额的多少,但实际上是承认李培英的近亲属代为退缴了全部受贿赃款。众所周知,在许多犯罪特别是经济犯罪、贪污贿赂等犯罪案件中,赃款是否退缴以及是部分退缴或还是全部退缴所反映出的行为的社会危害性程度和行为人的人身危险性程度是不同的,进而其对行为人量刑的影响程度也就应有着大小之别。而非常遗憾的是,一审判决对李培英受贿罪的量刑中未能体现出这一点。事实上,根据最高人民法院《关于被告人亲属主动为被告人退缴赃款应如何处理的批复》[法(研)复(1987)32号]等司法文件的有关规定,被告人亲属应被告人的请求,或者主动提出并征得被告人的同意,自愿代被告人退赔部分或者全部违法所得的,法院可考虑具体情况,收下其亲属自愿代被告人退赔的款项,并视为被告人主动退赔的款项。对于已作了退赔的,均可视为被告人退赃较好,可以酌情从宽处罚。笔者认为,李培英的近亲属代为退缴了全部受贿赃款的这一重要酌定从宽量刑情节,被一审判决有意无意地忽视了,未能体现出国家宽严相济的刑事政策的基本精神。根据我国《刑法》规定的死刑适用标准,要判处犯罪分子死刑立即执行,犯罪情节通常必须极其严重。而从本案有关案件材料来看,李培英的近亲属已代为退缴了全部受贿赃款,其犯罪情节并未达到极其严重的程度,不应当判处其死刑立即执行。

(二)李培英归案后如实交代司法机关尚未掌握的主要受贿犯罪事实,并未当庭推翻供述,应当认定为自首

我国《刑法》第67条第2款规定:"被采取强制措施的犯罪嫌疑人、被告人和正在服刑的罪犯,如实供述司法机关还未掌握的本人其他罪行的,以自首论。"此即刑法中规定的特别自首制度。对于自首的犯罪分子,可以从轻或减轻处罚。具体到本案:

1. 李培英被采取强制措施后主动供述之前,没有确切证据表明有关机关已掌握了李培英受贿的主要犯罪事实

根据中纪委第四纪检监察室出具的关于李培英案件有关情况的说明(参见一审判决)证明:2007年3月,国家审计署在工作中发现,时任首都机场集团公司董事长李培英涉嫌严重违纪违法;有关机关调查,掌握了李培英涉嫌贪污首都机场集团公司公款人民币7500万元,收受北广联公司信用卡、个人消费32万余元的事实和相关证据后,于2007年6月对李培英采取"两规"措施。也就是说,有关机关对李培英采取"两规"措施之前掌握的是李培英贪污的主要犯罪事实和极少一部分受贿犯罪事实(32万余元),而对绝大部分的受贿犯罪事实并不掌握。本案的辩护律师甚至介绍,有关机关在对李培英采取"两规"措施之前,对其受贿犯罪事实都不掌握。退一步讲,即使按照上述中纪委第四纪检监察室出具的关于李培英案件有关情况的说明,有关机关至多只是掌握李培英受贿犯罪事实中非常少的一部分(即32万余元),相比于一审公诉机关所指控李培英涉案的2661.44万元受贿款而言,可以说是微不足道的。即使有关机关掌握了李培英涉案的32万余元受贿款的事实,在李培英被有关机关采取强制措施后,如实向有关机关或司法机关交代其主要受贿犯罪事实,其仍完全符合1998年4月17日最高人民法院《关于处理自首和立功具体应用法律若干问题的解释》第4条的规定,即"被采取强制措施的犯罪嫌疑人、被告人和已宣判的罪犯,如实供述司法机关尚未掌握的罪行,与司法机关掌握的或者判决确定的罪行属同种罪行的,可以酌情从轻处罚;如实供述的同种罪行较重的,一般应当从轻处罚"。申言之,按照上述司法解释的规定和精神,李培英归案后如实供述有关机关尚未掌握的其同种较重受贿罪行的,一般是应当从轻处罚的。至于一审判决在确认本案综合证据部分指出:"'两规'期间,李培英其他贪污、受贿犯罪事实系有关机关经继续调查并掌握一定证据线索后交代,不是主动交代。"笔者认为,根据在案的证据材料,一审判决的上述认定并没有确切的事实依据,不符合案件的实际情况。什么是继续调查并掌握一定证据线索?掌握的一定证据线索是什么?这些表述概括抽象,具体指涉内容也并不清楚。如果是根据李培英被"双规"后的供述继续调查并掌握一定证据线索,进而查获其主要受贿犯罪事实,这难道不是主动交代吗?可见,有关机关掌握了李培英受贿的主要犯罪事实并没有确实的证据支撑佐证,也是难以成

立的。

2. 李培英归案后如实供述有关机关尚未掌握的受贿犯罪事实,在案件查处过程中曾被有关纪检司法机关认可

李培英被采取强制措施后,对于李培英主动如实供述自己的犯罪事实,在案件查处过程中也曾被有关纪检司法机关认可。李培英在法庭所作的最后陈述中也提到,"组织上当时肯定我态度比较好,说要给我政策,法内开恩,这都是我听组织话的结果,是认真听组织上要我走这一条路的结果"(参见《李培英法庭最后陈述记录》)。事实上,李培英如实主动交代有关机关尚未掌握的主要受贿犯罪事实,一方面是由于自身的悔罪使然,另一方面则是出于对组织和相关纪检司法机关的信任,出于对有悔罪、自首等情节从而期待能从宽处罚的内心确信。如果在相关纪检司法机关对李培英有自首等情节实际上予以认可的情形下,而审判机关在作出判决时断然予以否认,这不仅不利于感召、激励和促使犯罪分子悔罪自新,减少国家对刑事侦查、审判等人力、物力的投入,而且也与刑法中自首制度设置的初衷相悖逆,难以体现出宽严相济刑事政策的基本精神。

3. 有案件材料和证据表明李培英并未当庭翻供

一审法院否定被告人李培英有自首情节的主要依据之一是"在本案审理过程中,李培英推翻供述"(参见一审判决)。然而,根据在案的证据材料所能证明的事实,却无法得出李培英当庭翻供的结论:一则李培英是否当庭翻供完全可以通过查阅庭审笔录以及庭审录音录像进行确定,而一审判决在"判决理由"部分仅一句"在本案审理过程中,李培英推翻供述"的概括性表述,没有有力的证据材料支持和任何解释,即认定李培英当庭翻供,这显然缺乏说服力,难免有主观武断之嫌。二则从李培英所作的法庭最后陈述来看,完全没有推翻供述的迹象,相反他言辞恳切、认罪态度非常好。李培英在法庭最后陈述中多次指出,"我不想为我的犯罪开脱任何罪责,我认罪服法,我心甘情愿地接受法律的制裁";"所以我不愿意在法庭上对我自己开脱任何的罪责";"组织上对我采取措施以后,我把这些年来的所有的问题如实地向组织上进行了交代";"我不愿意对我的罪去找这样那样的理由,我唯一的就是认罪,向法庭表这个态";"我永远不会逃脱我的罪责,永远为我自己犯的罪承担责任,接受法律对我的裁判"(参见《李培英法庭最后陈述记录》)。李培英在法庭所作的上述最后陈述,与其在案件侦查过程中如实供述自己犯罪事实的态度以及辩护律

师所反映的李培英在法庭上的供述情况相互印证,足以说明李培英没有当庭翻供。一审判决关于被告人李培英在案件审理过程中推翻供述的认定存在明显的缺陷。此外,还应当注意的是,即使李培英在案件审理过程中对其自身所涉贪污受贿行为的性质进行辩解,亦不影响其自首情节的成立。根据2004年3月26日最高人民法院《关于被告人对行为性质的辩解是否影响自首成立问题的批复》,被告人对行为性质的辩解不影响自首的成立,当无疑义。故而一审法院亦不应因李培英在案件审理过程中对其行为性质的辩解而否定对其自首情节的认定。

4. 不能把律师发表的罪轻或者减轻被告人刑事责任的辩护意见当成李培英推翻供述

一审判决认定李培英在案件审理过程中当庭翻供,可能是因为辩护律师在法庭上为维护李培英合法权益所作的否定部分受贿犯罪事实指控的辩护使然。对此,根据《刑事诉讼法》的有关规定,在刑事诉讼中辩护人具有独立的诉讼参与人身份,依自己的意志依法进行辩护活动,独立于犯罪嫌疑人、被告人的意志之外,不受犯罪嫌疑人、被告人的意志左右,独立履行职务。辩护律师根据事实与法律,提出证明犯罪嫌疑人、被告人无罪、罪轻或者减轻、免除其刑事责任的材料与意见,维护犯罪嫌疑人、被告人的合法权益,本就是其职责所在。易言之,一则辩护律师参与刑事诉讼本身具有相对的独立性,是以自己的意志依法进行辩护活动,而与案件犯罪嫌疑人、被告人的意志也可能存在不一致的地方;二则辩护律师为维护犯罪嫌疑人、被告人合法权益所作的无罪、罪轻或者减轻、免除其刑事责任的辩护,是其正常履行刑事辩护职责的表现。具体到本案,法院不能因为辩护律师就李培英所涉受贿的犯罪事实所作的罪轻或者减轻其刑事责任的辩护而当成是李培英认罪态度不好,当庭推翻供述。否则,不仅难以维护李培英的正当合法权利,切实做到打击犯罪与保障人权的统一,而且也不利于刑事辩护工作的正常开展。

(三)李培英所涉受贿款虽然数额巨大,但并未给国家造成特别重大经济损失

一审判决就李培英所犯受贿罪而判处其死刑立即执行的重要依据之一在于:李培英受贿数额特别巨大,给国家造成了特别重大的经济损失。笔者认为,李培英所涉受贿款虽然数额巨大,但受贿数额多少与是否给国家造成特别重大经济损失没有必然的联系和因果关系。诚然,受贿数额是认定受贿罪情节是否特别严重的一个因素,但却不是唯一的因素,不能唯数额论。法院在裁量刑罚时,还应当结合案件的其他具体情况,如是否有自首、立功、坦白、悔罪、积极退赃等法定或酌定量刑情节,从而确定受贿罪的情节是否特别严重、是否适用死刑及是否必须立即执行。而就本案而言,公诉机关并没有确实、充分的证据证明其给国家造成了特别重大的经济损失。所谓特别重大的经济损失,按照刑法理论的通说,一般都与一定的财产灭失和财物损毁相关联,其造成的损失是物质性的、可以具体测量的有形的损害结果。本案中,根据有关证据材料显示,李培英因涉受贿而为有关单位提供的资金拆借、银行贷款担保等方面的利益,并没有让首都机场遭受特别重大的经济损失,相反事后上述涉案的公司大都连本带息归还了首都机场相应的拆借资金或者被有关机关追回。首先,虽然有证据材料表明,在 2002 年 6 月 27 日至 2003 年 9 月 3 日李培英先后 4 次为卓京公司从机场建投公司拆借资金 6.3 亿元,卓京公司已归还 4.24 亿元,尚欠人民币 2.06 亿元。但上述欠款在李培英案发后已被有关机关追回。其次,即使是香港繁荣集团董事长蔡汉德所在公司所欠首都机场集团公司人民币 1 亿余元的债务,李培英亦曾让其近亲属代为偿还。从李培英的弟媳赵改平的证言及相关书证,也清楚地表明李培英的近亲属确实代蔡汉德向首都机场集团公司归还了欠款人民币 1 亿余元。可见,这也没有给首都机场集团公司造成经济损失,更何谈造成特别重大的经济损失。此外,关于李培英利用受贿赃款在境外赌博的问题,也没有给国家造成特别重大的经济损失。综观全案案情,有证据材料表明,李培英利用部分贿赂款偿还境外赌债的情况,确实存在一定的特殊性,其参与赌博及归还赌债的资金,均是来自私款,没有一笔是直接挪用首都机场的公款进行赌博的。相比于挪用公款赌博而言,其社会危害性要小得多。与此同时,值得指出的是,李培英用巨款在境外赌博的行为也不符合刑法中赌博罪的犯罪构成要件从而不构成赌博罪,从法律性质上说,其只是一种严重的违纪违法行为。综上,应当认为,一审判决认定李培英给国家造成了特别重大的经济损失是缺乏事实依据的。

（四）李培英认罪态度较好，有真诚的悔罪表现，其人身危险性不是极大

被告人认罪态度的好坏以及有无悔罪表现对于判断其人身危险性的大小有重要的参考意义。一般而言，被告人在犯罪以后若能够真诚悔过、坦白交代、积极退赃、主动赔偿损失、积极采取措施消除和减轻危害后果，表明其悔过之情和赎罪之意，其人身危险性通常较小，在客观认定其行为社会危害性的基础上，量刑时也应当适当从宽；反之，如果被告人归案后负隅顽抗、拒不认罪、推诿抵赖、避重就轻甚至毁灭罪证等，则表明其人身危险性较大，量刑时也应当在法律限度内适当从重。具体到本案，李培英被有关机关采取"两规"措施后，不仅没有负隅顽抗、竭力为自己开脱罪责，而且还坦白认罪，如实供述了相关纪检司法机关尚未掌握的贪污犯罪事实和主要受贿犯罪事实，主动配合有关机关对案件的查处。可见，李培英的认罪态度是比较好的，有相当的悔罪表现。这一事实在《起诉意见书》（鲁检反贪移诉〔2008〕3号）中也得到了明确认可。该《起诉意见书》在"四、需要说明的问题"部分即明确指出："犯罪嫌疑人李培英在侦查期间，能够如实供认犯罪事实，认罪态度较好，并积极退缴赃款"。此外，从李培英在庭审中的表现以及所作的法庭最后陈述来看，也不难发现其认罪态度较好，并且有真诚的悔罪表现，对自身腐化堕落的原因进行了深刻剖析。在整个案件的查处和审理过程中，李培英不仅表现出悔改的决心和信念，而且也有悔罪的实际行动，积极退缴赃款，如实供述罪行，主动配合组织和司法机关对案件的查处等。此外，从其他影响被告人人身危险性大小的因素来看，被告人的履历，包括被告人的生活环境、犯罪记录以及一贯表现等，这些因素相结合，也可以在一定程度上反映出被告人的人格，进而对被告人人身危险性大小的判断有一定的参考意义。就本案而言，公诉机关指控的李培英所涉受贿犯罪事实的最晚时间点是在2003年年底，自此之后直至案发的这几年时间里，李培英没有再实施贪污受贿犯罪行为，并且李培英也未再去境外赌博。这样的事实，在一定意义上说明李培英在悔改了，其再犯可能性也相应降低。可见，从这个方面来看，李培英的人身危险性程度也不属于极其恶劣的情形。

综上分析和论述，不难得出，李培英案发前以及归案后的种种表现和行动，均有力地表明和佐证了李培英的犯罪情节并不属于极其严重，其主观恶性和人身危险性也未达到非杀不可的极其恶劣的程度，不判处其死

刑立即执行,同样能够实现刑罚预防犯罪的目的,而且也符合宽严相济的基本刑事政策。最高人民检察院《关于在检察工作中贯彻宽严相济刑事司法政策的若干意见》中明确指出:"对严重犯罪中的从宽情节和轻微犯罪中的从严情节也要依法分别予以宽严体现,对犯罪的实体处理和适用诉讼程序都要体现宽严相济的精神。"上述意见虽然是针对在检察工作中贯彻实施宽严相济的刑事政策所提出的要求,但对于刑事审判环节贯彻实施宽严相济刑事政策,对于法院正确、妥当量刑,同样具有重要的指导意义和示范性。故而人民法院在评价被告人李培英的刑事责任时,应当充分考虑上述诸多从宽处罚的情节。其实,最高人民法院在《关于为构建社会主义和谐社会提供司法保障的若干意见》(法发〔2007〕2号)中也明确提到,要严格执行"保留死刑、严格控制死刑"的政策,对于具有法定从轻、减轻情节的,依法从轻或者减轻处罚,一般不判处死刑立即执行。最高人民法院在 2007 年 9 月 13 日下发的《关于进一步加强刑事审判工作的决定》中也强调,要贯彻执行"保留死刑,严格控制死刑"的刑事政策,必须严格执行法律,准确惩治犯罪,慎重适用死刑,统一死刑适用标准,确保死刑案件审判质量,维护社会稳定,促进社会和谐。坚持死刑只适用于罪行极其严重的犯罪分子。注重发挥死缓制度既能够依法严惩犯罪又能够有效减少死刑执行的作用,凡是判处死刑可不立即执行的,一律判处死刑缓期两年执行。由上可见,最高司法机关的相关司法文件都重申和强调了要注重贯彻宽严相济的基本刑事政策和严格执行"保留死刑、严格控制死刑"的死刑政策。

  对于像本案这样社会影响广泛且被告人有着诸多从宽处罚情节的案件,法院在裁量刑罚特别是在决定是否适用死刑(包括死刑立即执行)时务必慎之又慎,理当秉持打击犯罪与保障人权相统一的理念,践行刑事法治的精神,切实贯彻宽严相济的基本刑事政策和"保留死刑、严格控制死刑"的死刑政策,把此案办成真正经得起历史检验的"铁案"。事实上,李培英所犯受贿罪行虽然相当严重,但他具有诸多从宽处罚的情节,不判处其死刑立即执行,不仅符合宽严相济的基本刑事政策,而且也体现了国家严格控制和慎重适用死刑的精神。

挪用公款与行使承包经营权的界限以及"归个人使用"的认定

——冯振华挪用公款案

目　次

一、基本案情

二、诉讼经过

三、法理研析

　（一）冯振华在承包经营生升公司期间向超越公司转款 376 万元的行为如何定性,是挪用公款还是行使承包经营管理权?

　（二）如何理解挪用公款罪中的"归个人使用"?

一、基本案情

河南省新郑市人民检察院新郑检刑诉〔2008〕90 号《起诉书》认定:2001 年 10 月 31 日,冯振华利用担任河南生升工贸有限公司(以下简称生升公司)经理的职务便利,擅自将该公司的公款 376 万元挪给自己创立的河南超越贸易有限公司(以下简称超越公司)用于营利活动,超越公司用于购货、支付关税及代理费用合计 1 064 279.89 元。超越公司于 2000 年 11 月 3 日至 2000 年 11 月 24 日分别以银行转账的形式分 6 笔款项共计3 659 667.52元归还生升公司。冯振华身为国有公司工作人员,利用职务便利,挪用公款376万元归个人使用进行营利活动,数额巨大,其行为已触犯《刑法》第384条第1款之规定,犯罪事实清楚,证据确实充分,应当以挪用公款罪追究其刑事责任。

二、诉讼经过

2008年6月18日,河南省新郑市人民检察院以新郑检刑诉〔2008〕90号《起诉书》指控冯振华犯挪用公款罪,依法向新郑市人民法院提起公诉。同年新郑市人民法院以冯振华犯挪用公款罪,判处其有期徒刑6年。一审判决后,冯振华不服,提起上诉。郑州市中级人民法院审理后,以原审判决认定冯振华犯挪用公款罪事实不清,裁定撤销原判,发回重审。在新郑市人民法院重新审判该案期间,新郑市人民检察院撤回起诉。

三、法理研析

河南省新郑市人民检察院新郑检刑诉〔2008〕90号《起诉书》指控冯振华身为国有公司工作人员,利用职务便利,挪用公款376万元归个人使用进行营利活动,数额巨大,其行为构成挪用公款罪。实即认定冯振华对于转款376万元的行为属于挪用公款。笔者认为,本案中公诉机关的上述指控不能成立,对于冯振华在承包经营生升公司期间向超越公司转款376万元的行为不应定性为挪用公款,在郑州市中级人民法院发回重审后,新郑市人民检察院主动撤回起诉是正确的。本案争议的焦点在于:冯振华在承包经营生升公司期间向超越公司转款376万元的行为如何定性,这主要涉及以下两个法理问题:一是冯振华在承包经营生升公司期间向超越公司转款376万元的行为,属于挪用公款行为还是行使承包经营管理权的体现?二是如何认定挪用公款罪构成要件中的"归个人使用"?下面结合本案逐一研析。

(一)冯振华在承包经营生升公司期间向超越公司转款376万元的行为如何定性,是挪用公款还是行使承包经营管理权?

笔者认为,冯振华在承包经营生升公司期间向超越公司转款376万元的行为不应定性为挪用公款。具体分析如下：

1. 生升公司属于法定代表人冯振华承包经营，而不是法人自身承包经营

对于冯振华转款 376 万元的行为应否定性为挪用公款，与生升公司是否由法定代表人冯振华承包经营有着重要的关系。对此，2000 年 2 月 18 日河南亚神实业集团公司修改后重新下发的豫亚神字〔2000〕第 009 号文件《河南亚神实业集团公司关于经济指标的承包管理办法》就"承包人基本条件"的有关问题作了明确规定："各单位的法定代表人为承包人。"而冯振华作为生升公司的经理和法定代表人，乃是生升公司的承包人，当无疑义。在这里特别应当指出的是，河南亚神实业集团公司在修改并重新下发豫亚神字〔2000〕第 009 号文件之前，该文件最初的版本相关条款规定的内容是"各单位的法人为承包人"，与修改后重新下发的该文件关于"承包人基本条件"的内容存在差异（其他内容相同）。而冯振华挪用公款案卷宗中的豫亚神字〔2000〕第 009 号文件则是修改后重新下发之前的最初版本，这可能在相当程度上影响了一审公诉机关对生升公司承包主体的准确认定。事实上，从该文件规定的其他关联内容"对年终完不成上缴利润的承包人，就地免职"等来分析，也不难得出生升公司的承包人应是法定代表人冯振华，而不是法人自身。否则，若把法人自身当做承包人，就于理不合，在逻辑上也难以自圆其说。此外，原河南亚神实业集团公司副总经理王兰皋在新郑市人民检察院对其所作的《询问笔录》（2007 年 12 月 27 日）中也明确指出："当时集团公司准备下发该文件时（指修改后重新下发前的第 009 号文件），在集团公司的经理办公会上，大家对该文件规定法人为承包人有异议，认为应改为法定代表人为承包人。形成一致意见后，就将该文件收回，重新将文件改为法定代表人承包后，下发执行。"原河南亚神实业集团公司副总经理武建功在郑州市人民检察院对其所作的《询问笔录》（2007 年 5 月 8 日）中也提到："另外按照以前亚神集团的惯例，文件中规定的承包都是个人承包，不存在以什么公司名义承包的。"上述《询问笔录》中王兰皋和武建功提到的情况进一步佐证和说明了生升公司属于法定代表人冯振华承包经营，而不是法人自身承包经营。

2. 冯振华在承包经营生升公司期间向超越公司转款 376 万元的行为属行使承包经营权的范畴,而非挪用公款

所谓承包经营,是指在坚持生产资料所有制不变的基础上,按照所有权和经营权分离的原则,承包方通过签订合同,明确责、权、利关系,为发包方完成一定生产任务或上交一定收益等而进行自主经营的一种企业经营模式。其核心是所有权与经营权的分离。公司承包经营的核心法律特征有三:一是承包人对公司承包期间发生的全部债务承担清偿责任;二是承包人能否取得承包收益取决于承包人的经营绩效与市场风险等不特定因素;三是发包公司事先概括授予承包人在承包期间享受为开展承包经营所必需的广泛经营管理权限。倘若承包人每实施一项法律行为都要事先获得发包方的单独授权,则有可能严重压抑交易效率,妨碍商事流转。承包人在承包期间享有广泛的经营管理权限,不仅具有正当性和合法性,而且也是承包经营这一企业经营模式的题中应有之义。

在本案中,如前所述,法定代表人冯振华系生升公司的承包人。按照发包方河南亚神实业集团公司豫亚神字〔2000〕第 009 号文件关于"降低基数、层层承包、保证基数、超收分成"的承包管理办法(原河南亚神实业集团公司副总经理武建功在郑州市人民检察院对其所作的《询问笔录》中也提到,这个文件内容概括起来有四句话,这四句话为"保死基数,保证上交,不足自补,超收归己"),生升公司应保证向亚神实业集团公司上缴年利润基数 15 万元。该第 009 号文件同时还规定"对年终完不成上缴利润的承包人,就地免职;造成亏损者自补。承包人任职期间产生的法律纠纷由该承包人承担并负责处理"。亦即冯振华对生升公司的承包是一种自负盈亏的风险承包,而作为发包方的亚神集团对生升公司的经营风险则不承担责任。按照《全民所有制工业企业承包经营责任制暂行条例》的有关规定以及企业承包经营中责、权、利相统一的原则,冯振华自应享有生升公司广泛的经营管理权。而作为承包人经营管理权限的重要组成部分,冯振华在承包期间拥有对转款的生升公司的 376 万元资金的调配权,应属不言自明之理。如果作为承包人的冯振华对其承包的生升公司的资金都无基本的经营管理支配权,那不仅有违承包经营责任制度的初衷,与责、权、利相统一的原则相悖逆,难以体现出公正、平等的要求,而且势必会影响到企业的正常经营,不利于搞活企业和保护承包经营者的合法权益。因此,只要承包人冯振华按亚神集团豫亚神字〔2000〕第 009

号文件的规定上缴了年利润基数15万元,其对生升公司经营管理的资金具体如何支配,则属于他的承包经营权限范围。退一步讲,即使承包人冯振华支配生升公司经营管理的资金用于超范围的经营活动,因而未能履行相应的承包经营义务,其行为也只具有民事违法性,应当由民事、经济法律规范进行调整,而不能诉诸刑法,以挪用公款罪论处。而且挪用公款之所以在一定条件下构成犯罪,是因为行为人对公款的占有、使用、收益并不具备法律规定的相对应的债的权利义务关系,其犯罪的本质属性乃是侵犯了刑法所保护的对公款的占有权、使用权和收益权。如果对公款的使用是建立在与之相对应的债的权利义务之上,则不具有挪用公款的本质属性。冯振华在承包经营生升公司期间向超越公司转款的376万元中,大部分是其本人自担风险责任的银行贷款(转款的376万元中有冯振华个人承包所得126万元、向朋友借款的50万元以及自担风险的银行贷款200万元),并且其贷款是以履行必要的义务为前提和基础的,其行为显然不具有挪用公款的性质。如果以挪用公款罪追究冯振华的刑事责任,势必会混淆罪与非罪的界限。

(二)如何理解挪用公款罪中的"归个人使用"?

所谓挪用公款罪,是指国家工作人员利用职务上的便利,挪用公款归个人使用,进行非法活动,或者挪用公款数额较大进行营利活动,或者挪用公款数额较大,超过3个月未还的行为。而"挪用公款归个人使用"不仅是挪用公款罪的基本特征,也是其犯罪构成客观方面的重要构成要件。根据2002年4月28日全国人大常委会通过的《关于〈中华人民共和国刑法〉第三百八十四条第一款的解释》规定:"有下列情形之一的,属于挪用公款'归个人使用':(一)将公款供本人、亲友或者其他自然人使用的;(二)以个人名义将公款供其他单位使用的;(三)个人决定以单位名义将公款供其他单位使用,谋取个人利益的。"综观本案的案情来看,河南省新郑市人民检察院新郑检刑诉〔2008〕90号《起诉书》指控冯振华利用职务便利,挪用公款归个人使用进行营利活动,数额巨大,构成挪用公款罪,其所认定的"挪用公款归个人使用"显然是指"个人决定以单位名义将公款供其他单位使用,谋取个人利益的"情形。笔者认为,冯振华的行为并不符合立法解释关于挪用公款"归个人使用"的规定,不属于挪用公款归个人使用。理由如下:

1. 转款 376 万元给超越公司并非由冯振华个人决定,而是生升公司单位整体意志的体现

仔细分析本案的案情,不难得出,作为生升公司法定代表人的冯振华在承包经营该公司期间,向超越越公司转款 376 万元是在召集生升公司全体员工(共 9 人)商议并一致同意的基础上决定的。并且在酝酿向超越公司转款时,冯振华不仅询问了时任生升公司主管会计的王凤云转款是否可行,在得到王凤云的肯定答复后,其又向发包方的河南亚神实业集团公司总经理王佩明作了汇报,王佩明亦表示同意。上述事实可通过下述《询问笔录》和证人证言予以充分佐证。原生升公司业务员徐杰在郑州市人民检察院对其所作的《询问笔录》(2007 年 8 月 2 日)中明确提到,对转款的情况有印象,"当时在我们大办公室里,冯总说为了保证贷款的安全,要把钱转走,当时我们公司九个人都在场";同时徐杰在其出具的情况《证明》(2008 年 7 月 6 日)中也说:"……冯总召集全体员工开会讨论怎么办,由王凤云提议把生升公司账上的钱转到河南超越贸易有限公司,当时冯总还问王凤云是否违法,王凤云说这是企业之间的正常借贷,由她起草生升公司与超越公司的借贷协议附到账上,大家都同意,同时冯总又给王佩明打电话请示,王佩明要求冯总把生升公司应交的各项费用及承包金由河南超越公司保证上交就行。然后公司决定把河南生升工贸有限公司账上的钱转到河南超越贸易有限公司。"另外,原生升公司员工苏娅在其出具的情况《证明》(2008 年 7 月 11 日)中也明确指出:"冯总开会征求大家意见,提出将生升账面的资金以借款名义转入超越,大家均表示同意。转款前,冯总咨询当时生升的会计王凤云,问这样做是否可行,王凤云说,这属于企业间正常的借贷,附个协议就可以了,随后冯总电话请示亚神集团总经理王佩明,王总也表示同意。"原生升公司员工李艳在其出具的情况《证明》(2008 年 7 月 13 日)中亦指出:"当时,冯总召集大家一块商议此事(指转款给超越公司),大家都一致同意。冯总还问会计王凤云这种转款是否可行,王说这是正常的企业之间的借贷,到时账上走'其他应收款'及'其他应付款'的科目即可,后面再附个借款协议。后来冯总打电话给亚神总经理王佩明汇报此事,听冯总说他表示同意。冯总才安排我办理转款。"原生升公司员工王长喜在情况《证明》(2008 年 7 月 8 日)中也表示:"我们怕被他们知道生升是亚神的子公司所以才和大家商定的办法,并且冯总也向集团领导做了请示,王总同意后才由生升公司的账户转出。"综上,应当认为,转款376万元给超越公司是在法定代表人冯振华召集公司员工开会商讨研究并征得大家一致同意的基础上决定的,反映和体现的是生升公司单位的整体意志,而不属于"个人决定以单位名义将公款供其他单位使用"的情形。至于王凤云在郑州市人民检察院对其所作的《询问笔录》(2007年3月26日)中提到"把生升公司的贷款打到超越公司用,是冯振华个人决定的",并不见得符合实际情况。一则在本案中王凤云是冯振华涉嫌贪污、挪用公款案的举报人(参见郑州市人民检察院对王凤云的上述《询问笔录》),与冯振华存在直接的利害关系,其证据的可采性与证明力值得质疑;二则在当时亚神实业集团公司陷入经营困境、账户随时可能被冻结而会累及子公司生升公司的情境下,为商讨应对之策,作为生升公司承包人及法定代表人的冯振华,召集员工开会集体商讨而转款至其他单位账户,也是合乎常理的。况且有关《询问笔录》和原生升公司上述员工的证人证言亦足以证明转款376万元给超越公司是生升公司单位整体意志体现的事实。此外,尚需指出的是,不能因为经单位成员集体商讨决定转款376万元给超越公司后,冯振华行使作为承包人和法定代表人经营管理职权,交由"李艳具体经办,办好以后,手续交给我(即王凤云)做账"(参见郑州市人民检察院对王凤云的上述《询问笔录》第3页),当做"个人决定"。否则,就混淆了公司承包经营期间经营管理决策的"单位决定"与"个人决定"的界限了。是否"单位决定",关键要看其行为的实质,应结合本案的案情与实际情况,综合分析,按照主客观相统一的原则进行认定。

2. 转款376万元给超越公司主要是为规避经营风险,冯振华并非出于谋取个人私利的目的

从生升公司转款时所处的经营环境来看,的确存在转款376万元给超越公司的目的是为规避经营风险的客观基础。生升公司向超越公司转款时,时值发包方亚神实业集团公司陷入经营不善的困境,不能偿还多家银行的贷款致使多起诉讼缠身,很多进出口公司也积压未核销单据,多家银行和厂家来亚神实业集团公司要求清偿,导致亚神实业集团公司有随时可能被吊销进出口资格的危险。原生升公司员工李艳在其出具的情况《证明》(2008年7月13日)中明确指出:"生升工贸的资金转入河南超越贸易,也是由于亚神的官司。时刻都有可能冻结账户,为了规避风险,保证我公司的资金安全,公司能正常地运营,才将资金转移到超越公司。"李

艳上述证言证明的这一情况同样也被原生升公司员工苏娅、徐杰和王长喜等出具的情况《证明》[见苏娅出具的情况《证明》(2008年7月11日);徐杰出具的情况《证明》(2008年7月6日);王长喜出具的情况《证明》(2008年7月8日)]所证实,足以认定。而生升公司作为冯振华承包经营的亚神实业集团公司的子公司,基于母子公司在股份与债权债务等方面存在的特殊联系,亚神实业集团公司在经营上的上述风险的确在客观上会危及子公司生升工司资金的安全。加之当时亚神实业集团公司下属的一个分公司搞传销,许多下线损失严重,不少参与传销的人员长期在亚神实业集团公司所在地闹事以及抢东西等,致使集团公司的经营工作无法正常开展(上述原生升公司员工苏娅、徐杰、李艳和王长喜等各自出具的情况《证明》也均可证明上述情况的存在),而这无疑在无形中进一步加剧了在冯振华承包期间作为子公司的生升公司的经营风险。特别是冯振华对生升公司的承包是一种"死包"(即包死基数,保证上交,亏损自补,超收归己),其承包的生升公司在当时所面临的经营风险是可想而知的。故而转款376万元给超越公司,实质上乃是出于为单位谋利,是从单位经营安全的长远利益来考虑的,以减少和降低生升公司承包经营期间的不确定性,规避不必要的经营风险,而非冯振华出于谋取个人私利的目的。此外,从豫郑检司会鉴字〔2007〕2号《司法会计检验报告》(2007年10月23日)鉴定的相关内容来看,"根据生升公司的其他应收款账户和超越公司的银行账记录及相关的原始凭证,生升公司于2000年10月31日将376万元资金以转账支票的形式转给超越公司,超越公司寄入银行账,同时记入其他应付款";"超越公司于2000年11月3日至2000年11月24日分别以银行转账的形式还给生升公司6笔款项,还款合计3 659 667.52元……实际是为了生升公司进口购货付汇的需要"。也就是说,生升公司转出和超越公司转入的376万元的资金均是通过单位账户的形式正常转账的,而且也保证了生升公司对该笔款的正常使用,这就进一步说明了钱款的性质乃属于单位所有和单位所用,并非冯振华为谋取个人私利而转款的。

事出有因是否影响挪用公款行为性质认定
——杜玮挪用公款案

目　次

一、基本案情
二、诉讼经过
三、法理研析
　　（一）相关法院认定杜玮行为构成挪用公款罪的事实是否清楚，证据是否确实、充分？
　　（二）事出有因是否影响挪用公款行为性质的认定？

一、基本案情

河南省新乡市中级人民法院（2010）新刑一终字第35号刑事裁定认定：杜玮任辉县市电业局工会主席期间，于2006年12月18日安排工会会计程娜将工会公款20万元转到张致玲提供的银行卡上，归张致玲个人使用。2008年4月，张致玲将该款归还。法院认为，杜玮身为辉县市电业局工会主席，利用其职务便利，擅自挪用公款20万元给他人使用，超过3个月未归还，情节严重，其行为已构成挪用公款罪。

二、诉讼经过

2009年10月24日,河南省辉县市人民检察院以辉检刑诉〔2009〕346号《起诉书》指控被告人杜玮犯挪用公款罪,依法向辉县市人民法院提起公诉。2009年12月7日,辉县市人民法院作出(2010)辉刑初字第15号刑事判决,判决被告人杜玮犯挪用公款罪,判处有期徒刑5年。一审判决后,杜玮提出上诉。2010年1月13日,河南省新乡市中级人民法院作出(2010)新刑一终字第35号刑事裁定,裁定驳回上诉,维持原判。二审裁定生效后,杜玮不服,认为原审裁判认定事实错误,先后向河南省新乡市中级人民法院、河南省高级人民法院提出申诉。2011年11月14日,河南省高级人民法院作出(2011)豫法刑申字第139号再审决定,指令新乡市中级人民法院另行组成合议庭对案件进行再审。2012年6月21日,河南省新乡市中级人民法院作出(2012)新中刑再字第4号刑事裁定,裁定维持该院(2010)新刑一终字第35号刑事裁定和辉县市人民法院(2010)辉刑初字第15号刑事判决。

三、法理研析

在本案中,杜玮的行为是否构成挪用公款罪,即其是否具有挪用公款的犯罪故意,其行为是否属于挪用公款"归个人使用",主要涉及证据的认定和证明问题。一是法院认定杜玮行为构成挪用公款罪的证据是否确实、充分?二是挪用公款系事出有因是否影响行为的定性?

(一)相关法院认定杜玮行为构成挪用公款罪的事实是否清楚,证据是否确实、充分?

在本案中,一、二审法院均认定"杜玮任辉县市电业局工会主席期间,于2006年12月18日安排工会会计程娜将工会公款20万元转到张致玲提供的银行卡上,归张致玲个人使用"。根据《刑事诉讼法》第53条的规定:"对一切案件的判处都要重证据,重调查研究,不轻信口供。只有被告人供述,没有其他证据的,不能认定被告人有罪和处以刑罚;没有被告人供述,证据确实、充分的,可以认定被告人有罪和处以刑罚。证据确实、充分,应当符合以下条件:(一)定罪量刑的事实都有证据证明;(二)据以定案的证据均经法定程序查证属实;(三)综合全案证据,对所认定事实已排除合理怀疑。"因此,要认定杜玮挪用涉案的20万元公款成立,必须确保案件事实清楚,证据确实、充分。即不仅杜玮挪用公款归个人使用的事实有证据证明,而且综合全案证据,对这一事实的认定必须已排除合理怀疑。具体到本案,笔者认为,相关法院对杜玮犯挪用公款罪事实的认定明显没有达到确实、充分的证明标准,证据之间互相矛盾,无法形成完整的证据链条,根据证据认定的案件事实也根本不足以排除合理怀疑。

1. 杜玮在供述中明确否认其挪用公款归个人使用

杜玮在供述中一直辩称其令辉县电业局工会会计将涉案款项给付张致玲,是执行辉县电业局局长付永来的指示、代电业局履行代偿电厂债务的行为。如杜玮在2012年4月20日的《庭审笔录》中就提到"2006年年底、2007年年初的一天,张致玲给我打电话,让我去付办公室,张致玲给我说急需用钱,张给付局长商量好了,先从工会转款20万。付局长说让我去办理,然后,我让财务人员来我办公室,办理了,给了一张卡号"。尽管杜玮的多次供述在关于听取付永来指示的时间上存在出入,但其供述的其他核心内容基本一致,且之后杜玮又对先前有关重要时间节点上的供述出入作了合理解释。

2. 关键证人张致玲、杜清国的证言与杜玮否认挪用涉案20万元公款归个人使用的供述能相互印证

如张致玲(涉案款项使用人)在2009年3月17日的《询问笔录》中说到:"我知道辉县市电业局工会财务上应该有补充养老金的款,就向付永来提出让电业局工会财务的钱给我支付电厂欠我母亲的运煤款。付永来局长同意后,我随后给工会主席杜玮打电话让他到付永来局长的办公室。杜玮来了以后,我先把我刚才给付永来局长说的情况给杜玮介绍了一下。我对杜玮说工会先把这笔钱支付给我,等随后让电业局财务把这笔钱再转给你。付永来就对杜玮说你去给她办理吧,杜玮说:中。"又如杜清国(辉县市电业局工会办公室主任)在2009年7月28日的自书证言中说:"经我回忆,时间上有出入。张致玲第一次来电业局要钱,是在2006年年底前后的一天,记不清当时杜玮叫我,还是程娜,还是两个人一起到他办公室,说,张致玲来找付永来局长要电厂欠她的40多万元钱,付永来局长同意让从工会账上转给张致玲,等回来局里再把这40多万元转给工

会就行了。随后安排通知会计程娜或直接安排程娜分两笔转给了张致玲,第一笔20万元整,第二笔20多万元,有整有零。"上述张致玲、杜清国的证言均有力佐证了杜玮的供述,即:电厂欠张致玲母亲的运煤款,电业局有代偿电厂债务的先行做法,张致玲为帮其母亲要账而找电业局局长付永来,并建议先从电业局工会的款中给付电厂欠张致玲母亲的债务,付永来表示同意,并安排杜玮从工会的款项中转款给张致玲。

3. 在案的会计凭证等客观证据也表明电业局尚欠电业局工会代其履行代偿电厂的债务20万元

在本案中,电业局财务2007年7月26日编号为140-2/2的记账凭证证明,在电业局的财务上有应付给电业局工会的20万元应付款。从本案案情和证据材料看,至2007年7月26日,电业局代电厂偿还张致玲母亲的煤款是50万元,电厂会计孙平给电业局出具的《收款凭证》上也是载明"交款单位:辉县市电业局,摘要:电费(代支白荔枝煤款)金额伍拾万元500 000元"。但电业局记账凭证上显示电业局财务实际上只支付了30万元,而另外的20万元则是挂账在电业局财务应付局工会应付款20万元。事实上,该款就是电业局工会于2006年12月18日垫付的20万元的回填款。这样,电业局财务上有挂账应付给电业局工会的20万元,也就符合逻辑和顺理成章了。周卫芳(辉县市电业局财务部主任)在2009年7月6日的自书证言中也提到"原来辉县市电业局应付原辉县市电厂的上网电费已于2007年11月底全部结清"。而只有包括电业局工会垫付的涉案款项20万元在内,电业局与电厂才有可能形成结清电费的事实。实际上,周卫芳的证言也从侧面说明了其是知道电业局工会代电业局履行了代偿张致玲母亲的20万元煤款,冲抵了电业局应付电厂的电费。这与在案的记账凭证等客观书证所能证实的事实一致。

4. 付永来的有关证言不仅前后不一致,而且与杜玮的供述以及张致玲、杜清国的证言和在案会计凭证相矛盾,证据之间的矛盾无法排除

在本案中,付永来所作的有关其没有安排杜玮从工会财务给付张致玲涉案的款项20万元的证言,是一、二审法院认定杜玮挪用公款归个人使用的重要证据。但综观付永来所作的全部证言,在诸多关键情节和问题上存在较大出入,前后不一致,甚至还有自相矛盾的地方。如付永来在2009年4月14日的《询问笔录》中说:"电业局和电厂没有任何关系。"但其在2009年3月11日的《询问笔录》中又说:"因为我们电业局和辉县市

火电厂属于购电和销电关系,我们电业局有火电厂的电费款,张致玲找我是让将该给电厂的电费款给她,顶电厂欠她的款。""2008年十来月份她(即张致玲)找过我,我当时和她说绝对不会黄她的,因为国家补偿电厂还没有到位。"由上可见,在电业局与电厂的关系以及电业局是否代偿电厂欠张致玲(即其母亲白荔枝)的债务问题上,付永来前后证言迥异、自相矛盾。又如,付永来在2009年4月14日的《询问笔录》中提到:"2007年找过我两三次,每次张致玲来找我要电厂欠其母亲的运煤款,我都安排局财务通过代支的形式给张致玲解决一部分,经我回忆,2007年上半年,在局财务通过代支给过张致玲一次10万元,一次20万元,具体先给的10万元还是先给的20万元,我现在记不得了。"但其在2009年3月11日的《询问笔录》中又表示:"我印象中是在2007年她给我提过想让用局财务上的钱帮她解决电厂欠她的款,我没同意,她又说让用工会的钱解决电厂欠她的款,但是我没同意。"可见,付永来在2009年4月14日的证言中承认2007年安排电业局财务以代支的形式支付给张致玲相关款项,而在2009年3月11日的证言中又是明确否认的,可以说前后两次证言出入很大、相互抵触的地方甚多。此外,付永来关于其没有安排杜玮从工会财务给付张致玲涉案的款项20万元的证言,不仅也与前述杜玮的供述以及张致玲、杜清国等证人的证言矛盾,而且也与在案的会计凭证等客观证据证明的事实不符,证据之间的矛盾无法合理排除。笔者认为,证人证言只是法定证据的一种,但不是定罪的充分证据或者必要证据,更不是唯一证据;更何况付永来的有关证言与同样是关键证人的张致玲、杜清国等证人的证言不一致。相反,杜玮的供述,张致玲、杜清国等证人的证言与会计凭证等客观证据所证明的事实基本能够吻合,且能相互印证。在付永来前后证言存在不一致,且与其他证据存在重大矛盾情况下,仅凭其中不利于被告人的证言认定被告人有罪,显然没有达到排除合理怀疑的程度。

(二)事出有因是否影响挪用公款行为性质的认定?

本案中作为辉县市电业局工会主席的杜玮安排工会会计程娜将工会公款20万元转到张致玲提供的银行卡上,确有事出有因的一面,这主要体现在两个方面:一是电厂欠张致玲母亲的运煤款,电业局有代偿电厂债务的先行做法;二是张致玲将涉案的款项20万元打回,并非杜玮借给其使用后索要该款,而是要求其理顺相关财务支出手续。

笔者认为,国家工作人员利用职务上的便利,将公款转给个人使用,一般情况下,即使系事出有因,也不影响挪用公款行为性质的认定。但是如果事出之因影响行为人主观方面犯罪故意构成的,则会对挪用公款行为性质的认定产生直接影响。本案正属于这种情形,即无法从根本上排除杜玮安排电业局工会会计将涉案款项20万元转给张致玲,是执行电业局局长付永来的指示,且该款项是电业局代偿电厂债务的可能。加之本案审理法院认定杜玮犯挪用公款罪的事实不清、证据不足,尚没有确实、充分的证据证明杜玮实施了挪用公款的行为,因而不足以认定杜玮的行为构成挪用公款罪。

1. 有扎实的证据证明辉县市电厂确欠张致玲母亲75万余元的债务,且辉县市电业局代偿辉县市电厂债务存在先例

关于电厂欠张致玲母亲75万余元的运煤款,在案的电厂与张致玲母亲(白荔枝)的结算协议,以及电业局财务部主任周卫芳、电厂会计孙平、电业局局长付永来的证言均足以证实。如张致玲在《询问笔录》中多次提到因电厂欠其母亲白荔枝的运煤款,她多次找付永来要求电业局代支。付永来的证言对此也予以了印证。另外,关于电业局代偿电厂债务存在先例,杜清国、付永来、张致玲、周卫芳、孙平等人的证言以及相应的会计凭证也足以证实。如周卫芳出具的《证明》《证明材料》中提到:"2009年4月28日,经我局付永来局长同意,将财务账上应付白荔枝运煤款贰拾万元正支付给白荔枝,并经白荔枝同意于当日以转账形式将该款转入局工会财务账上,附转账手续复印件叁张。""原辉县市电厂从辉县市电业局代支电费,主要是原辉县市电厂给辉县市电业局上网电量,辉县市电业局支付辉县市电厂电费,辉县市电业局财务根据原辉县市电厂的电费结算手续,经辉县市电业局领导同意后给以代支,直接在应付辉县市电厂电费中予以扣除。""原来辉县市电业局应付原辉县市电厂的上网电费已于2007年11月底全部结清。"付永来在2009年4月14日的证言中也表示:"2007年找过我两三次,每次张致玲来找我要电厂欠其母亲的运煤款,我都安排局财务通过代支的形式给张致玲解决一部分。"付永来的这一证言与周卫芳的证明和相关记账凭证能相互印证,充分表明电业局曾有多次代偿电厂债务的行为和先例。

2. 张致玲将涉案的款项 20 万元打回,并非杜玮借给张致玲个人使用后索要该款

有证据表明,在电业局工会将涉案的 20 万元给付张致玲后,张致玲没有给电业局工会办理手续,电业局也没有及时将款项转过来,而只是在电业局财务上挂账了应付局工会的 20 万元应付款。杜玮多次给张致玲打电话是要求其理顺相关财务支出手续,而非要求张致玲归还借款。张致玲在证言中就明确地说:"过了 2008 年春节,杜玮又给我打电话催我这笔款手续的事,我对杜玮说,付永来局长都同意了,你怕啥怕,你要真不放心,我先把我的钱给你押到工会那。杜玮说那行呀。我印象中好像是杜清国或程娜给我打电话提供了工会的账户,我就让崔莹琪按照指定的账户将 20 万元又打到了辉县市电业局工会。"杜玮在供述笔录中也多次提到:"一是给张致玲转款我不知道她做啥用;二是转给张致玲是因为张致玲和电业局存在有债权债务关系……""2009 年春节前,我们局的党委书记王迎福与我和张致玲在一起的时候曾说过,他知道辉县市电厂欠张致玲运煤款,以及付永来局长准备理顺局财务与张致玲个人债务和工会财务三者之间的关系。""正因为在付永来局长办公室说的情况中,有一个'将来理顺手续'的说辞,我才没有坚持让张致玲打手续。""张致玲和电厂有债权债务关系,电厂和电业局存在经济往来,这三者债权债务关系不闭合,张致玲这些借款都是应急用的,又都经付永来局长同意,就等同于将来在理顺电业局和电厂财务往来关系的同时,也把电厂欠张致玲运煤款与张致玲拆借电业局工会资金通过电业局财务给以理顺。"由上可见,杜玮的上述供述与张致玲的相关证言基本上能够相互印证,表明杜玮要求张致玲尽快理顺相关财务支出手续,而在张致玲未能及时理顺财务手续的情况下,为使杜玮不担心,张致玲便将 20 万元款项打回了电业局工会账户。换言之,张致玲将 20 万元款项打回电业局工会是事出有因,是杜玮催促张致玲,要求张致玲协调电业局财务理顺代支款(电业局工会代电业局履行代偿电厂债务后,因未能及时办妥和理顺相关代支的财务手续时,杜玮要求张致玲采取)的补救措施,与杜玮挪用公款归张致玲个人使用要求其归还(超过 3 个月才予以归还)不是一回事。

综上所述,刑事审判工作坚持的是证据裁判原则,即法院对于被告人是否有罪的认定必须基于证据证明的事实。就本案来说,综合全案证据分析和判断,应当说没有能够证明款项使用人张致玲与杜玮存在"挪用合意"的主观故意证据,现有证据都是围绕讨要运煤款、代支运煤款、理顺电业局财务与工会款项关系,相关法院对杜玮挪用公款归个人使用以及主观上具有挪用公款犯罪故意的证明尚未达到确实、充分的证明程度,不能排除合理怀疑。

国企存款到银行收取"高息"的行为是否构成单位受贿罪

——蓝天公司涉嫌单位受贿案

> **目　次**
>
> 一、基本案情
> 二、背景情况
> 三、法理研析
> 　（一）蓝天公司收取"高息"的行为，是否构成单位受贿罪？
> 　（二）公安机关在办理贷款诈骗犯罪案件中，插手企业与银行的存款民事纠纷是否合法？

一、基本案情

蓝天公司（国有独资企业）自2009年年底开始以本公司或者其下属公司名义，分别在齐鲁银行、华夏银行存入款项1.1亿元、2亿元。为能揽到该存款，中间揽储人刘济源（已因涉嫌伪造金融票证、贷款诈骗等犯罪被刑事拘留）等人利用各种社会关系给蓝天公司打招呼，并以银行名义对部分存款支付除正常利息外的"高息"或"补偿金"为条件，说服蓝天公司将存款长期存在上述两家银行内。

2010年12月中旬,蓝天公司发现该公司在齐鲁银行、华夏银行的3.1亿元存款不能正常提取,且银行工作人员告知蓝天公司的存单已为"第三人担保贷款而被质押",遂感到事态的严重性,于2010年12月17日向济南市公安局报案。随后,济南市公安局立案调查,并告知蓝天公司:因该公司存款涉及"齐鲁银行1206刘济源伪造金融票证案",故所涉3.1亿元存款暂时冻结不能提取,并将对所涉及的所有存单进行扣押、辨别真伪,调查蓝天公司工作人员是否有参与造假等情况。经该局调查核实,蓝天公司工作人员没有参与存单造假或虚假质押活动,蓝天公司相关存单系真实有效,银行所出示的"质押担保"等证明文件均系刘济源等人勾结银行内部工作人员所为,刘济源等人遂被刑事拘留。随后,蓝天公司按照上级党委政府和公安机关的要求,将刘济源等人揽储时支付的"高息"如数返还给银行。

二、背景情况

"齐鲁银行1206刘济源伪造金融票证案"系当地重大复杂案件,涉及企业和银行众多。中间揽储人刘济源等人通过与银行内部工作人员勾结,伪造金融票证,办理虚假质押担保等手续,从银行骗出贷款。蓝天公司的3.1亿元存款只属其涉案的一小部分。

因银行损失严重,为保证涉案银行正常经营,维护金融秩序和社会稳定,地方党委政府介入相关协调、维稳和补救工作,成立了以公安机关为主体的"1206专案组",对刘济源等人与银行工作人员勾结造假骗贷案件进行调查,同时追缴贷出的资金,以减少银行损失。鉴于该案影响较大,专案组后以维护社会稳定为由,明确要求蓝天公司:不得向法院诉讼;采取商务合作的方式使涉案银行得到相关利益、减少银行损失;或直接与涉案银行签署《协议书》,参照其他四家省属国企比例放弃存款的35%给银行,弥补银行损失;鉴于本案的特殊性,上述工作必须在党的十八大之前完成。同时提出:蓝天公司若不按上述要求执行,将采取相应措施,包括以"1206专案组"名义强制传唤企业负责人;查封和冻结企业经营账户;强制调取企业账簿、会计资料,进行审计和审查是否有其他问题;以单位受贿罪追究存款企业刑事法律责任等。

知悉专案组的要求后,蓝天公司及时向其所属的烟台市政府作了汇报,该市政府分管领导带国资、公安等部门领导专门赴案发地济南,与济南市政府领导、"1206专案组"领导等进行了沟通。在了解到该案的过程和背景后,同意响应上级党委政府关于对该案的处理方案和意见,协调蓝天公司通过各种方式或帮助涉案银行渡过难关,维护金融秩序的稳定。

2012年9月,在专案组的直接主导和压力下,蓝天公司与齐鲁银行、华夏银行分别签订了《协议书》,参照省属四家国企的承担比例,答应放弃公司存款的35%给齐鲁银行、华夏银行,剩余65%存款如数取回。专案组明确告知蓝天公司:对剩余35%的款项不得再向银行提出任何要求。蓝天公司与齐鲁银行、华夏银行的存款纠纷解决就此告一段落。

三、法理研析

蓝天公司与齐鲁银行、华夏银行存款纠纷一案虽然未进入诉讼程序,但从刑事法治的视角以观,本案有以下两个法理问题值得研究:一是蓝天公司将款项存入银行后,除正常利息外,收取的部分"高息"是否有法律依据,是否涉嫌单位受贿罪?二是公安机关在办理贷款诈骗犯罪案件中,插手企业与银行的存款民事纠纷是否合法?

(一)蓝天公司收取"高息"的行为,是否构成单位受贿罪?

所谓单位受贿罪,根据《刑法》第387条的规定,是指国家机关、国有公司、企业、事业单位、人民团体,索取、非法收受他人财物,为他人谋取利益,情节严重的行为。构成该罪,要求行为人主观上具有故意,客观方面表现为索取、非法收受他人财物,为他人谋取利益的行为。具体到本案,蓝天公司收取"高息"的行为,不符合单位受贿罪的犯罪构成要件,不构成单位受贿罪。

1. 蓝天公司主观方面不具有单位受贿的犯罪故意

在本案中,刘济源等人与银行内部工作人员勾结实施骗贷犯罪行为,蓝天公司是完全不知情的;发生骗贷这样的案件,完全是出乎蓝天公司意料之外的。不难想象,没有任何一家企业在意识到或发现刘济源等人通过伪造金融票证、勾结银行工作人员实施骗贷犯罪的情况下,还会到其指定的银行(即齐鲁银行、华夏银行)去存款。本案中蓝天公司更是如此,不存在明知或者意识到刘济源等人实施骗贷犯罪行为,而非法收受他人财物(高息),缺乏犯罪故意所必需的认识因素,当然在意志因素上蓝天公司也不存在希望或者放任的心理态度。

2. 蓝天公司客观上没有"为他人谋取利益"

蓝天公司与涉案银行之间成立存储合同法律关系,蓝天公司将自己的款项存入涉案银行,目的是想实现国有资产的保值和增值,并没有为给付其"高息"的揽储人刘济源等人谋取利益。至于刘济源等人勾结银行内部工作人员实施骗贷犯罪行为,从银行骗贷出巨额款项,蓝天公司既不知情,更未参与,也是蓝天公司无法预料和所能控制的,并非蓝天公司通过到涉案银行存款"为他人谋取利益",不能混淆两者的性质,将两者混为一谈。此外,就蓝天公司在齐鲁银行存储的两亿元而言,该笔存款发生在2009年12月份,半年期存款结束后,"蓝天公司"不仅从齐鲁银行转回了本金,而且还收取了"补偿金"1000万元,没有给蓝天公司造成任何损失,谈不上是"情节严重",亦不符合单位受贿罪的客观方面构成要件。

3. 司法机关办案要努力实现法律效果和社会效果的统一

坚持法律效果和社会效果的统一是中国特色社会主义司法制度本质属性的必然要求。司法机关在坚持依法办案的同时,必须综合考虑各种社会因素,妥善解决矛盾纠纷,努力实现法律效果和社会效果的统一。从法律效果和社会效果相统一的角度看,若司法机关仅凭蓝天公司收取"高息"或者"补偿金"的表象,而不分析案件的实质和来龙去脉,不严格遵守罪刑法定原则,不仅会导致冤假错案的发生,而且也会对当地的经济秩序和社会稳定造成巨大冲击。毕竟,"齐鲁银行1206刘济源伪造金融票证案"涉及的存款企业多达一百多家,这些企业与蓝天公司存款的性质和方式等基本一致,若全都扣上单位受贿的帽子,不仅于法理不通,而且也难以取得良好的社会效果。

(二)公安机关在办理贷款诈骗犯罪案件中,插手企业与银行的存款民事纠纷是否合法?

公安部《关于公安机关不得非法越权干预经济纠纷案件处理的通知》[(89)公治字30号]第2条强调:"严禁非法干预经济纠纷问题的处理。对经济纠纷问题,应由有关企事业及其行政主管部门、仲裁机关和人民法院依法处理,公安机关不要去干预。更不允许以查处诈骗等经济犯罪为名,以收审、扣押人质等非法手段去插手经济纠纷问题。否则,造成严重后果的,要依法追究有关当事人和主管负责人的法律责任。""工作中,要注意划清经济犯罪和经济纠纷的界限,决不能把经济纠纷当作诈骗等经济犯罪来处理。"笔者认为,本案事实清楚,蓝天公司与齐鲁银行、华夏银行存款纠纷一案在法律性质上属于民事纠纷,与单位受贿罪等没有关系。公安机关应当遵守法治原则,不要非法越权干预经济纠纷案件的处理。在办理贷款诈骗犯罪案件中,公安机关插手企业与银行的存款民事纠纷显然是非法的。

在本案中,济南市公安局以刘济源涉嫌"伪造金融票证罪"立案后,及时进行了侦查,并依职权追缴回部分贷款,其工作无疑值得肯定。但是,在地方党委政府面对急剧增大的金融风险以及由此可能产生的社会稳定问题时,首先采取的是力保银行经营稳定。而弥补银行损失的方法,竟是责令由蓝天公司等存款企业替涉案银行分担损失,具体由济南市公安局专案组去协调相关存款企业与银行,这种协调方案又完全是事先定调的,即按照银行的损失额度,确定由案发时在银行有存款的国有企业一律按照存款额度的30%～40%分担银行的贷款损失。蓝天公司由于认为不应对银行损失承担责任,因此前期坚决不同意该协调方案,但地方党委政府责令专案组、国资委等部门强力介入,甚至采取查封账户、传唤企业负责人和威胁以单位受贿罪进行追究等措施,强迫蓝天公司同意"放弃存款35%"的银行损失承担方案。事实上,从案发的2010年12月直至2012年9月蓝天公司与涉案银行签署《协议书》的近两年时间内,蓝天公司的存款账户一直被公安机关冻结,按照专案组的要求签订《协议书》后,相关存款账户才予以解冻。应当说,作为存款人的蓝天公司非犯罪嫌疑人,而且存款手续合法,公安机关长时间冻结公司账户是没有法律依据的,超越了其职权,是非法干预和直接插手经济纠纷的处理,侵犯了存款公司的合法权益,应当坚决加以禁止。

单位行贿和被勒索行贿的认定
——王浩生行贿案

目　次

一、基本案情
二、诉讼经过
三、法理研析
　（一）涉案的第一起行贿行为，王浩生有无行贿的犯罪故意？
　（二）涉案的第二起、第三起行贿行为，是构成单位行贿罪还是行贿罪？
　（三）涉案的第四起行贿行为，王浩生的行为是否属于《刑法》第389条第3款规定的情形？

一、基本案情

黑龙江省齐齐哈尔市梅里斯达斡尔族区人民法院（2013）梅刑初字第1号刑事判决认定：被告人王浩生为承揽铁路工程，于2008年8月至2010年6月期间，向时任乌鲁木齐铁路局局长罗金保行贿人民币1 500万元和一辆宝马X6型车（价值人民币1 138 243.48元）。另外，2010年10月至2010年7月期间，中铁七局为在沪昆铁路、兰新铁路红柳河至烟墩段、黄陵至侯马段铁路、哈密南环线、集装箱中心站等铁路工程上中标或分包工程，预付给王浩生运作工程费用共计人民币2 400万元。案发后侦查机关扣押王浩生人民币 14 947 749.99 元,查封房产 3 处价值 1 246 469 元、扣押车辆 3 辆价值 1 572 770 元。

被告人王浩生在没有铁路工程施工资质的情况下,为取得分包部分工程和好处费,接受中铁隧道集团有限公司、中铁七局集团有限公司、中铁一局集团有限公司的请托,给予时任乌鲁木齐铁路局局长罗金保以现金和财物为三公司承揽铁路工程,从而为自己谋取不正当利益,数额巨大,情节特别严重,其行为已构成行贿罪,应予惩处。公诉机关的指控事实清楚,证据确实充分,罪名成立。

二、诉讼经过

2012 年 12 月 15 日,齐齐哈尔市梅里斯达斡尔族区人民检察院以齐梅检刑诉〔2012〕92 号《起诉书》指控被告人王浩生犯行贿罪,依法向齐齐哈尔市梅里斯达斡尔族区人民法院提起公诉。2014 年 8 月 22 日,齐齐哈尔市梅里斯达斡尔族区人民法院作出(2013)梅刑初字第 1 号刑事判决,判决被告人王浩生犯受贿罪,判处有期徒刑 13 年,并处没收个人财产人民币 200 万元。

三、法理研析

在本案中,一审判决认定王浩生行贿时任乌鲁木齐铁路局局长罗金保的犯罪事实,主要涉及四起,分别为行贿 100 万元、行贿一辆宝马 X6 型车(价值人民币 1 138 243.48 元)、行贿 900 万元和行贿 500 万元。关于这四起涉嫌行贿犯罪的事实,值得探讨的法理问题是:第一起行贿行为,王浩生是否有行贿的犯罪故意?第二起和第三起行贿行为到底是构成单位行贿罪还是个人行贿罪?第四起行贿行为是否符合《刑法》第 389 条第 3 款规定的情形,不构成行贿罪?

(一)涉案的第一起行贿行为,王浩生有无行贿的犯罪故意?

一审判决认定:"同年 10 月,中铁隧道局中标库俄工程 SK 标段。中标后,中铁隧道局经与王浩生协商,在王浩生未进行任何施工的情况下,中铁隧道局给付王浩生'补偿款'664 万元,王浩生便不再分包工程。

2009年年初,为感谢罗金保,王浩生在乌鲁木齐市罗金保宿舍送给罗金保人民币100万元。"对此,笔者认为,一审判决的上述认定不能成立。根据《刑法》第389条的规定,行贿罪是指为谋取不正当利益,给予国家工作人员财物的行为。构成行贿罪,行为人的主观方面必须是故意,并且具有谋取不正当利益的目的。具体到本案,王浩生因与罗金保熟悉,请求其在乌鲁木齐铁路工程上"介绍点活干",罗金保表示即将招标的库车西——俄霍布拉克有个隧道工程,但谎称有领导已答应将该涉案工程承包给他人,王浩生可以支付"转让费"让他人退出;王浩生同意,并将150万元"转让费"给付了罗金保指派的原临汾铁路局同事贾洪平(冒充"承包工程的贾总")。2008年10月,中铁隧道局中标涉案铁路工程后,王浩生便与中铁隧道局董事长郭大焕联系工程分包事宜,但后来因中铁隧道局不想让王浩生分包部分工程,故与王浩生协商给付其"补偿款"664万元(王浩生不再分包部分工程)。也就是说,王浩生给付"贾总"150万元"转让款",本意是要分包涉案铁路工程的部分工程,因为其支付了相应的对价,只是后来王浩生因故未能分包到涉案铁路工程的部分工程,却意外获得了600多万元的"补偿款",其主观上并非是想要谋取不正当利益。可以说,自始至终,王浩生一直"认为贾总和隧道局是一家的,是他们中的隧道标"。王浩生2011年6月27日的供述也明确称:"我的想法就是把这150万交给贾总的。"至于罗金保如何违规操作让中铁隧道局中标、隧道局又如何顾及罗金保的面子给予王浩生"补偿款"664万元等,王浩生并不知情。在支付150万元"转让款"给"贾总"后,王浩生从中铁隧道局获得的"补偿款"664万元,也不是向罗金保行贿得来的,而是作为不再分包涉案铁路工程的补偿。王浩生获得这664万元之后,于2009年年初在乌鲁木齐市罗金宝宿舍送给罗金保人民币100万元,主观上只是想向罗金保表示感谢的意思(也符合人之常情),并非想通过行贿罗金保以谋取不正当利益,其与行贿罪构成要件中"为谋取不正当利益,给予国家工作人员财物"不是一回事。总之,对于此起涉案的贿赂款100万元,王浩生因缺乏行贿的犯罪故意,不符合行贿罪主观方面的构成要件,不应以行贿罪论处。

（二）涉案的第二起、第三起行贿行为，是构成单位行贿罪还是行贿罪？

关于涉案的第二起行贿行为王浩生向罗金保行贿一辆宝马X6型车，以及涉案的第三起行贿行为王浩生向罗金保行贿900万元，笔者认为，都应认定为单位行贿罪，而非行贿罪。

1. 关于涉案的第二起行贿行为

一审判决认定王浩生请托罗金保帮助中铁七局中标新疆乌准铁路五彩湾——将军庙铁路工程，送给罗金保一台奔驰越野车后换成一台宝马越野车（宝马X6型车），罗金保授意吴建让中铁七局中标。对此，笔者认为，王浩生涉案的此起行贿应认定为单位行贿罪而不是行贿罪。主要理由是：

首先，此起行贿是中铁七局为谋取不正当利益而行贿，王浩生是中铁七局单位行贿的帮助犯。一审判决也明确指出"2008年年末，王浩生与中铁七局副总经理刘林山商定，王浩生通过罗金保帮助中铁七局承揽五彩湾——将军庙铁路工程，中铁七局按工程造价的1.9%给王浩生好处费。之后，王浩生请托罗金保帮助中铁七局承揽该工程，罗金保谎称需要通过'北京王总'运作此事"。这表明中铁七局为承揽五彩湾——将军庙铁路工程，由代表中铁七局的直接负责的主管人员刘林山与王浩生直接商定（共谋），通过王浩生的关系请托罗金保帮助中铁七局承揽该工程，目的是让中铁七局中标该工程（谋取不正当利益）。王浩生的行为完全符合单位行贿罪的构成要件，既有为单位（中铁七局）谋取不正当利益（承揽铁路工程）的主观故意，王浩生与代表中铁七局的刘林山之间也有意思联络、沟通，都认识到自己是与对方互相配合共同实施犯罪，而且也实施了向罗金保行贿的行为（送涉案宝马越野车给罗金保），形成了一个统一的单位行贿犯罪活动整体，王浩生、刘林山等人在单位行贿共同犯罪中只是分工、作用不同。如刘林山2010年10月25日的证言证实："因为我们想中标，要通过王浩生找罗金保帮忙。""我回郑州后，给刘永红汇报了跟王浩生谈的情况，刘永红提出想拜访一下罗金保。我就让王浩生找罗金保约了见面的时间。等刘永红到乌鲁木齐后，他和我一起去罗金保办公室见的罗金保。刘永红和我向罗金保介绍了我们中铁七局的优势，提出想为乌鲁木齐铁路局的工程做点贡献。罗金保说了些寒暄的话，然后，我们就离开了。""2008年我们中标乌准铁路后，时间不长，我自己去王府井的一个工业品店,花了2万2千多块人民币买了个骨雕,来到罗金保的办公室,送给罗金保了。我跟罗金保说,我们这次中标了,很感谢罗局长,我们一定好好干,罗金保也没说什么,我就走了。"中铁七局总经理刘永红2010年11月11日的证言证实:"我也没见过这台宝马车,不过王浩生说过是送给罗金保的,我想应该是给罗金保了。"由上可见,在新疆乌准铁路五彩湾——将军庙铁路工程承揽、中标前后,中铁七局负责人员刘林山、刘永红等不仅通过王浩生介绍、帮助直接与受贿人罗金保见了面提出了请托的想法,而且还直接给罗金保行贿(2万多元的骨雕)。

其次,涉案的宝马越野车也是由中铁七局出资购买。这一事实一审判决也是认可的,其明确指出"中铁七局于2010年出资人民币1 138 243.48元购买一辆宝马X6型车,王浩生按罗金保的要求将该车交给罗金保的同乡尹美林"。这些都有力地佐证此起行贿乃是中铁七局单位行贿,王浩生只是单位行贿的共犯,应当以单位行贿罪而不是行贿罪追究其刑事责任。

2. 关于涉案的第三起行贿行为

一审判决认定:"2009年8月,王浩生与中铁七局总经理刘永红商定,由王浩生通过罗金保帮助中铁七局承揽铁路工程,中铁七局给付王浩生好处费。王浩生请托罗金保帮助中铁七局承揽轮台——库车等四段增建第二线三电工程LSAD标段,罗金保谎称需要通过'北京王总'运作此事……中铁七局中标后,按约定给付王浩生好处费1 000万元。"中铁七局中标前后,王浩生分三次共送给罗金保人民币900万元。其实,王浩生涉案的此起行贿900万元,与涉案的第二起行贿一辆宝马越野车在性质上相同,也应认定为单位行贿罪而不是行贿罪。换言之,王浩生是中铁七局单位行贿的帮助犯。如罗金保2011年5月26日的证言证明:"大约是在2009年9—10月份,王浩生到我在乌鲁木齐铁路局军代处2单元501室的宿舍,求我帮助中铁七局中标南疆铁路轮库线三电工程……两天后,刘永红和七局的几个人到我在乌铁局的办公室找我,刘永红跟我提出七局想承揽轮库线的三电工程,求我给予支持,他还说可以分包给王浩生一些工程干……这之后都是王浩生出面为七局承揽轮库三电工程的事来找我。"刘永红2011年11月11日的证言证实:"2009年那年底到2010年年初的时候……我还想再通过王浩生找罗金保要点工程,这样,就打电话联系了王浩生,王浩生说,你应该去见见罗金保,拜访一下比较好。""王浩生说这1 000万元大多要给罗金保,因为工程是罗金保给的。"王浩生2011年11月10日的供述也表明:"七局中标乌准铁路工程后不久,刘永红给我打电话,说想通过我再找找罗金保要点工程给七局干。我跟他说,你怎么也得来拜访一下罗金保啊,我来给你引荐,于是刘永红就来到了乌鲁木齐,住在瑞豪酒店。我和刘永红见面后……第二天,刘永红就去拜访了罗金保。"由上可见,王浩生的供述与罗金保、刘永红的证言能够相互印证,一致表明中铁七局总经理刘永红与王浩生商定通过罗金保为中铁七局承揽涉案铁路工程,并且刘永红通过王浩生的引荐和介绍也与罗金保见了面,还当面向罗金保提出了请托事项、与罗金保就中铁七局中标的条件等事宜进行了协商。之后,王浩生又多次出面为中铁七局承揽涉案铁路工程的事去找罗金保。通过王浩生、刘永红等的运作,中铁七局后来也如愿承揽了涉案的铁路工程,获得了不正当利益。送给罗金保的这900万元贿赂款,其实质来源也是中铁七局出的。可以说,中铁七局与王浩生具有单位行贿的共同犯罪故意,双方的行为指向同一犯罪,互相联系,互相配合,形成了一个统一的犯罪活动整体,应当以单位行贿罪论处。

(三)涉案的第四起行贿行为,王浩生的行为是否属于《刑法》第389条第3款规定的情形?

一审判决认定:王浩生请托罗金保帮助中铁一局承揽哈密铁路工程,罗金保谎称需通过"北京王总"运作此事。后罗金保给吴建打电话让其在招标过程中对中铁一局予以关照。2010年6月,中铁一局中标后,否认王浩生提供帮助而拒绝履行约定,为维系与罗金保的关系,王浩生分两次送给罗金保人民币500万元。对此,笔者认为,此起涉案的王浩生送给罗金保人民币500万元不能认定为行贿。《刑法》第389条第3款的规定:"因被勒索给予国家工作人员以财物,没有获得不正当利益的,不是行贿。"涉案的第四起行贿行为,王浩生向罗金保行贿500万元,王浩生是被勒索而给予罗金保财物,没有获得不正当利益,符合上述《刑法》规定的情形,不应认定为行贿。

首先,王浩生是被罗金保索贿而给予其500万元的。在本案中,中铁一局中标哈密铁路工程后,否认王浩生提供帮助而拒绝履行约定。王浩生得知这一情况后将其告诉了罗金保,但罗金保却认为中铁一局不可能没给王浩生好处,认为"是王浩生在骗我",进而以虚构的"北京王总"名义向王浩生索贿。如罗金保2011年5月27日的证言证实:"一局中标后,王浩生给我打电话说,这事一局不认账了,不承认是我们给帮忙。我当时很生气,认为一局不可能没给王浩生好处,是王浩生在骗我。当即把王浩生狠批了一顿,责问王浩生说,你是怎么办的事,'北京王总'给帮忙才让一局中标的,现在怎么向'北京王总'交代呀?王浩生说,这事我一定想办法给办好。""王浩生说一局中标后不认账了,但我不相信王浩生没有从一局得到好处,我认为王浩生送的500万元人民币应该是一局给的钱。"王浩生2010年12月6日的供述也证明:"……这样我就去找一局谈中标后的事情,谁知一局不买账了,说这个标的竞争对手七局和十二局都被停标了,一局势在必得,没有我他们也一样中标。我一看一局是这个态度,就赶紧告诉罗金保一局不买账了,罗金保当时很生气地说我,'怎么办的事?'说他找'小王总'帮忙办的这个事,已经定好让一局中标……就因为这事,罗金保多次找我说,这个小王总得罪不起,必须把事情办好(意思是必须给小王总拿钱),以后有事还需要小王总帮忙……弄得我也挺为难……"上述罗金保的证言与王浩生的供述能相互佐证,足以证实罗金保以虚构的"北京王总"名义向王浩生勒索贿赂的事实。

其次,王浩生也没有获得不正当利益。关于此笔500万元贿赂款,如前所述,王浩生是被罗金保索贿而给予,但王浩生本人却未获得任何不正当利益。因中铁一局否认该公司中标是王浩生提供了帮助而拒绝履行约定,故王浩生既没有从中铁一局分包到部分工程,也没有从中铁一局获得任何的好处费或者补偿款。事实上,中铁一局最后中标哈密铁路工程也非是获得了不正当利益,因为与之竞争的另外两个对手——中铁七局、中铁十二局均因停标而退出了竞争,只有中铁一局竞标该工程,所以不需任何关系的运作即可中标。此外,从在案证据看,此笔送给罗金保的500万元,实际上是中铁七局出资的,但中铁七局也因种种原因未能承揽到涉案工程或者分包了涉案工程的部分工程,并未获得不正当利益。概言之,无论是王浩生还是中铁一局或者中铁七局,均未从此项涉案的哈密铁路工程中获得不正当利益。因此涉案的第四起行贿行为,王浩生向罗金保行贿人民币500万元,依法不应认定为行贿。

行贿罪与单位行贿罪的界限如何把握
——李运新行贿案

目 次

一、基本案情

二、诉讼经过

三、法理研析

（一）将涉案行贿款项给付钟陶、朱会锋、袁显刚，是为广东亚洲电器电缆公司谋取利益

（二）涉案行贿款项来源于广东亚洲电器电缆公司

（三）不能因为广东亚洲电器电缆公司实际由李运新经营管理或者股东系李运新及其妻子李丽娟，就将单位行贿等同于李运新个人行贿

一、基本案情

佛山市人民检察院佛检反贪移诉〔2013〕《起诉意见书》认定：广东亚洲电器电缆公司因为汾江河整治需要在佛山找地新建厂房，后选中南海水泥厂位于里水镇逢涌管理区的一块土地。为确保顺利拍买到该块土地供公司建新厂房，作为广东亚洲电器电缆公司总经理的李运新，送给时任佛山市南海水泥厂厂长钟陶贿赂款共计人民币149万元（一笔是2010年李运新直接送给钟陶人民币50万元，一笔是2012年李运新通过陈展活

送给钟陶人民币99万元);通过陈展活送给时任公盈公司审计法规部部长助理朱会锋贿赂款人民币20万元;送给原佛山市中力经营管理有限公司总经理袁显刚贿赂款港币3万元,涉嫌构成行贿罪。

二、诉讼经过

2013年8月20日,佛山市人民检察院反贪污贿赂局以佛检反贪移诉〔2013〕11号《起诉意见书》认定犯罪嫌疑人李运新的行为涉嫌构成行贿罪,依法移送该院公诉科审查起诉。后佛山市人民检察院将该案移交佛山市高明区人民检察院提起公诉。佛山市高明区人民法院作出(2014)佛明法刑初字第112号刑事判决,认定李运新的行为构成行贿罪。

三、法理研析

在本案中,司法机关认定李运新为谋取不正当利益,直接或者间接给付钟陶、朱会锋、袁显刚的涉案款项是个人行贿,即构成行贿罪。笔者对此持保留意见。这实际上涉及单位行贿罪与行贿罪的界限把握问题。

根据《刑法》第389条第1款和第393条的规定,行贿罪是指为谋取不正当利益,给予国家工作人员以财物的行为。单位行贿罪,是指单位为谋取不正当利益而行贿,或者违反国家规定,给予国家工作人员以回扣、手续费,情节严重的行为。由上可见,单位行贿罪与行贿罪两罪具有诸多相似之处,两罪在犯罪主观方面都是出于直接故意,且具有为谋取不正当利益的目的;在犯罪客观方面都表现为,给予国家工作人员以财物或者在经济往来中,违反国家规定,给予国家工作人员以各种名义的回扣、手续费的行为等。两罪的区别主要表现是犯罪主体的不同:单位行贿罪的主体是公司、企事业单位、机关、团体等单位,行贿罪的主体只能是自然人。从理论上讲,个人行贿与单位行贿是不难区分的。但在司法实践中,要区分单位中自然人的行贿行为到底是单位行为还是个人行为,仍然是比较棘手的问题。本案就涉及这种情况。笔者认为,实践中区分单位行贿罪与行贿罪,要注意从三个方面来考察:一是要看是以谁的名义去行贿以及行贿资金、财物的来源。如果是以单位的名义利用单位的资金、财物给予有关国家工作人员的,可以认定为单位行贿。二是要看行贿所要谋取的不正当利益的归属。这是区分单位行贿和自然人行贿的关键所在。单位行贿的实质就是为了单位整体的利益而行贿。三是要看行贿的决定是谁作出的。如果行贿的决定是经单位集体研究决定或有关负责人在其职权范围内作出的，则可以认定为单位行贿。按照上述把握单位行贿与个人行贿界限的认定原则，本案性质上属于单位行贿而非个人行贿，不构成行贿罪。具体分析如下：

（一）将涉案行贿款项给付钟陶、朱会锋、袁显刚，是为广东亚洲电器电缆公司谋取利益

在本案中，广东亚洲电器电缆公司因为汾江河整治，需要在佛山找地新建厂房，后选中南海水泥厂位于里水镇逢涌管理区的一块土地。正是为确保顺利拍买到该块土地供公司建新厂房，作为广东亚洲电器电缆公司总经理的李运新，才将涉案款项给付时任南海水泥厂厂长钟陶、公盈公司审计法规部部长助理朱会锋、原佛山市中力经营管理有限公司（公盈公司的下属公司，负责管理南海水泥厂）总经理袁显刚。之所以将涉案款项给付钟陶等人，并非是李运新为个人谋取不正当利益，而是因为广东亚洲电器电缆公司想顺利取得该宗涉案土地，并且在涉案土地通过复杂的程序转让的过程中，钟陶、朱会锋、袁显刚等人在不同环节给予了帮助、提供了方便或者没有设置障碍。事实上，在取得涉案土地后，该宗土地也一直是由广东亚洲电器电缆公司使用开发，目前该公司正在该宗土地上建设新厂房（总投资达1.2亿元），这也足以佐证在涉案土地复杂的转让过程中，李运新将涉案款项给付钟陶、朱会锋、袁显刚，是为单位谋取利益，代表的是单位，也即是广东亚洲电器电缆公司为谋取利益（取得涉案土地）而行贿。

（二）涉案行贿款项来源于广东亚洲电器电缆公司

从《起诉意见书》认定的李运新涉嫌行贿的涉案款项的来源看，也能直接认定或者合理判断为是来源于广东亚洲电器电缆公司。如对于给予钟陶的50万元，是李运新从公司的保险柜里取出来的，这有李运新的供述等多份证据证实，足以认定，显然该笔款项是来源于单位。对于涉案的99万元，其来源环节虽然复杂，经过了中间人陈展活转手，但实质上仍是广东亚洲电器电缆公司的资金。具体来说，就是广东亚洲电器电缆公司

拍得南海水泥厂的涉案土地和厂房后,对于价格约 800 万元的厂房,李运新同意作价 450 万元由中间人陈展活承包拆除,陈展活给付了李运新 250 万元,还欠其 200 万元;后因陈展活向李运新转述南海水泥厂厂长钟陶要钱,陈展活在其欠李运新的 200 万元中,给了钟陶涉案的 99 万元。对于涉案的给付朱会锋的人民币 20 万元,也是来源于广东亚洲电器电缆公司。《起诉意见书》认定"李运新通过陈展活送给朱会锋好处费人民币 20 万元",从陈展活的证言看,其给朱会锋的 20 万元也是从其欠李运新的 200 万元中出的。如陈展活在调查笔录中称:"送给钟陶他们(包括朱会锋)的钱就从这 250 万的承包费里面出吧。我当时也同意了。"由此可见,给付朱会锋的人民币 20 万元其最终来源也是广东亚洲电器电缆公司。另外,给付袁显刚的港币 3 万元,虽然单位账户上没有记载,亦能合理地判断为是来源于广东亚洲电器电缆公司,何况相关公司有"小金库",从公司"小金库"中提取资金使用等也是很常见的事情。

(三)不能因为广东亚洲电器电缆公司实际由李运新经营管理或者股东系李运新及其妻子李丽娟,就将单位行贿等同于李运新个人行贿

从本案案情看,虽然广东亚洲电器电缆公司是由李运新成立、发展起来的,由李运新实际经营管理,并且李运新、李丽娟持股(2010 年后改由李新强、李志群持股),但并不能否认广东亚洲电器电缆公司的法人资格,哪怕是一人有限责任公司也是公司,公司的法人资产和公司股东的资产不是同一个概念,公司有自己独立的资本和法律地位,股东享有股东权益,两者不能混淆。不能因为广东亚洲电器电缆公司实际由李运新经营管理或者股东系李运新及其妻子李丽娟,就把单位的行为等同于李运新个人的行为;也就是说,不能把单位的行贿行为主观武断地认定为单位高管个人的行贿行为。李运新作为广东亚洲电器电缆公司的总经理,直接或间接给付钟陶等人的涉案款项,是为了单位的事项(取得涉案土地建新厂房),代表的是单位的利益,反映的是单位的整体意志,是以单位名义进行的,实际上是一种履行单位总经理职责的职务行为。

总而言之,即使认定李运新行贿钟陶、朱会锋、袁显刚事实清楚,证据确实、充分,本案也应定性为单位行贿罪,亦即单位为谋取不正当利益而行贿,而非李运新个人行贿。

"经济行贿"的理解与认定
——聂真行贿、职务侵占案

目　次

一、基本案情

二、诉讼经过

三、法理研析

（一）《刑法》第389条第3款行贿罪出罪规定的适用

（二）《刑法》第389条第2款规定的"经济行贿"之理解和认定

一、基本案情

公诉机关指控：被告人聂真利用其与广东源天工程公司签订的"合作武汉张公堤工程的《合作协议》"为条件，对武汉张公堤工程项目的管理形成了实际控制权，利用其掌握该工程实际管理权的条件，指使他人将该项目工程资金转出后，非法占为己有，数额巨大，其行为已触犯《刑法》第271条之规定，犯罪事实清楚，证据确实、充分，应当以职务侵占罪追究其刑事责任。被告人聂真在经济往来中，违反国家规定，给予国家工作人员财物，数额巨大，同时，致使国家利益遭受重大损失，其行为已触犯《刑法》第389条、第390条之规定，犯罪事实清楚，证据确实、充分，应当以行贿罪追究其刑事责任。

对于公诉机关指控的行贿罪，被告人聂真辩称：给邓文根和王敬东的钱的用途并非《起诉书》指控的那样,而是按照中标协议所给广东源天公司的 3% 的管理费用。给邓文根的钱应当包含在工程管理费中,具体该款怎么分割是源天公司内部的事。给王敬东的大约 10 万元钱是当初借款时所商量好的利息,不是好处费。因此,自己的行为不构成行贿罪。被告人聂真的辩护律师提出,聂真没有行贿的主观故意,且没有利用给付别人钱为自己谋取非法利益,指控聂真犯行贿罪不能成立。

　　一审判决认定:被告人聂真在经济往来中,违反国家规定,给予国家工作人员财物,数额巨大,谋取非法利益,致使国家利益遭受重大损失,其行为已构成行贿罪。被告人聂真利用其与广东源天工程公司签订的"合作武汉张公堤工程的《合作协议》"为条件,对武汉张公堤工程项目的管理形成了实际控制权,利用其掌握该工程实际管理权的条件,指使他人将该合作实体项目部工程资金转出后,非法占为己有,数额巨大,其行为已构成职务侵占罪。被告人聂真一人犯数罪,依法应当数罪并罚。

二、诉讼经过

　　2008 年 5 月 14 日,中牟县人民检察院以牟检刑诉〔2008〕122 号《起诉书》指控被告人聂真犯诈骗罪,向中牟县人民法院提起公诉。中牟县人民法院于 2008 年 9 月 18 日作出(2008)牟刑初字第 251 号刑事判决,判决认定被告人聂真的行为构成诈骗罪,决定判处有期徒刑 10 年,并处罚金 100 万元。判决宣告后,被告人聂真不服,向郑州市中级人民法院提出上诉。郑州市中级人民法院审理后,于 2008 年 12 月 4 日作出(2008)郑刑一终字第 620 号刑事裁定,以事实不清为由,撤销原判,发回重审。中牟县人民检察院补充侦查后,指控被告人聂真犯行贿罪、职务侵占罪,于 2009 年 3 月 6 日变更起诉。中牟县人民法院于 2009 年 4 月 9 日作出(2009)牟刑初字第 99 号刑事判决,认定被告人聂真犯行贿罪、职务侵占罪,数罪并罚,决定执行有期徒刑 10 年。判决宣告后,聂真不服,再次提出上诉。郑州市中级人民法院于 2009 年 10 月 10 日作出(2009)郑刑一终字第 346 号刑事裁定,认为原判认定上诉人聂真犯职务侵占罪、行贿罪的事实不清,证据不足,裁定撤销河南省中牟县人民法院(2009)牟刑初字第 99 号刑事判决,发回河南省中牟县人民法院重新审判。

三、法理研析

本案的诉讼过程可谓一波三折,公诉机关先以聂真犯诈骗罪提起公诉,后又变更指控聂真犯职务侵占罪、行贿罪,一审法院均以公诉机关指控的罪名两次作出有罪认定,二审法院亦两次裁定撤销原判、发回重审。对于一审判决前后两次认定的诈骗罪、职务侵占罪,也有诸多值得研究的法理问题,但囿于本书的主题和研讨范围,这里不作展开。本文围绕聂真所涉的行贿罪,着重探讨该案所反映出的两个重要法理问题:一是对《刑法》第389条第3款规定的行贿罪出罪条款的适用问题;二是对"经济行贿"的理解和认定问题。下面分述之。

(一)《刑法》第389条第3款行贿罪出罪规定的适用

本案一审判决认定:聂真为感谢王敬东在张公堤工程的合作中,积极为聂真与中牟县河务局联系,并为聂真在工程前期从中牟县河务局为其调动资金以及支付投标保证金和履约保函金等提供帮助,以及为使王敬东对自己转出资金的行为不持异议,聂真给予王敬东10万元,应认定为行贿。对此,笔者不能认同。对于聂真给王敬东的10万元,聂真是因王敬东多次索要而被迫给予,未获取不正当利益,符合《刑法》第389条第3款的规定,其行为不构成行贿罪。

1. 给王敬东的10万元,聂真是被勒索而给予

虽然中牟县人民检察院牟检刑诉〔2008〕122号《起诉书》指控被告人聂真给予王敬东10万元的事实是清楚的,但值得注意的是,聂真给予王敬东的10万元并非出于自愿,而是王敬东多次向其索要的结果,具有相当的被迫性和被勒索性。王敬东在被讯问时对于向聂真索要10万元的事实亦是供认不讳,如其在第二次《讯问笔录》中多次提到"你能从张公堤工程弄这么多钱,我在当中没少起作用,你不能光考虑自己,也应该给我弄些钱";"我有一些费用不好处理,你应该给我弄个几十万";"你从张公堤工程弄了那么多钱,让我在当中两头受气,你得给我补偿一下";"我与他说过几次要钱的事后聂真也没有什么行动";"我当时就对聂真说:你得给我弄点钱我要用。聂真说:他经济也比较紧张。后来经我一再说,聂真才同意给我10万元钱";等等。由此不难发现,聂真给付王敬东10

万元在主观上是十分不情愿的,是受到王敬东施加压力、明示或暗示多次催促强索硬要的结果。事实上,王敬东向聂真索贿 10 万元的事实也已经被中牟县人民法院(2008)牟刑初字第 204 号《刑事判决书》确认,当无疑义。

2. 聂真没有获取不正当利益

根据最高人民法院、最高人民检察院 1999 年 3 月 4 日《关于在办理受贿犯罪大要案的同时要严肃查处严重行贿犯罪分子的通知》的有关规定,所谓"谋取不正当利益",是指谋取违反法律、法规、国家政策和国务院各部门规章规定的利益,以及要求国家工作人员或者有关单位提供违反法律、法规、国家政策和国务院各部门规章规定的帮助或者方便条件。而没有获取不正当利益,一般是指给付财物的行为人,实际上没有得到索贿者所承诺的为其谋取的不正当利益。中牟县人民法院(2009)牟刑初字第 99 号《刑事判决书》认定,聂真之所以给王敬东 10 万元,最终目的是为自己谋取不正当利益,具体来说主要是为感谢王敬东在张公堤工程的合作中,积极为聂真与中牟县河务局联系,并为聂真在工程前期从中牟县河务局为其调动资金以及支付投标保证金和履约保函金等提供帮助,以及为使王敬东对自己转出资金的行为不持异议。但综观本案案情,对于给王敬东的 10 万元,聂真并未因此而获得不正当利益。

其一,对于一审判决所认定的牟山公司代为垫付张公堤工程的投标保证金和履约保函金 140 万元,实际上是牟山公司负责人王敬东、郭全明在与聂真、邓文根等平等协商后所作出的真实意思表示,是牟山公司为参与张公堤工程施工建设而自愿付出的代价,而非聂真获得的不正当利益。这可从以下被告人供述以及证人证言中得到充分印证,如聂真在第一次《讯问笔录》中供述道:"邓文根当时说这个工程交工时间比较紧,而且在广东源天公司中标后,在和武汉长江堤防办公室签订正式合同之前按照标书的内容要求,需缴纳 275 万元办理履约保函,才得以正式签订合同,不想把这个工程交给牟山公司来干。郭全明提出可以向广东源天缴纳一半的履约保证金,最后商定,由牟山公司向广东源天公司缴纳 40% 的履约保证金共计 110 万元人民币……"郭全明在《询问笔录》(2008 年 3 月 1 日)中也提到"……要做张公堤工程就要提供一份 270 多万元的履约保函。当时约定是各出一半就是一家出资 130 多万元,算上牟山公司在投标过程中已经出资的 30 万元,牟山公司应当再出资 110 万元合计 140 万元,也就是办理履约保函费用数额的一半";另外,李明在第三次《讯问笔录》中也明确指出"因为张公堤工程是牟山公司与聂真合伙做的,所以才应由牟山公司出这些钱"(即 140 万元)。

其二,对于一审判决认定的"为使王敬东对自己转出资金的行为不持异议",也并非聂真获得的不正当利益。因为如前文所述,聂真从张公堤项目部转移资金不仅具有管理和调配权,而且自以为在"花自己的钱",并不具有非法占有的目的。因此从客观事实方面来看,不存在聂真要报答王敬东不追究其转移张公堤项目部资金的问题。事实上,从在案证据材料来看,涉案的 10 万元是聂真在王敬东多次索要的情况下支付的,而此时张公堤工程也基本完工,也不存在要给王敬东个人行贿以获得不正当利益的相关事实和证据。

《刑法》第 389 条第 3 款明确规定:"因被勒索给予国家工作人员以财物,没有获得不正当利益的,不是行贿。"就本案聂真给付王敬东的 10 万元来说,正属于被勒索而给予国家工作人员以财物,没有获得不正当利益的情况,故聂真的此一行为不构成行贿罪。

(二)《刑法》第 389 条第 2 款规定的"经济行贿"之理解和认定

中牟县人民法院(2009)牟刑初字第 99 号《刑事判决书》认定被告人聂真在与源天公司签订协议时约定向邓文根支付工程款的 1% 作为好处费,到工程结束时聂真授意王广向邓文根的私人账户中汇款 27 万元,其行为符合《刑法》第 389 条第 2 款的规定:在经济往来中,违反国家规定,给予国家工作人员以回扣和手续费的以行贿论处的情况。上述《刑事判决书》的认定,笔者亦持异议。

1. 聂真并未因此而获得不正当利益

对于《刑法》第 389 条第 2 款规定的"经济行贿",由于这一款没有在罪状中规定以"谋取不正当利益"为要件,因而理论上对"经济行贿"是否以"为谋取不正当利益"为必要要件,存在较大的分歧。退一步讲,即使《刑法》第 389 条第 2 款规定的"经济行贿"不要求行贿人主观上具有"谋取不正当利益"的目的,但行贿人是否确实具有谋取不正当利益的目的以及客观上是否获得了不正当利益仍是衡量行为社会危害性以及行贿人人身危险性的一个重要因素,在量刑时理当予以考虑。虽然一审公诉机关指控"聂真在与源天公司协商合作投标事宜时,向邓文根承诺:如果源天公司能降低合作工程管理费数额,其将给邓文根工程中标价的1%作为感谢费",但聂真却始终供述或者辩称:当时借用源天公司资质时与邓文根商谈时向源天公司交纳工程中标价的3%,双方也按照该约定签订了协议。只是后来在张公堤工程中标后,邓文根与其约定给源天公司工程中标价的2%,另外一个百分点给邓文根个人(不写在协议上),并按照邓文根的要求重新签订了协议。不难看出,上述公诉机关的指控与聂真的供述存在差异和不一致之处,都没有确实、充分的证据(尤其是书面证据)来支持和佐证自己的结论,双方的说法是"一对一"的关系,无法合理排除证据之间的矛盾。事实上,上述事实与查清聂真是否具有谋取不正当利益的目的以及是否获得了不正当利益有重要关系。如果聂真最初与源天公司协商合作投标事宜时,就是约定给源天公司工程中标价的3%,并签订了协议。只是后来工程中标后,与邓文根约定给源天公司工程中标价的2%,给其1%(不写在协议上),并应其要求重新签订了协议。那么,即使聂真最后只给了源天公司工程中标价的2%(相比于以前约定的3%,少了一个百分点),那么其实际上也没有获得不正当利益(即并未获得少给的一个百分点),因为聂真不管怎样都支付了工程中标价的3%给源天公司这一方(包括给邓文根工程中标价的1%)。在这种情况下,也很难说聂真具有谋取不正当利益的目的。其实,这也与聂真当庭所作的辩解("而是按照中标协议所给广东源天公司的3%管理费用。给邓文根的钱应当包含在工程管理费中,具体该款怎么分割是源天公司内部的事")相互印证,进一步反映了聂真当时并没有谋取不正当利益的主观心理态度。在上述情况下,从程序公正和保障人权的立场出发,应当按照证据存疑时有利于被告的原则,作出有利于被告人聂真的认定。实际上,从客观事实来看,聂真也并未因此而获得不正当利益。

2. 没有有力证据证明已致使国家利益遭受重大损失

一审判决在认定聂真的行为构成行贿罪时,还着重强调了"致使国家利益遭受重大损失",这也可能在一定程度上影响了对聂真的量刑轻重。何谓致使国家利益遭受重大损失?致使国家利益遭受了哪些损失?由于一审判决表述非常简略、模糊,没有明确的指向,无法得知。不过从全案案情和证据材料来分析,其所表述的"致使国家利益遭受重大损失"应是指源天公司或牟山公司遭受的重大损失,而不可能是张公堤工程业主方的利益遭受重大损失,因为已经有确实的证据表明张公堤工程已经顺利竣工并验收合格,已经按照协议完成了工程任务。具体来说,所谓源天公司的重大损失,可能是指其在工程最后竣工期间支付的工程尾款85万元以及因民事诉讼执行支付给牟山公司的投标保函费与履约保函费共计140万元(参见邓文根2009年2月24日《询问笔录》);所谓牟山公司的重大损失,则不外乎是王敬东等人所讲的工程利润款132.5万元[亦即要求工程利润与聂真方"五五分成",参见(2008)牟刑初字第251号《刑事判决书》]。对此,笔者认为,上述源天公司和牟山公司所涉的"重大损失",大都没有事实根据,缺乏有力的证据支持,而且与"致使国家利益遭受重大损失"并不都存在必然的因果联系。

首先,从在案证据材料来看,源天公司在工程竣工时代为支付尾款85万元仅只有其单方的陈述,并无其他证据加以佐证。

其次,退一步讲,即使其主张成立,从武汉市江堤整险加固工程建设管理办公室于2007年6月开具的支付源天公司加培工程款的《说明》以及《40标支付明细》来看,在聂真等于2002年年底张公堤工程基本完工退出时,源天公司自2004年1月—2006年8月还一直接收了工程业主方支付的4笔款项共计268.26503万元,这完全足以弥补源天公司在工程完全竣工时所支付的工程收尾费用,不存在任何损失。至于源天公司因民事诉讼执行支付给牟山公司(代为支付)的投标保函费与履约保函费共计140万元,从武汉市江堤整险加固工程建设管理办公室于2007年6月6日出具的《关于广东源天工程公司交纳履约保函情况的说明》来看,以源天公司名义承建的工程验收合格后,根据源天公司的申请,2005年9月8日已将源天公司提供的由银行出具的履约保函退还给源天公司了,也不存在什么重大损失。

至于牟山公司所指的工程利润132.5万元,一方面,聂真与牟山公司之间是否存在合作建设张公堤工程利润分配"五五分成"的约定,也还存在不少疑义,相关言词证据之间的矛盾也未合理排除;另一方面,从性质上分析,实际上乃是被告人聂真与牟山公司之间所存在的利润分成纠纷。换言之,乃属于张公堤工程内部实际的施工单位与工程项目相关当事人之间的民事纠纷,这理当应由民事法律进行调整和解决,而与国家利益并无多大的联系。

综上,应当认为,一审判决所认定的被告人聂真行贿致使国家利益遭受重大损失,并没有有力的事实根据和证据支持。

行贿罪的从宽处罚条件与污点证人作证豁免制度
——崔某东行贿案

目　次

一、基本案情
二、诉讼经过
三、法理研析
　　（一）严格行贿罪从宽处罚条件与贿赂犯罪污点证人作证豁免
　　（二）我国确立贿赂犯罪污点证人豁免制度的思考
　　（三）澄清有关贿赂犯罪污点证人豁免制度的几种错误认识

一、基本案情

2011年1月9日，文昌市国土环境资源局告知昌洒镇白土东、白土中、白土西村民小组及相关户主，拟征收其位于昌洒镇月亮湾起步区地段的部分集体所有土地拟征收、征用其位于昌洒镇月亮湾起步区地段的部分集体所有土地。同年6月25日，文昌市国土局与昌洒镇白土东、白土中、白土西三个村民小组签订《征收土地补偿协议书》，共征收其1222.539亩土地。

同年三四月间，林密（已起诉）与林某、叶某地在没有租赁土地，也未经白土村集体和承包经营权人海南文昌东海岸椰林庄园有限公司(以下简称东海岸公司)同意的情况下,由林密与叶某地负责出资,林某负责土地和技术,三人合作在拟征用土地上建设大棚。在建设大棚过程中,林密得知建设瓜菜大棚可以向市农业局申请补贴,便找被告人崔某东帮忙疏通文昌市农业局关系,并提出给予被告人崔某东手续费。被告人崔某东同意并打电话问时任文昌市农业局局长的符某军(已判刑)是否有瓜菜大棚补贴政策。符某军表示有,并叫被告人崔某东找分管的副局长符某诚(已判刑)。符某军随后交代负责大棚补贴工作的副局长符某诚对其朋友被告人崔某东等人的大棚予以支持和关照。符某诚表示只要符合条件都可以办理补贴。后被告人崔某东打电话给符某诚说,有一个朋友想要申请建大棚补贴。符某诚叫被告人崔某东到其办公室领取了申报材料和范本复印件。后被告人崔某东与林密、符某诚等人到现场,查看了林密等人建设的大棚。符某诚发现林密等人没有按照文昌市《2011年现代农业生产发展资金支持瓜菜设施大棚建设项目实施方案》(以下简称《项目实施方案》)有关"先批后建"的规定,就已动工建设了部分大棚。为此,被告人崔某东当场向符某诚请求帮忙关照。后符某诚向符某军汇报林密等人的大棚已建了一大半,但是没有经过批准就先建了。符某军叫符某诚让林密等人补办申报、审批手续。

同年10月24日,符某诚组织验收小组成员对林密等人的大棚进行验收。当时,林密等人的大棚还没有建设完工,也没有种植瓜菜。验收完后的当晚,被告人崔某东送给符某诚8 000元。

同年12月9日,符某军主持召开验收会议。在会议上,有验收小组成员提出潘某仁的大棚尚未完工,不符合验收条件。符某军仍然决定对潘某仁的大棚同意通过验收,并且在其本人没有参加实地验收的情况下,在项目竣工验收表上的"参加验收人员"栏补签了自己的名字。最后,会议决定潘某仁的大棚补贴标准为15 000元/亩,补贴面积为131.36亩,补贴金额为人民币197.04万元。2011年12月26日,文昌市农业局将197.04万元大棚补贴款汇入林密等人以户名为"潘某仁"、账号为621036642300141729×的农村信用合作社的账户里。同日,林密和潘某仁将人民币60万元转入被告人崔某东的信用社账户。

2012年春节前,为了感谢符某军、符某诚的帮忙,被告人崔某东从其获得的60万元中,分别拿出5万元送给了符某诚,15万元送给符某军。

2013年5月,文昌市农业局经自查发现潘某仁瓜菜大棚基地申报材料中的《土地承包合同》涉嫌造假,便决定取消潘某仁瓜菜大棚基地的补贴资金。同年7月,符某军得知市农业局取消潘某仁瓜菜大棚基地的补贴资金后,将15万元退还给了被告人崔某东。

2013年9月11日、10月31日,文昌市农业局先后收到被告人崔某东退还潘某仁大棚瓜菜补助资金55.04万元,2014年9月15日被告人崔某东又退还潘某仁大棚瓜菜补助资金5万元到文昌市农业局。

在文昌市人民检察院及公安机关调查大棚补贴相关案件过程中,被告人崔某东主动向文昌市人民检察院交代了其向符某军行贿15万元,向符某诚行贿5.8万元的事实,文昌市人民检察院因此破获符某军、符某诚受贿案。①

二、诉讼经过

被告人崔某东,因涉嫌犯诈骗罪,于2014年2月19日被文昌市公安局刑事拘留;同年3月27日被文昌市公安局依法执行逮捕,同年4月23日被文昌市公安局取保候审;同年7月31日被文昌市人民检察院取保候审;同年11月27日,文昌市人民检察院以文检公诉刑诉〔2014〕424号起诉书指控被告人崔某东犯行贿罪,向文昌市人民法院提起公诉;同年12月19日,文昌市人民法院公开开庭审理了本案。2015年1月12日,文昌市人民法院作出一审判决,判决被告人崔某东犯行贿罪,判处有期徒刑3年,缓刑5年。

三、法理研析

在本案中,被告人崔某东在帮助申请大棚补贴的过程中对林密等人所建大棚违反先批后建程序以及在验收时尚未完工,不符合补贴条件的情况下,为了获得补贴向时任文昌市农业局局长符某军及副局长符某诚打招呼请求关照,并在申请过程中以及之后先后给予符某军人民币15万元,符某诚人民币5.8万元,情节严重,其行为已构成行贿罪。鉴于被告

---

① 参见海南省文昌市人民法院(2014)文刑初字第447号《刑事判决书》。

人崔某东犯罪后自首,在被追诉前主动交代其行贿犯罪事实并因此破获相关受贿案件,又积极退还全部不当所得60.04万元,文昌市人民法院对其减轻处罚并适用缓刑,以行贿罪判处崔某东有期徒刑3年,缓刑5年。由上可见,法院对崔某东减轻处罚并判处缓刑,其中考量的一个重要情节就是崔某东在被追诉前主动交代其行贿犯罪事实并因此破获相关受贿案件。也就是说,崔某东的检举揭发行为对侦破符某军、符某诚受贿案件起到了关键作用,法院也给予了其较大幅度的从宽处理(缓刑)。仔细分析不难发现,被告人崔某东的这一行为以及获得的奖赏性从宽处遇,与国外贿赂犯罪污点证人作证豁免制度有着异曲同工之效,特别值得研究。

(一)严格行贿罪从宽处罚条件与贿赂犯罪污点证人作证豁免

2015年8月29日全国人大常委会通过的《刑法修正案(九)》第45条第2款进一步严格了对行贿罪从宽处罚的条件,将"行贿人在被追诉前主动交代行贿行为的,可以减轻处罚或者免除处罚"的规定,修改为"行贿人在被追诉前主动交代行贿行为的,可以从轻或者减轻处罚。其中,犯罪较轻的,对侦破重大案件起关键作用,或者有其他重大立功表现的,可以减轻或者免除处罚。"但新修订的这一规定,不适用于《刑法修正案(九)》生效之前已经审结的案件(包括本案)。就此而论,本案中被告人崔某东是在其行贿行为被立案前主动交代其行贿犯罪事实,根据最高人民法院、最高人民检察院《关于办理行贿刑事案件具体应用法律若干问题的解释》第13条及《刑法》第390条第2款之规定,法院对其减轻处罚,是符合相关法律规定和无可厚非的。退一步说,倘若崔某东的行贿行为发生在《刑法修正案(九)》生效之后,因崔某东是在被追诉前主动交代其行贿行为,司法机关因此破获了相关受贿案件,崔某东的行为也符合修订后的《刑法》第390条第2款之规定,即对侦破重大案件起了关键作用,因而亦可对其减轻处罚。当然,《刑法》修订之后,如果崔某东只是在被追诉前主动交代其行贿行为,对侦破有关重大案件未起关键作用的,那么对其从宽处罚的条件就更为严格了。

在此,笔者想强调指出的是,尽管我国现行刑事立法没有明确规定贿赂犯罪污点证人作证豁免制度,但该制度的内在精神在这次新修订的《刑法》第390条第2款上有鲜明体现。新修订的《刑法》第390第2款规定吸纳了贿赂犯罪污点证人作证豁免制度的科学合理的内容,与贿赂犯罪污点证人作证豁免的精神是相通的。因为贿赂犯罪污点证人的作证豁免,就是指司法机关在追诉贿赂犯罪过程中,为取得某些重要的犯罪证据或追究首恶分子的严重罪行,对案件中罪行较轻微者(污点证人)作出承诺,在他们向司法机关提供实质性配合和帮助后,减轻或者免除其刑事责任的一种制度。① 所谓向司法机关提供实质性配合和帮助,也主要是指对侦破重大案件起关键作用或者有其他重大立功表现;罪行较轻者,在贿赂犯罪中也主要是指行贿人;减轻或者免除刑事责任,亦主要体现为减轻或者免除处罚。由此可见,这次《刑法修正案(九)》对《刑法》第390第2款的修改,使得贿赂犯罪污点证人作证豁免制度在我国刑事立法中如幽灵般闪现,也使得探讨在我国要不要确立贿赂犯罪污点证人作证豁免制度更加迫切。

(二) 我国确立贿赂犯罪污点证人豁免制度的思考

随着我国法治反腐进程的推进及《联合国反腐败公约》(以下简称《公约》)在我国的贯彻落实,顺应时代发展趋势和法治反腐新常态,在刑事立法中确立贿赂犯罪污点证人作证豁免制度是十分必要的。

第一,履行《公约》有关义务的需要。《公约》第37条明确规定了贿赂犯罪污点证人作证豁免制度。"条约必须遵守"是通行的国际法准则,随着《公约》在我国的批准生效,积极借鉴和吸纳《公约》的有关内容,是我国的一项国际法义务。因而确立贿赂犯罪污点证人作证豁免制度,是履行《公约》有关义务的需要,同时也是对国际社会反腐趋势的顺应,有利于促进我国反腐败刑事法治的现代化和国际化。

第二,贯彻宽严相济刑事政策的需要。宽严相济刑事政策是我国基本刑事政策,其强调"轻"与"重""宽"与"严"的有机结合和合理协调,其实质乃是对刑事犯罪要求区别对待,既要有力地打击和震慑犯罪,维护法制的严肃性,又要尽可能减少社会对抗,化消极因素为积极因素,实现法律效果和社会效果的统一。确立贿赂犯罪污点证人作证豁免制度,对侦控贿赂犯罪提供实质性配合和帮助的罪行轻微者,给予一定程度的司法豁免,体现了宽严相济刑事政策从宽的一面。而通过污点证人提供的关

---

① 参见彭新林:《腐败犯罪案件程序问题要论》,中国政法大学出版社2013年版,第113—114页。

键证据,突破贿赂犯罪利益链条,分化瓦解贿赂犯罪同盟,将打击锋芒对准相对严重的受贿犯罪分子,充分发挥司法程序控制犯罪的功能,则又体现了宽严相济刑事政策从严的一面。

第三,缓解贿赂犯罪取证难困境的需要。在贿赂犯罪尤其是"一对一"的贿赂犯罪案件中,直接证据较为稀缺,贿赂犯罪分子之间有着共同的利害关系,行贿人承认行贿通常就意味着自己也实施了行贿犯罪,加之犯罪手段日趋隐蔽化、智能化,因而检控机关要获取、固定确实、充分的贿赂犯罪证据往往具有相当的难度。而确立贿赂犯罪污点证人作证豁免制度,司法机关若能争取到案件中的罪行轻微者成为污点证人并提供关键证言,有关犯罪的重大情节就能得到证明,其证言中提及的人员、事物与场所,又能够引出新的侦查线索,帮助侦查机关找到案件的突破口,获取更多的证据支持指控,从而克服侦破贿赂犯罪案件取证中的困难,及时有力地实现对贿赂犯罪的追诉和打击。

第四,节约司法资源、提高诉讼效率的需要。确立贿赂犯罪污点证人作证豁免制度,对案件中罪行轻微者给予一定程度的司法豁免,获得其实质性配合和帮助,一方面可以清除成功指控严重贿赂犯罪过程中的证据障碍,直接节约司法资源,减少诉讼成本支出,提高诉讼效率。另一方面,通过放弃对罪行轻微者的追诉而节约出来的司法资源,可以用来追诉相对严重的贿赂罪行,从而可以实现刑事司法资源的优化配置。

至于如何构建一项科学、合理并且具有中国特色的贿赂犯罪污点证人豁免制度,使其成为健全完善我国贿赂犯罪案件诉讼程序的亮点,是需要认真思考的问题。在借鉴域外立法经验的基础上,结合我国贿赂犯罪追诉的实践情况,我国贿赂犯罪污点证人作证豁免制度的构建,大致应包括以下几方面的内容:

第一,作证豁免的类型。从域外国家和地区的立法看,贿赂犯罪污点证人作证豁免主要有两种类型:一是罪行豁免;二是证据使用豁免。笔者主张确立有限的罪行豁免。之所以不宜采用证据使用豁免,是因为证据使用豁免只是污点证人的证言不得在随后进行的诉讼中用做不利于其的指控证据,检控机关仍可根据其他合法独立的来源掌握的证据对其进行追诉,未完全免除其刑事责任。这对犯罪嫌疑人转变为污点证人的诱导力十分有限,难以充分发挥该制度的刑事政策功效。之所以应是有限的罪行豁免,这不仅是防范权力滥用、契合严厉惩治贿赂犯罪刑事政策的需要,而且也可以在很大程度上避免罪行豁免带来的不利影响,消除公众的疑虑。具体来说,罪行豁免的这种"有限",主要体现在两个方面:一是豁免的罪行仅限于污点证人证言涉及且本人参与的犯罪活动;二是罪行豁免并不免除污点证人因提供虚假证言作伪证的责任。

第二,作证豁免的对象。一是污点证人必须是亲身参与了犯罪活动的自然人,而不能是单位或者未亲身感知案件事实的自然人。当然,也不能是本身为侦查人员但参与了犯罪行为的所谓"卧底"污点证人。二是应明确作证豁免只适用于在犯罪中处于次要或者辅助地位、罪行轻微的犯罪嫌疑人或者被告人,如帮助犯、从犯、胁从犯或者一般参加者等,不能是处于犯罪核心地位的首要分子、主犯或者其他严重犯罪分子。

第三,作证豁免的条件。启动贿赂犯罪污点证人作证豁免制度,应符合以下几个条件:一是污点证人拒绝提供关键证据,检控机关通过正常途径难以获取。如果罪行轻微者在刑事诉讼中主动揭发案件中罪行严重者的罪行或者提供其他实质性配合,或者检控机关通过正常途径能获得相关证言或证据,就不应确定该罪行轻微者为污点证人。二是欲追诉的贿赂犯罪相对比较严重,且污点证人的证言或者其他证据是关键性证据。如果欲追诉的贿赂犯罪不够严重或者比污点证人所犯之罪还轻,那么对污点证人进行作证豁免就没有实质意义。此外,如果罪行轻微者不能提供关键性证据,那么就不能有效侦破和追诉严重腐败罪行,此种情况下当然不应适用这一程序。三是作证豁免不得损害社会整体利益。污点证人作证豁免是国家减轻甚或放弃对部分轻微犯罪的追诉,必须符合社会的整体利益,不得以严重损害司法尊严和公信力为代价。

第四,作证豁免的程序。结合当前我国贿赂犯罪侦查体制及相关实践,宜确定检察机关作为贿赂犯罪污点证人作证豁免程序的启动和决定主体。为了防止贿赂犯罪污点证人作证豁免制度适用过程中可能出现的执法不公、司法腐败等问题,应加强对这一程序的监督和制约,如可考虑实行提级审批制度、将这类案件纳入人民监督员监督的案件范围。检察机关决定适用这一程序的,可以对污点证人作出不起诉处理。

第五,作证豁免的保障措施。贿赂犯罪污点证人作证豁免制度的适用,如果没有相关的配套保障措施,其功能的发挥可能会受到一定的掣肘。因此,健全作证豁免的保障措施是必要的。一是要建立健全污点证人保护制度。相比于一般证人,污点证人更容易遭受打击报复,且其与案件的终局处理有切身的利害关系。因而要彻底打消污点证人的作证顾虑,使其敢于"窝里反",一方面要给予其罪行豁免的宽大处理;另一方面也必须创造必要的条件,制定有效的污点证人保护措施。二是要建立污点证人不作证的惩戒制度。既然司法机关给予污点证人一定程度的司法豁免,污点证人就有如实作证的义务。如果污点证人作伪证甚至捏造事实故意陷害他人,构成犯罪的,应依法追究刑事责任;如果污点证人后又反悔拒不作证的,应当以豁免的罪行进行追诉。

(三)澄清有关贿赂犯罪污点证人豁免制度的几种错误认识

值得注意的是,在当前我国法治反腐新常态下,关于我国要不要确立贿赂犯罪污点证人作证豁免制度,一些似是而非的观点抬头,对确立贿赂犯罪污点证人作证豁免制度的重要性和必要性认识不足,对确立贿赂犯罪污点证人作证豁免制度的现实可行性存在模糊认识。这些观点值得引起重视,也亟待予以理论上的回应和澄清,从而树立正确导向,推动贿赂犯罪污点证人作证豁免制度早日在我国确立。

第一,贿赂犯罪污点证人作证豁免不违反刑法基本原则。

有人认为,贿赂犯罪污点证人作证豁免的适用是有条件地放弃对犯罪团体中一部分犯罪分子的刑事追诉,从根本上违背了我国《刑法》的基本原则——罪刑法定原则和罪刑相适应原则。并据此认为,在我国现有法制框架下,没有污点证人作证豁免适用的空间。笔者认为,这种观点是有失公允的,对此应当有清醒的认识。

罪刑法定原则与罪刑相适应原则均是我国《刑法》的基本原则。罪刑法定原则作为《刑法》的基本原则,其基本含义是"法无明文规定不为罪,法无明文规定不处罚"。也就是说,犯罪与刑罚必须预先由法律加以明确规定。罪刑法定原则从其诞生之初,就是以限制权力、保障人权为己任,以对公民权利的保障为其首要价值目标,因而顺应了现代社会民主和法治的发展趋势。在贿赂犯罪案件中,对于罪行较轻微的犯罪嫌疑人或者被告人,如果其与司法机关合作,在诉讼中提供实质性配合,指证其他罪行较严重者,国家给予其一定程度的司法豁免,减轻或者免除其刑事责任,并未涉及违反罪刑法定原则的问题。因为罪刑法定原则是相对于罪刑擅断主义而言的,主要是限制随意入罪而非针对出罪。事实上,贿赂犯罪污点证人作证豁免恰恰体现了罪刑法定原则保障人权的基本精神。认为污点证人作证豁免违反罪刑法定原则的观点,可能是对罪刑法定原则的基本含义以及价值蕴涵存在误解所致。

此外,贿赂犯罪污点证人作证豁免也不违背罪刑相适应原则。罪刑相适应原则的基本含义是:犯多大的罪,就应承担多大的刑事责任,法院亦应判处其相应轻重的刑罚,做到重罪重罚、轻罪轻罚、罚当其罪、罪刑相称。乍一看,贿赂犯罪污点证人作证豁免似乎有违罪刑相适应原则,但实则不然。

一方面,确立贿赂犯罪污点证人作证豁免,是国家面对查处贿赂犯罪的取证困境时所作出的理性选择,是追诉严重贿赂犯罪分子刑事责任的合理代价。与其因证据不足或者陷入取证困境而放纵严重贿赂犯罪分子,还不如确立污点证人作证豁免制度,从内部攻破贿赂犯罪"堡垒",由罪行较轻微者充当污点证人反戈一击,彻底分化瓦解贿赂犯罪分子的内部联盟,从而实现更好、更集中地惩治贿赂犯罪的目的,实现罪责刑相适应,这是维护更高层面上的国家利益。

另一方面,对于贿赂犯罪中罪行轻微者(污点证人),如果其在诉讼中愿意提供实质性配合,帮助司法机关扫清指证贿赂犯罪的证据障碍,从而成功追诉其他严重贿赂犯罪分子,也反映出其主观恶性和人身危险性的降低,当然会影响所承担的刑事责任的大小。而确立贿赂犯罪污点证人作证豁免制度,给予污点证人一定程度的司法豁免,恰是对其积极配合行为的奖赏性回报,客观反映了其刑事责任大小的变化情况,体现了罪责刑相适应的理念。

总而言之,贿赂犯罪污点证人作证豁免,不但没有违反刑法的基本原则,相反,恰恰体现了罪刑法定原则和罪刑相适应原则的基本精神。

第二,贿赂犯罪污点证人作证豁免具有道德相容性。

有人认为,贿赂犯罪污点证人作证豁免的适用,以有利于侦破案件或者追诉主要犯罪分子为目的,而犯罪分子罪行如何、认罪态度的好坏,以及有罪证据是否充分,不是作证豁免适用考虑的关键环节,因为这意味着国家有意识地放纵一部分犯罪,无异于公共权力的滥用。尤其是国家在一部分犯罪分子的背叛行为中获利,并对背叛者予以奖赏,更使国家陷入了道德上不义的漩涡之中。

笔者认为,这种观点不能成立,贿赂犯罪污点证人作证豁免的适用与现有道德并不相悖,具有道德相容性。这主要体现在两个方面:

首先，在贿赂犯罪案件诉讼中，对污点证人实行作证豁免并非如某些人所说，完全不考虑罪行轻重、认罪态度好坏以及有罪证据是否充分等情况。事实上，司法机关在决定是否将犯罪嫌疑人或被告人确定为污点证人时，必须考虑罪行的轻重，只有贿赂犯罪中罪行轻微者才应被确定为污点证人，否则就难以体现出污点证人作证豁免制度的价值蕴涵和本来的意义。此外，如果犯罪嫌疑人或被告人认罪态度不好，在诉讼中不愿意提供实质性配合甚至拒不配合，也不能将其确定为污点证人，因为此时适用作证豁免的前提和基础不存在。毕竟，司法机关既未得到指证其他重大贿赂犯罪嫌疑人的关键证据，未有效节约司法资源、提高诉讼效率，就不可能对犯罪嫌疑人或者被告人适用作证豁免。

其次，对于罪行轻微的污点证人，由于其提供了关键证言或者证据，本身就是知罪认罪、悔过自新的行为，理当予以鼓励。对这些污点证人（即所谓背叛者）给予作证豁免的相应宽大待遇，恰是为他们提供了迷途知返的"金桥"，而非"一棍子打死"，这充分彰显了国家的道义。贿赂犯罪污点证人作证豁免，不仅有利于污点证人改邪归正、回归正常的社会生活之中，而且也体现了刑罚的教育、改造功能，符合刑罚预防犯罪的根本目的，不存在使国家陷入道义上的不义漩涡之中以及与现有道德价值观不相容的问题。

事实上，污点证人作证豁免的道义基础，与我国《刑法》第68条规定的立功制度设置的初衷颇有相似之处。立功的基本含义就是犯罪分子有揭发他人犯罪行为并查证属实，或者提供重要线索从而帮助侦破其他案件；对于有立功表现的，可以获得相应的宽大待遇。由此可见，与我国《刑法》中规定的立功制度所具有的道德基础和重要意义一样，贿赂犯罪污点证人作证豁免也完全具有道德相容性。

第三，贿赂犯罪污点证人作证豁免与司法腐败之间没有必然联系。

有人认为，确立贿赂犯罪污点证人作证豁免制度，适用污点证人作证豁免，会对法官、检察官的自由裁量权形成过度依赖，极易滋生司法腐败。笔者认为，这种观点也是似是而非的。

首先，我们可以在立法上明文规定贿赂犯罪污点证人作证豁免的适用条件、适用范围、适用程序、豁免对象、监督制约等内容，合理规范司法机关适用污点证人作证豁免的自由裁量权，使裁量权的适用正当、合理，防止损害公共利益现象的发生。

其次,司法机关在适用污点证人作证豁免制度时具有一定的自由裁量权是正当合理的,是保持该制度必要的弹性和张力的客观要求。只有这样,司法机关才能根据犯罪嫌疑人或者被告人及其作证的实际情况,给予相应程度的豁免待遇,更好地体现司法公正。这就好比,法官量刑时有一定的自由裁量权就可能产生司法腐败现象,但绝不能因此废止或者拒绝量刑;同样,也不能因为司法机关在适用贿赂犯罪污点证人作证豁免制度时有一定的自由裁量权,可能产生司法腐败现象,而因噎废食,否定确立该制度的可行性。事实上,贿赂犯罪污点证人作证豁免与司法腐败之间没有必然、直接的关联。

第四,贿赂犯罪污点证人作证豁免与严厉惩治行贿犯罪不矛盾。

有人认为,贿赂犯罪污点证人作证豁免,就是贿赂犯罪中的罪行轻微者通过为司法机关追诉相对严重的腐败罪行提供实质性配合和帮助,以换得豁免刑罚的特权,免受刑事追诉或得到从轻、减轻、免除刑事处罚的对待。在贿赂犯罪中,罪行轻微者又主要是行贿人。因此,贿赂犯罪中适用污点证人作证豁免,会影响惩治行贿犯罪的力度,与最高人民检察院目前提出要严厉惩治行贿犯罪的政策导向不符。

笔者认为,这种观点是站不住脚的。诚然,司法实践中在一定程度上确实存在"重查受贿、轻办行贿"的现象,很多腐败官员因受贿而锒铛入狱,但行贿人却常常得以轻判或未予追究刑事责任,有的甚至在案发后仍继续当选为人大代表、政协委员等。这种现象的发生,原因无疑是多方面的,既有立法方面的,也有司法方面的,还有认识观念层面的。

应当说,司法实践中这种"重查受贿、轻办行贿"的现象,无助于反腐败斗争的深入推进,既与国家对腐败行为实行"零容忍"的策略方针相违背,也不利于从源头上防范和遏制贿赂犯罪,已严重影响了贿赂犯罪的治理效果。因此,要重视对行贿犯罪的治理,应把查办行贿犯罪作为统筹推动贿赂犯罪治理工作的一个重要抓手,加大惩处行贿犯罪力度,增加行贿行为的风险和成本,坚持两手抓、两手都要硬,坚决防止和纠正"重查受贿、轻办行贿"的现象,从而更好地防治贿赂犯罪。毕竟,行贿犯罪也具有严重的腐蚀性和社会危害性,并且是受贿犯罪的重要诱因。实践证明,查处行贿犯罪有利于突破受贿犯罪,查处受贿犯罪同样也有利于发现行贿犯罪。

因此,在当前我国反腐败斗争形势依然严峻、任务依然艰巨的情况下,最高人民检察院提出克服"重查受贿、轻办行贿"倾向,在坚决查办受贿犯罪的同时,进一步推进查办行贿犯罪案件工作,具有非常积极的意义。这将有力震慑行贿犯罪分子,从源头上铲除滋生受贿现象的温床,降低贿赂犯罪发生的几率,统筹推动防治贿赂犯罪工作的深入开展。

最高人民检察院日前提出检察机关要进一步加大打击行贿犯罪力度,依法从严惩治行贿犯罪,其政策考量和背景是,当前司法实践中不同程度地存在"重查受贿、轻办行贿"的现象,司法工作人员亦不乏"重查受贿、轻办行贿"的观念,对行贿犯罪的严重危害性认识不足。因而检察机关采取积极有效措施,加大了依法打击行贿犯罪的力度,主要目的是切实防止和纠正"重查受贿、轻办行贿"观念和现象的蔓延,更好地治理贿赂犯罪。这与确立贿赂犯罪污点证人作证豁免制度并不矛盾,不能成为否定确立该制度的根据和理由。因为宽严相济是我国的基本刑事政策,是检察机关正确执行国家法律的重要指针,检察机关在查办行贿犯罪的过程中必须贯彻这一基本刑事政策;而对在贿赂犯罪中罪行相对轻微或者处于次要或辅助地位,在案件查办过程中提供实质性配合和帮助的行贿人(污点证人)适度从宽处理,恰恰体现了宽严相济的刑事政策从宽的一面。

正因为检察机关在依法履行查办行贿犯罪的职能时要实行区别对待,注重宽与严的有机统一,该严则严,当宽则宽,宽严有度,因此在对严重行贿犯罪依法严厉打击的同时,对犯罪分子,依法能争取的就要尽量争取,能挽救的就要尽量挽救,能从宽处理的就要尽量从宽处理。这样可以最大限度地化消极因素为积极因素,为构建社会主义和谐社会服务。

综上所述,检察机关进一步加大打击行贿犯罪力度,严厉惩治行贿犯罪,应当突出重点。对多次行贿或者对多人行贿的案件,长期"围猎"干部的行贿案件,行贿数额巨大、情节恶劣的案件,行贿造成严重后果或者严重侵害民生民利、引发群体性事件或重大责任事故的行贿案件,党的十八大以来不收敛、不收手、性质恶劣的行贿案件等,要着重体现从严的一面,予以严厉打击,坚决依法从严从重处罚。但对被追诉前主动交代行贿行为的行贿人,被勒索而被动行贿的行贿人,行贿数额较小的行贿人,为谋取正当利益而行贿的行贿人,以及充当污点证人在诉讼中为司法机关提供实质性配合和帮助的行贿人等,则应着重体现从宽的一面,依法予以从宽处理。

巨额财产来源不明的认定
——龚花贪污、巨额财产来源不明案

目　次

一、基本案情
　　（一）贪污罪
　　（二）巨额财产来源不明罪
二、诉讼经过
三、法理研析
　　（一）一审重审判决对龚花犯贪污罪的认定，是否事实清楚，证据确实、充分？
　　（二）龚花的行为是否构成巨额财产来源不明罪？

一、基本案情

河南省确山县(2009)确刑初字第 092 号刑事判决认定龚花犯贪污罪、巨额财产来源不明罪的事实如下：

（一）贪污罪

被告人龚花担任确山县人口与计划生育委员会副主任，负责全县计划生育工作的宣传工作，安排各乡镇的刷写墙体标语工作任务和支付刷写墙体标语款,经其手该款项已在确山县人口与计划生育委员的财务支出。

2007年,被告人龚花以刷墙体标语为名,出具"确山县笨鸟艺术装饰(姚真保)""周口市超真彩印厂"4张虚开的发票,分别骗取确山县刘店镇计生所公款6200元、竹沟镇计生所公款5000元,普会寺计生所公款2000元,留庄镇计生所公款4300元,共计骗取公款17500元占为己有。

2006年12月,被告人龚花为全县各乡镇代订《中国人口报》《婚育与健康》《新家庭》《人口·家庭·社会》4种报纸杂志,由确山县人口与计划生育委员会宣传股统一分发报纸杂志,其从确山县竹沟镇计生所、任店镇计生所等13个单位共收取报纸杂志款72 720元,实际支出订报纸杂志款51 456元,采取了多收少订的手段将其中的报纸杂志款21 264元占为己有。

2005年12月,确山县计生委决定在计文公司印制计生宣传挂历(2006年)分发各乡镇,由各乡镇支付费用,按0.8元/份计付。印制后被告人龚花安排各乡镇领取,部分乡镇及时拉走,部分乡镇于2006年下半年收到。确山县人口与计划生育委员会要一部分,于2006年8月另支付费用和挂历款8 400元。2006年下半年,被告人龚花持该公司负责人陈培开出具的发票如数从确山县双河乡计生所、新安店镇计生所、三里河乡计生所、盘龙镇计生所、石滚河乡计生所等12个单位收取挂历款总计64 000元,后付给确山县计文包装印刷有限公司负责人陈培开43 200元。被告人龚花将其中的29 200元公款占为己有。

(二)巨额财产来源不明罪

2008年5月6日,依法冻结被告人龚花及其家庭成员在金融机构的存款1 224 225.47元。经查明支出的财产及存款和其他财产、代管财产等,总计价值1 527 581.22元,扣除认定贪污犯罪的金额67 954元及家庭合法收入及说明来源的财产价值790 515元,其余价值669 112.22元的财产,不能说明合法来源,应认定为巨额财产来源不明。

二、诉讼经过

2008年10月8日,河南省确山县人民检察院以确检刑诉〔2008〕141

号《起诉书》指控被告人龚花犯贪污罪、巨额财产来源不明罪，向河南省确山县人民法院提起公诉。河南省确山县人民法院于2008年11月22日以(2008)确刑初字第161号《刑事判决书》作出一审判决，判决认定被告人龚花犯贪污罪，判处有期徒刑10年，并处没收财产3万元人民币；犯巨额财产来源不明罪，判处有期徒刑2年，合并决定执行有期徒刑11年，没收财产3万元。判决宣告后，被告人龚花不服，向河南省驻马店市中级人民法院提出上诉。河南省驻马店市中级人民法院二审后，于2009年6月24日以(2009)驻刑一终字第46号《刑事裁定书》作出裁定，以部分事实不清、证据不足为由，撤销原判，发回重审。河南省确山县人民法院于2009年11月20日以(2009)确刑初字第092号《刑事判决书》重新作出一审判决，认定被告人龚花犯贪污罪，判处有期徒刑6年，并处没收财产10万元人民币；犯巨额财产来源不明罪，判处有期徒刑1年零6个月；合并决定执行有期徒刑7年，没收财产10万元人民币。

三、法理研析

本案中被告人龚花涉嫌的贪污罪、巨额财产来源不明罪，在实体上不存在争议。问题的关键是：法院判决认定龚花犯贪污罪的事实是否已经查证清楚，是否达到了证据确实、充分的有罪证明标准？看来是不无疑问的。除此之外，对于国家工作人员的财产或者支出明显超过合法收入，差额巨大，本人对其来源的合法性进行说明，要不要达到确实、充分的证明程度，这也是本案所反映的问题。

（一）一审重审判决对龚花犯贪污罪的认定，是否事实清楚，证据确实、充分？

从河南省确山县(2009)确刑初字第092号《刑事判决书》来看，一审法院认定被告人龚花贪污的公款67 594元，实际上是指下述3笔款项：第一笔是贪污竹沟镇等4个乡镇计生所的墙体标语款17 500元；第二笔是采取多收少订的手段贪污报纸杂志款21 264元；第三笔是贪污向双河乡等12个乡镇计生所收取的挂历款29 200元。笔者认为，一审判决对龚花犯贪污罪所涉3笔犯罪事实的认定，属于部分事实不清，证据不足，没有达到确实、充分的证明程度。

1. 关于第一笔涉案的墙体标语款 17 500 元

一审判决认定龚花贪污此笔款项的证据不足,证据之间的矛盾未能合理排除,无法形成完整的证据锁链。

其一,一审判决认定"2007 年被告人龚花以收取刷写墙体标语款为名,出具'确山县笨鸟艺术装饰(姚真保)''周口市超真彩印厂'4 张虚开的发票,分别骗取竹沟镇计生所公款 5 000 元,普会寺乡计生所公款 2 000 元,留庄镇计生所的公款 4 300 元,刘店镇计生所公款 6 200 元。总计骗取公款 17 500 元占为己有"。由上可见,一审法院是明确认定被告人龚花以收取刷写墙体标语款为名,出具了 4 张虚开的发票,骗取公款 17 500 元。但是,一审判决的上述认定并没有发票出票单位的证据(包括出票单位相关证人证言)佐证,无法印证龚花出具的"确山县笨鸟艺术装饰(姚真保)""周口市超真彩印厂"4 张发票就是虚开的发票,并用来骗取竹沟镇等 4 个乡镇计生所的公款共计 17 500 元。而发票出票单位的证据(包括出票单位的相关证人证言)恰恰又是澄清事实、印证龚花是否以虚开的 4 张发票骗取公款 17 500 元的关键证据。我国《刑事诉讼法》第 53 条明文规定,"对一切案件的判处都要重证据,重调查研究",要认定是被告人龚花以收取墙体标语款为名,出具虚开的 4 张发票,骗取公款 17 500 元,就必须确保案件事实清楚,证据确实、充分。如果这 4 张发票不是虚开的,而确实是由有关出票单位开具的,那么,一审判决对被告人龚花出具虚开的 4 张发票、贪污此笔款项事实的认定,其证据显然就是不足的,无法形成完整的证据锁链。事实上,在本案中,没有这 4 张涉案发票出票单位的证据,就无法有效印证发票的真实性以及出票单位是否收到过该款项、该票是谁要求开具的等相关案件事实。其实,一审庭审时,公诉机关也当庭表示已经调取发票出票单位"确山县笨鸟艺术装饰(姚真保)"的证言,但却不同意出示该证据,致使该证据无法当庭认证、质证,这显然是有违《刑事诉讼法》的有关规定的,也不利于切实保障被告人的人权。鉴于此,专家们一致呼吁,二审庭审时人民法院应当调取 4 张发票出票单位的证据(包括出票单位相关证人的证言),并当庭认证、质证,否则,就不能认定龚花出具虚开的 4 张发票并骗取公款 17 500 元的事实。

其二,关于被告人龚花是否收取此笔涉案款项,她的数次供述多有反复,而且有关证人的证言也存在矛盾之处,证据之间的矛盾并未合理排除。从龚花的《讯问笔录》(共 20 次)来看,虽有 4 次供述提到了收取竹沟镇等 4 个乡镇计生所的墙体标语款,但在其他 16 次供述中,她又明确否认见过相关发票或者收受墙体标语款,并且在一审庭审时当庭指出:"2008 年 8 月 5—9 日之所以承认收 17 500 元,是在办案人员诱供、承诺让其判缓刑早点出来的前提下才违心说的"。

其三,在涉案的墙体标语款上,有关的证人证言也存在不少抵触之处。如以收受刘店镇计生所的 6 200 元为例,证人王洪涛在《询问笔录》(2008 年 4 月 25 日)中说到:2007 年八九月份,龚花到刘店镇来要钱,我让会计申水叶付给她一两千元,其余的在 2007 年年底十一二月份我让申水叶带着钱到计生委交给龚花。证人申水叶在《询问笔录》(2008 年 4 月 26 日)指出:"王洪涛交给我票和主管领导赫运彩签字的时间接近,签字是在 2007 年 6 月 12 日,大约过了 1 个月时间,县计生委龚花主任到刘店,所长王洪涛安排我把这 6 200 元现金交给龚花了。"而证人赫运彩在《询问笔录》(2008 年 5 月 17 日)中则提到:"到 2007 年上半年龚主任把票给我后,我才安排会计把钱给龚主任,给钱应该在 2007 年 6 月 12 日前,因为是先给钱后来补签的票。在申水叶家里,给龚主任 6 200 元,当时还有我、王洪涛在场。"赫运彩在 2008 年 8 月 22 日的《询问笔录》中又表示:"2007 年下半年我安排王洪涛付这个钱,王洪涛让申水叶把这 6 200 元付给龚花了,至于分几次付的,在什么地方付的,我记不太清楚,王洪涛、申水叶清楚。"由上不难看到,证人王洪涛、申水叶、赫运彩所提供的证言,特别是在给被告人龚花墙体标语款 6 200 元的时间、地点、次数上存在诸多相互矛盾之处,而一审判决并未合理排除上述被告人前后供述之间、证人证言之间的矛盾,就认定龚花骗取了公款 17 500 元,在证据认定上可以说是存在较大瑕疵的,一审判决对上述事实的认定并未达到《刑事诉讼法》规定的证明标准。

2. 关于第二笔涉案的报纸杂志款 21 264 元

一审法院对被告人龚花贪污该笔款项的认定,亦是部分事实不清,证据不足,至少有以下款项不能认定为是被告人龚花非法占为己有:

其一,没有证据证明被告人龚花收取了盘龙镇计生所的报纸杂志款,应将该款项从一审判决认定的涉案报纸杂志款 21 264 元中扣除。从一审判决来看,该判决一方面认定被告人龚花从竹沟镇计生所、任店镇计生所等 13 个单位共收取了报纸杂志款 72 720 元,但另一方面在证实上述事实时,确认作为定案根据的却只有 12 个单位的证据(在此姑且不论这些证据能否成立),没有盘龙镇计生所相关证人的证言以及记账凭证予以证实。最高人民法院《关于适用〈中华人民共和国刑事诉讼法〉的解释》第63条明确规定,"证据未经当庭出示、辨认、质证等法庭调查程序查证属实,不得作为定案的根据"。而一审判决所认定的被告人龚花贪污涉案的报纸杂志款21 264元,显然将龚花收取了盘龙镇计生所的报纸杂志款计算在内,而这种认定恰恰是缺乏证据支持的,严重违背最高人民法院上述司法解释的规定。

其二,有证据表明被告人龚花垫付了杨店乡(该乡后与双河乡合并)的报纸杂志欠款,控辩双方就该案件事实提交的证据相互矛盾,在案证据尚不能认定被告人龚花贪污该笔款项。首先,被告人龚花在《讯问笔录》中明确提到"另外扣除杨店2005年年底合并双河乡时欠2006年的4种(每种杂志12份)报纸杂志款3 375.36元(当时的经办人是杨店人大主席、分管计生工作的马中山,双河乡人大主席汪新套),双河乡实交3 375.36元,仅此一个乡多认定9 563.52元"的情况。其次,从2009年6月1日驻马店市中级人民法院对证人马中山、汪新套所作的《调查笔录》看,证人马中山明确表示:"我以前在杨店乡当副乡长,2005年12月双河与杨店合并的,合并后双河有13个村,杨店有11个村,一共24个村。合并前欠的有计生委杂志款,那一年给报纸杂志款少,就没有给县计生委,大概有两三千元钱,计生委没有找我们要,最后说问双河要,合并后9个月没分配,后来也不知道怎么弄的,龚花打电话问我要过,但乡要解散,就没给她。"证人汪新套也提到"杨店合并前好像有欠款让双河交,后来补交一部分,在2006年年底补交了大概有三千块钱,好像是跟2007年的报纸杂志开一块了,我给张中友书记说过这个事……一直没有还杨店乡的欠款"。上述马中山、汪新套的证人证言与被告人龚花有关垫付杨店乡报纸杂志欠款的供述相互印证,进一步佐证了一审判决否定该事实的证据存在不足,证据之间的矛盾未能合理排除。

其三,存在有力证据表明普会寺乡计生所的报纸杂志款4 291.20元交给了确山县计生委宣传股工作人员胡娜,此笔款项亦应从一审判决认定的涉案报纸杂志款21 264元中扣除。一审判决就涉案的报纸杂志款21 264元确认作为定案根据的证据中,就有证人袁向阳、陈全收的证言。该两人的证言证实,确山县普会寺乡计生所于2006年12月5日向确山县人口与计划生育委员会宣传股交纳《婚育与健康》《新家庭》《人口·家庭·社会》4 种报纸杂志各 15 份的款,金额 4 219.2 元,钱龚花让交给了胡娜[参见确山县(2009)确刑初字第 092 号《刑事判决书》第 7 页]。袁向阳、陈全收的上述证言与被告人龚花的供述"普会寺乡 4 291.20 元交给计生委宣传股工作人员胡娜"能够相互印证,足以认定。尽管胡娜在《询问笔录》中表示"……即使有时领导安排我代收,代收后,我也马上交给领导了"。但本案并没有有力的书证表明胡娜将"代收"的普会寺乡报纸杂志款 4 291.20 元交给了被告人龚花个人。由上可见,一审判决对被告人龚花贪污普会寺乡计生所的报纸杂志款 4 291.20 元的认定是存在诸多疑点的,没有达到确实、充分的证明程度,不应作为定案的根据。

3. 关于第三笔涉案的挂历款 29 200 元

一审判决认定龚花贪污此笔款项的证据也不够充分,相关案件事实并没有查清。

其一,确山县计文包装印刷有限公司(以下简称计文公司)实际印刷了多少份挂历共计多少钱,被告人龚花到底给了计文公司负责人陈培开多少挂历款,目前仍是疑点重重。在给陈培开挂历款的实际数额上,陈培开说:"我只收了 50 000 份或 54 000 份的钱 4 万元或 4.32 万元"(参见陈培开的《询问笔录》);陈帮满(计文公司负责印刷技术工作,系陈培开的弟弟)表示,"计文包装印刷公司在 2005 年确山县人口与计划生育委员会让印了 2006 年度的单张挂历,当时印刷的有 5 ~ 5.4 万份,每份单价 0.8 元,合计有 4 ~ 4.23 万元之间。这批挂历的钱是陈培开收的"(参见陈帮满的《询问笔录》)。但被告人龚花则供称:"收取的挂历款全部给陈培开了。"可见,陈培开、陈帮满的证言与龚花的供述基本上是一方对一方的关系,且相互矛盾。而计文公司实际印刷了多少份挂历共计多少钱,陈培开到底收了多少挂历款或者说龚花到底给了陈培开多少挂历款,并没有有效的书证予以证实,而只有利害双方基本上是一对一的且相互矛盾的证言与供述。即使是从搜查扣押的由陈培开所书写的两份底单看,不仅两份底单记载的挂历底数不同,出入很大(第一份底单:系陈培开给 13 个乡镇提供的发票总数,显示挂历份数是 86 000 份计 68 800 元,加上后来给计生委的 10 500 份 8 400 元,合计就是总数 96 500 份 77 200 元;第二份底单:陈培开实际提供给 13 个乡镇的挂历份数是 43 500 份 34 800 元,加上计生委 500 份,合计 44 000 份 35 200 元),而且也与陈培开等的证言以及龚花的供述不一致。这些案件事实都是法院定案时应当查证属实的情况,应当给予合理的解释和澄清。

其二,这两份底单也与卷宗其他证据材料相互矛盾,存在事实不清楚之处。因为卷宗证据材料中只有 12 个乡镇计生所的挂历发票及相关证人的证言,缺少 1 个乡镇(即两份底单均记载的瓦岗乡计生所)的挂历发票及相关证人的证言,那么,瓦岗乡计生所的 6 000 份挂历哪儿去了?发票 4 800 元又到哪儿去了?等等。这些都不无值得质疑之处。而且公诉机关在计算被告人龚花贪污挂历款的数额时,主要是依据利害关系人陈培开等的单方证言,如把瓦岗乡的挂历数计算在 54 500 份里面,计生委的 500 份没有计算,这是很不妥当的。公诉机关的这种计算方式可能是想与陈培开证言中所提到的 5.4 万份相吻合,但这显然是有违《刑事诉讼法》有关规定的精神的。

综上,应当认为,一审判决认定被告人龚花贪污挂历款 29 200 元的证据尚不够确实、充分,证据之间的疑点和矛盾尚没有得到合理排除,不应轻易认定。

(二)龚花的行为是否构成巨额财产来源不明罪?

河南省确山县(2009)确刑初字第 092 号《刑事判决书》认定,被告人龚花有购买价值 55 822 元的房产一处,已合理支出的财产及存款和其他财产、代管财产等,总计价值 1 527 581.22 元,扣除认定贪污犯罪的金额 67 594 元及家庭合法收入及能说明来源的财产 790 515 元,其余价值 669 112.22 元的财产,不能说明合法来源,经查也无合法来源的根据。笔者认为,上述刑事判决的认定并不妥当。因为国家工作人员本人对其财产或者支出明显超过合法收入并且差额巨大,本人只负有对来源合法性的说明责任,而无用确实、充分的证据进行证明的责任。对于国家工作人员就其拥有的财产或者支出所作的说明,司法机关都应当进行认真查证。经查证属实的,应作为本人的合法收入;如果行为人不能说明财产的来源是合法的,则应减去其合法收入的差额部分,即视为非法所得,其行为构成巨额财产来源不明罪。具体到本案,龚花能够说明来源合法的不少财产,并没有被一审法院认定。具体包括:

1. 扣除合法收入及能说明来源合法的财产中未计算利息

根据一审判决的认定,被告人龚花家庭全部财产总计价值为 1 561 601.22 元,其中龚花及家庭成员在金融机构的存款为 1 268 779.22

元。而只要在金融机构有存款,当然就会存在利息。因来源合法的存款所产生的利息显然是合法收入,应当计入合法收入及能说明来源合法的财产的范畴,这是毋庸置疑的。故而一审判决扣除的合法收入及能说明来源合法的财产未包括利息,显属认定错误,也是不符合实际情况的。至于应扣除的利息数额的多少,则应当结合合法存款的数额、存款的年限、利率等综合确定。

2. 有证据证明周培勋给了周焕国 80 万余元,公诉机关否认该款为合法财产的证据不足

综观本案证据材料,确实有证据证明周培勋给了周焕国 80 万余元。

其一,证人周培勋在《询问笔录》(2008 年 7 月 14 日)中明确提到:自己有 80 万余元给儿子周焕国,自己的工资也由周焕国保管。证人周焕国也在《询问笔录》(2008 年 7 月 14 日)中作证称:"周培勋的财产有 80 多万元,有在我名下的,也有在龚花名下的。"可见,证人周培勋与周焕国的证言能够相互印证。

其二,原审一审判决后又发现证人周培勋 2006 年有 15 万余元的银行存款凭证,这在一定程度上表明周培勋拥有相当的经济实力,将 80 万余元的财产交给其子周焕国,是具备可能性的。

其三,证人周水山在《询问笔录》(2008 年 7 月 16 日)中更是明确提到:"周培勋做的有化肥生意,有好几年的时间,改革开放早期,生意好做,肯定能赚钱。平时周焕国对父母照顾的多。"周水山的证言与周焕国、周培勋的证言基本能够相互印证,这也进一步佐证了周培勋做化肥生意、能赚钱,有相当经济实力,并可能将其财产交给其子周焕国的事实。最后,公诉机关调取证人张建国、吴玉芝的证言,试图证明当时的化肥经营政策不允许个人经营化肥生意、周培勋不会通过化肥生意赚钱等,进而否定周培勋有 80 万余元钱,这也难以成立。因为当时的化肥经营政策是否允许个人做化肥生意,与周培勋事实上是否通过做化肥生意获得了相当财产并无必然的联系。事实上,在当时改革开放初期,国家实行化肥价格双轨制,相关制度还不健全的情况下,采取规避法律,通过关系弄到计划内指标以牟取巨额利润的情况并非少见。因此在判断周培勋是否具备交给周焕国 80 万余元的经济能力时,应当考虑当时的背景情况,合情合理地予以认定。不能因为有证人说"周培勋新中国成立前、新中国成立后甚至退休后家里都很穷,没有什么钱,没有铜板",就直接认定周培勋不具备交给

周焕国 80 万余元的经济能力,这并不是实事求是的态度,也违背主客观相统一的原则。

综上所述,周培勋给其子周焕国 80 万余元确实是存在证据支持的,而非一审判决所言的"查无依据"。案件审理法院在判断该 80 万余元是否被告人龚花家庭合法财产时,理当特别慎重,应按照存疑时有利被告的原则予以认定。可以想见,如果此笔款项能被实事求是地认定为被告人龚花家庭合法财产的话,那么一审法院判决被告人龚花犯巨额财产来源不明罪就失去了客观基础,因为一审判决认定被告人龚花不能说明来源的财产的价值只有 669 112.22 元,远小于 80 万余元。

3. 尚有其他合法收入及来源合法的财产未被认定

仔细分析本案,尚有以下几笔合法收入及来源合法的财产未被认定:

一是被告人龚花代龚金兰管理的 9.5 万元。从被告人龚花的供述以及证人龚金兰的证言看,龚花代龚金兰管理资金的事实应当是存在的,且两者所说的代管金额也基本一致,只是在一些非关键细节诸如具体付款时间、地点上存在出入。应当说,出现这种出入可能与时间较长且人的记忆力不同有关,说的不完全一致也是合乎情理的,不应仅因此就草率否定龚花代管 9.5 万元的事实。

二是周玲玲(被告人龚花之女)收到的礼金 16 500 元。根据委托方提供的材料,可知周玲玲明确表示"男方父母给她礼金 1.7～1.8 万元,结婚时父母陪嫁金就是这笔钱"。证人王磊也证明"给了周玲玲礼金 16 500元"。两者的证言能够相互印证,可在很大程度上说明该 16 500 元的来源合法,但遗憾的是,原审一审法院在计算合法支出时包括了周玲玲的陪嫁金 6 000 元、摩托车及洗衣机 10 000 元,但却没将该礼金 16 500 元计算在合法收入之内,这是不妥当的。

三是周焕国代周培勋管理的财产应为 98 500 元,而非一审判决认定的 54 500 元。从农业银行确山县支行调取的存、取款单来看,2008 年 4 月 16 日周焕国存款 98 500 元,实际上乃是其父周培勋的存折转存过来的(2002 年 4 月 16 日开户存 54 500 元,2003 年 4 月 16 日转存 54 500 元),这些存款全部是周焕国代管周培勋的财产,与周玲玲名下 2003 年 3 月 12 日的存款 44 000 元没有必然联系,一审判决把属于周培勋的财产 98 500元,扣除该 44 000 元,并没有充分的根据。

私分国有资产罪主体要件的认定
——陈新富私分国有资产案

目　次

一、基本案情
二、诉讼经过
三、法理研析
　（一）涉案企业是国有企业还是集体企业？
　（二）陈新富的行为是否构成私分国有资产罪？
　（三）《关于办理国家出资企业中职务犯罪案件具体应用法律若干问题的意见》的时间效力问题
　（四）认定陈新富私分国有资产的证据是否确实、充分？

一、基本案情

浙江省绍兴市中级人民法院（2014）浙绍刑终字第272号刑事判决认定：1986年12月25日，绍兴建行以注册资金5万元（未实际到位）在其建筑经济科内设立咨询服务部，经济性质为全民所有制。1987年9月12日，经建行浙江省分行批复同意，咨询服务部更名为绍兴市投资咨询公司，企业经济性质变更为集体所有制，绍兴建行作为主管部门为该公司出具了确认实有资金30万元的验资报告及资信证明书（该30万元实际未到位），并通过提供办公场地、调配管理人员、拨入开办经费、提供信贷支持等形式对企业进行扶持。1990年7月6日,绍兴市投资咨询公司更名为绍兴市建设开发公司,企业的经济性质及主管部门不变。此后,绍兴市建设开发公司通过企业盈余积累等途径逐步将注册资金增加至2157万元。1999年3月30日,绍兴市经济委员会向绍兴市建设开发公司颁发了《城镇集体资产产权登记证》。

2004年9月15日,根据建行分立重组协议,中国建银投资有限责任公司(以下简称中建投)承继了对绍兴市建设开发公司的全部权利义务。2008年5月,中建投委托北京某资产评估公司对绍兴市建设开发公司进行资产评估,为中建投转让绍兴市建设开发公司的股权提供依据。资产评估期间,时任绍兴市建设开发公司总经理的陈某与时任公司财务部副经理的董某、时任公司副总经理的黄某合谋,由黄某负责接待评估人员,由董某准备评估资料,以单位名义,隐匿资产、虚增债务,致使评估报告少计净资产4000万余元,仅认定公司全部净资产为5512.16万元。2009年2月17日,中建投以净资产值人民币5512.16万元为起拍价对绍兴市建设开发公司100%股权进行公开拍卖,绍兴市建设开发公司职工技术协会以起拍价拍得该公司上述100%股权。2011年8月31日,绍兴市建设开发公司改制变更为绍兴市建设开发有限公司,企业经济性质为一人有限责任公司,绍兴市建设开发公司职工技术协会持有100%股权。2012年2月22日,绍兴市建设开发有限公司变更名称为绍兴市建设开发集团有限公司,注册资本、经济性质、股东不变。

二、诉讼经过

2013年8月2日,绍兴市越城区人民检察院以绍越检刑诉〔2013〕569号《起诉书》指控被告人陈新富等人犯私分国有资产罪,依法向绍兴市越城区人民法院提起公诉。2014年6月12日,绍兴市越城区人民法院作出(2013)绍越刑初字第640号刑事判决,判决被告人陈兴富犯私分国有资产罪,判处有期徒刑4年,并处罚金人民币10万元;同时,对绍兴市越城区人民检察院扣押的绍兴市建设开发集团有限公司的人民币9188153.29元及其孳息,予以没收;未追回的国有资产继续予以追缴。判决后,被告人陈新富不服,认为一审判决对涉案企业经济性质的认定、对其本人犯私分国有资产罪的认定都是错误的,缺乏充分的事实根据和法律依据,依法向绍兴市中级人民法院提出上诉。2014 年 10 月 10 日,浙江省绍兴市中级人民法院作出(2014)浙绍刑终字第 272 号《刑事判决书》,判决维持绍兴市越城区人民法院(2013)绍越刑初字第 640 号刑事判决对陈新富的定罪量刑部分;撤销绍兴市越城区人民法院(2013)绍越刑初字第 640 号刑事判决第四项;追缴全部违法所得。

三、法理研析

本案因案情复杂、涉及面广、政策性强,且涉案金额巨大,社会影响广泛,因而受到有关部门和社会的高度关注。特别是对本案涉案企业经济性质的认定,不仅涉及司法对国家工商行政管理部门工商登记公示效力和对抗力的尊重问题,而且也事关城镇集体企业及其职工合法权益的维护和正确对待 20 世纪 80 年代国企改制政策的态度问题。本案的处理结果对以后的司法实践和法治也将产生深远影响。从刑事法法理的角度,有以下几个问题值得研究:一是涉案企业的经济性质如何认定?二是陈新富的行为是否构成私分国有资产罪?三是最高人民法院、最高人民检察院《关于办理国家出资企业中职务犯罪案件具体应用法律若干问题的意见》的时间效力问题。四是认定陈新富私分国有资产的证据是否确实、充分?

(一)涉案企业是国有企业还是集体企业?

根据《刑法》第 396 条的规定,所谓私分国有资产罪,是指国家机关、国有公司、企业、事业单位、人民团体,违反国家规定,以单位名义将国有资产集体私分给个人,数额较大的行为。本罪的主体是特殊主体,只能由国家机关、国有公司、企业、事业单位、人民团体等国有单位构成,其他非国有单位和任何个人不能成为本罪的主体。在本案中,涉案企业(绍兴建设开发公司)的性质到底是全民所有(国有)制还是集体所有制,是直接影响本案定性的关键和核心问题。笔者认为,本案涉案企业的性质是集体所有制,涉案企业并非国有单位,不符合私分国有资产罪的主体特征。主要理由如下:

1. 涉案企业的性质变更为集体所有制,经过了工商变更登记和确认,具有公示效力和对抗力

一般来说,企业性质的确定应以工商登记为准,因为工商登记具有公示效力和对抗力,是向社会公众进行宣告和公示的一种行政确认行为,具有法定的效力。具体到本案,1986年12月25日,绍兴建行出资5万元在其建筑经济科内设立咨询服务部,对外承担原建筑经济科的部分行政职能,实行独立核算,性质为全民所有;但在1987年9月12日,咨询服务部更名为绍兴市投资咨询公司,企业经济性质变更为集体所有,经过了工商变更登记和确认。这一点有绍兴市工商行政管理局的"变更登记情况"等书证明确证实,毋庸置疑。这一工商变更登记,符合法定程序,是工商登记主管机关的合法行政确认行为,对外具有公示效力和对抗力,因此,涉案企业性质的确认,原则上应以上述工商变更登记为准。

2. 涉案企业的性质变更为集体所有制,经过了有关行政主管机关和上级主管部门的批准,改制是合法有效的

在本案中,有确实的证据材料表明咨询服务部更名为绍兴市投资咨询公司,企业性质变更为集体所有,其改制经过了作为行政主管机关的绍兴市计划委员会以及绍兴建行的上级主管部门原建行浙江省分行的批准。如绍兴市计划委员会于1987年1月27日以[绍市计(88)第20号]文件对绍兴建行给予批复,即'……同意将原"建设银行绍兴市中心支行咨询服务部'改名为'绍兴市投资咨询公司'。公司隶属于你行领导,性质为集体所有制……"另外,绍兴建行的上级主管部门原建行浙江省分行于1987年6月19日下发的《同意成立绍兴市投资咨询公司的批复》,也明确指出:"一、同意将原'建设银行绍兴市中心支行咨询服务部'改名为'绍兴市投资咨询公司';二、该公司隶属于绍兴市建设银行,是实行独立核算、自负盈亏的集体所有制企业,咨询人员自行解决……"由上可见,涉案企业的改制经过了合法批准程序,符合当时国家企业改制的政策,是有效的。

3. 绍兴市经济委员会颁发的《城镇集体资产产权登记证》明确确认涉案企业的性质为集体所有制

本案在案证据材料显示,为了贯彻落实国务院办公厅《关于在全国城镇集体企业、单位开展清产核资工作的通知》的精神,根据国家经济贸易委员会、财政部、国家税务总局颁布的《城镇集体所有制企业、单位清产核

资产权界定暂行办法》(国经贸企〔1996〕895号)等有关规定,1999年3月10日,绍兴市经济委员会对涉案企业的产权进行了界定,并颁发了《中华人民共和国城镇集体资产产权登记证》(证书号:330501114),其内容为:"经审核确认,截至1998年3月31日,绍兴市建设开发公司的集体资产为2467万元人民币,其中2467万元归本企业劳动者集体所有;集体资产占企业净资产比例为100%,特发此证。"不难看出,绍兴市经济委员会依职权颁发的公文书证也是明确认可涉案企业性质为集体所有制。应当指出,绍兴市经济委员会颁发的上述产权登记证,是作为政府主管部门的绍兴市经济委员会在全国清产核资产权界定工作中,依据《城镇集体所有制企业、单位清产核资产权界定暂行办法》等有关规定,依法对涉案企业资产权属作出的具有法律效力的界定结论,属于国家机关依职权制作的公文书证,是证明涉案企业资产权属的合法有效依据。而且根据"一物一权"的物权法原则,在绍兴市经济委员会对涉案企业资产权属已进行有效界定的情况下,其他任何国家机关都无权再进行重复界定,也没有否定该界定结论的法律依据。

4. 涉案企业的直接主管部门绍兴建行在审核意见中也明确认可涉案企业的性质为集体所有制,未提出任何异议

《起诉书》认定"绍兴市建设开发公司系绍兴建行出资设立,无任何集体组织或个人出资,系国有企业"。对此,笔者认为,上述公诉机关的认定并不符合事实,就是绍兴建行自身,在审核涉案企业改制时也是明确认可其集体所有性质,而非国有性质。在绍兴市经济委员会颁发的《中华人民共和国城镇集体资产产权登记证》的附件一《集体资产产权登记表》中的"企业主管部门审核意见"一栏中,盖有绍兴建行的印章,对涉案企业的集体所有性质没有异议。这进一步佐证了涉案企业的性质是集体所有制,而非《起诉书》所认定的国有企业。

5. 不能以中建投对涉案企业100%股权进行公开拍卖的行为,来反推证明涉案企业的所有制性质

由于当时企业改制的特定历史条件和政策原因,绍兴建行一直把涉案企业当做下属企业,涉案企业也一直认为绍兴建行是其主管部门,故而中建投公开拍卖涉案企业全部股权时,未提出过异议。事实上,涉案企业全部股权最后拍卖给涉案企业职工技术协会,也是事出有因的。另外,从法律关系及其效力来说,涉案企业职工技术协会作为社会团体法人,依靠

自己的资金实力,以起拍价拍得涉案企业100%股权,经济性质变更为一人有限责任公司(职工技术协会持有100%股权),符合《公司法》《关于进一步加快城镇集体企业改革的若干意见》等有关法律法规的规定,程序和手续都是合法的,也是顺理成章的。总而言之,不能以中建投对涉案企业100%股权进行公开拍卖的行为,以及涉案企业职工技术协会拍得涉案企业全部股权的事实,来反推证明涉案企业的所有制性质。

(二)陈新富的行为是否构成私分国有资产罪?

本案一、二审判决认定:"被告人陈新富等人基于集体私分的主观故意,在明知公司资产系国有资产的情形下,向中建投委托的评估人员隐匿公司资产,应认定被告人主观上有私分国有资产的故意,客观上为集体私分国有资产而实施了隐匿国有资产的行为。"也就是认定陈新富的行为构成私分国有资产罪。笔者认为,行为符合犯罪构成才是行为人负担刑事责任的根据。从本案案情看,陈新富的行为并不完全符合私分国有资产罪的主客观构成要件,不应以私分国有资产罪对其追究刑事责任。除了涉案企业的经济性质不是国有企业,不符合私分国有资产罪的主体要件,因而不构成私分国有资产罪外,还在于:

1. 陈新富没有私分国有资产的犯罪故意

私分国有资产罪的主观方面是直接故意,即行为人明知是国有资产而希望以集体名义私分给个人。而本案中陈新富主观上并不明知涉案企业资产是国有资产,相反认为涉案企业是集体企业,涉案企业资产系集体资产。如陈新富在供述中多次否认其有私分国有资产的故意,表示其主观上不知道绍兴市建设开发公司为国有公司:一是未曾收到过开发公司是国有企业的文件,亦没有权威部门确认开发公司是国有企业;二是资产积累无须向财政部报批,资产处置亦按照集体资产性质处置。陈新富的上述供述与在案的涉案企业工商登记材料、绍兴市经济委员会《城镇集体资产产权登记证书》、建行浙江省分行批复等大量客观证据能相互印证,这些客观证据均一致表明涉案企业的经济性质系集体企业,因而涉案企业的资产也就是非国有资产。事实上,在中建投决定公开拍卖涉案企业股权时,涉案企业还明确提出了异议,这一点一审判决也是认可的。因此,综观全案来分析,陈新富主观上并不具备"明知是国有资产"这一私分国有资产犯罪故意(直接故意)的认识因素,而认识因素又是意志因素存在的前提,是犯罪故意成立的基础。唯有具备明知是国有资产这种明确认识的前提下,才谈得上行为人对私分国有资产这种危害结果所持的心理态度到底是希望还是放任,也才会在持希望心理态度时确定行为的步骤和方法,并直接支配行为的实施,从而构成犯罪的故意。而本案中私分国有资产犯罪故意中的认识因素是不具备的,故而陈新富主观方面也就不存在所谓的私分国有资产罪犯罪故意。

2. 陈新富的行为也不符合有关司法解释"以私分国有资产罪定罪处罚"的规定

2010 年 11 月 26 日,最高人民法院、最高人民检察院颁布了《关于办理国家出资企业中职务犯罪案件具体应用法律若干问题的意见》(法发〔2010〕49 号,以下简称《意见》),《意见》第 2 条第 1 款规定:"国有公司、企业违反国家规定,在改制过程中隐匿公司、企业财产,转为职工集体持股的改制后公司、企业所有的,对其直接负责的主管人员和其他直接责任人员,依照刑法第三百九十六条第一款的规定,以私分国有资产罪定罪处罚。"表面上看,本案的情形似乎与《意见》的上述规定符合,实则不然。

首先,《意见》是针对办理国家出资企业中职务犯罪案件具体应用法律若干问题提出的意见,而前文已经分析,本案中的涉案企业并非国家出资企业,绍兴建行只是在前期给予了涉案企业一定扶持,扶持与出资显然是不同的。

其次,要正确理解《意见》第 2 条第 1 款的规定。该条第 1 款所讲的对直接负责的主管人员和其他直接责任人员"以私分国有资产罪定罪处罚"的情形,其适用条件是"转为职工集体持股的改制后公司、企业所有"。在我国,职工集体持股是指有限责任公司和股份有限公司内部职工通过多种途径获得企业一部分股份,股权归职工个人所有,委托集体运营的一种企业产权结构。而本案中涉案企业的唯一股东是涉案企业职工技术协会(拥有 100% 股权),职工技术协会也并非"职工集体持股"或者"职工持股会",职工技术协会(社会团体法人)的股权是共同共有性质,作为一个整体是不可分割和量化的,不同于可以分割和量化的职工集体持股。

总而言之,不应将涉案企业职工技术协会持有唯一股权错误地机械类比为职工集体持股。申言之,陈新富的行为并不符合《意见》"以私分国有资产罪定罪处罚"的有关规定,不能将其作为追究陈新富刑事责任的依据。

（三）《关于办理国家出资企业中职务犯罪案件具体应用法律若干问题的意见》的时间效力问题

本案中，从《起诉书》和《刑事判决书》的有关内容看，最高人民法院、最高人民检察院于 2010 年 11 月 26 日颁布的《意见》的有关规定也是司法机关认定陈新富等人犯私分国有资产罪的一个重要依据。《意见》第 2 条第 1 款规定："国有公司、企业违反国家规定，在改制过程中隐匿公司、企业财产，转为职工集体持股的改制后公司、企业所有的，对其直接负责的主管人员和其他直接责任人员，依照刑法第三百九十六条第一款的规定，以私分国有资产罪定罪处罚。"对此，笔者认为，《意见》有特定的适用对象，针对的是国家出资企业，是就办理国家出资企业中职务犯罪案件具体应用法律若干问题提出的意见，而非针对集体所有制企业。而在本案中，涉案企业早在 1987 年 9 月 12 日其经济性质就变更为集体所有制了，并非国家出资企业；因此不能不分清楚情况就一味牵强地用《意见》的有关规定来套本案的案情，否则难免会出现"牛头不对马嘴"的情况。

特别值得指出的是，《意见》的适用是有一定时间效力的，其溯及力也应当遵循从旧兼从轻的原则，其时间效力不能溯及法律施行以前的行为。最高人民法院、最高人民检察院于 2001 年 12 月 7 日颁布的《关于适用刑事司法解释时间效力问题的规定》（以下简称《规定》）第 1 条明确指出："司法解释是最高人民法院对审判工作中具体应用法律问题和最高人民检察院对检察工作中具体应用法律问题所作的具有法律效力的解释，自发布或者规定之日起施行，效力适用于法律的施行期间。"也就是说，无论司法解释在何时发布，其效力都始自它所解释的法律开始施行的日期，止于法律停止适用的日期。这一规定表明，司法解释有一定的溯及力，适用于法律的施行期间。但应当注意的是，不能适用于法律施行以前，毕竟我国最高司法机关没有法律创制权，司法解释只是对司法工作中如何适用法律问题提出的具体意见，不是新的立法。而就本案来说，私分国有资产罪是 1997 年《刑法》修订时新增设的一个罪名，之前并没有私分国有资产罪。本案中的涉案企业早在 1987 年就改制为集体所有制企业了，改制可以说是 1997 年法律施行以前的事，并且行为时也不存在私分国有资产罪，故而不能把《意见》溯及适用到 1997 年法律施行以前的行为。事实上,在20世纪80年代,国有企业改制是国家经济体制改革和发展的大方向,符合当时国家政策的要求,涉案企业在1987年改制为集体企业,有其特定的历史条件和时代背景,是无可非议的。不能以现在的规定和标准,来简单否定甚至清算涉案企业20多年前符合当时国家政策和法律的行为,否则就不是历史唯物主义的正确态度。

(四)认定陈新富私分国有资产的证据是否确实、充分?

《刑事诉讼法》及相关司法解释均明确规定:"对一切案件的判处都要重证据,重调查研究。""证据确实、充分,应当符合以下条件:(一)定罪量刑的事实都有证据证明;(二)据以定案的证据均经法定程序查证属实;(三)综合全案证据,对所认定事实已排除合理怀疑。""证据必须经过当庭出示、辨认、质证等法庭调查程序查证属实。""经过当庭出示、辨认、质证等法庭调查程序查证属实的证据,才能作为定罪量刑的根据。"要认定陈新富犯私分国有资产罪,必须确保案件事实清楚,证据确实、充分。而从本案的案情以及在案证据来看,原审判决对陈新富私分国有资产事实认定的证据确存在不足,无法形成完整的证据锁链,没有达到《刑事诉讼法》规定的证明标准。

1. 认定陈新富具有私分国有资产的主观故意的证据不足

一、二审判决认定"陈新富等人基于集体私分的主观故意,在明知公司资产系国有资产的情形下,向中建投委托的评估人员隐匿公司资产,应认定被告人主观上有私分国有资产的故意"。应当说,法院的上述认定并没有扎实、严密的证据体系做支撑,带有推理分析的成分,证据之间的矛盾根本未合理排除,相反有大量证据表明陈新富主观上没有私分国有资产的犯罪故意。首先,陈新富在供述中明确表示其主观上不知道绍兴建设开发公司为国有公司,否认有私分国有资产的犯罪故意。其次,同案被告人董小潮一直认为绍兴市建设开发公司是集体企业。同案被告人黄心田亦明确辩解称其2002年进入开发公司的时候公司是集体企业,其未看到陈新富指使董小潮向评估公司提供的资产清单上隐匿房产、车棚的情况。再次,也是最主要的,在案的工商登记材料、涉案企业的《城镇集体资产产权登记证书》、原建行浙江省分行的相关批复、绍兴市计划委员会[绍市计(88)第20号]文件等大量客观书证,均一致表明涉案企业的经济性质系集体企业。由上可见,陈新富的上述供述不仅与董小潮、黄心田的供述能够相互印证,而且也有大量的客观证据予以佐证,有力地表明其主观上并不明知涉案企业为国有企业,进而也就不存在私分国有资产的犯罪故意。可以说,综合全案证据,原审判决对陈新富具有私分国有资产故意的认定,并没有达到排除合理怀疑的程度。

2. 认定"陈新富等人采用虚增债务的手段超额核销建造建行大楼潜亏,少计净资产3 872.25万元"的证据存在缺陷

一、二审判决认定"陈新富等人采用虚增债务的手段超额核销建造建行大楼潜亏,少计净资产3 872.25万元",其主要依据是一审公诉机关委托的浙江中兴会计师事务所有限公司出具的《审计报告》(浙中兴会审〔2013〕640号、641号)。而在案的浙江众信达会计师事务所有限公司《关于对浙江中兴会计师事务所有限公司出具的中兴会审〔2013〕640、641号专项审计报告的专项咨询报告》则明确指出:"由于原专项审计报告的账面情况认定都是错误的,而且没有依据,故本次咨询认为原专项审计报告的原评估咨询报告少计净资产3 872.25万元的审核意见不成立。"值得指出的是,相关判决以上述专项咨询报告属于《刑事诉讼法》第48条规定的证据中的"鉴定意见",并以其违反有关程序(即按照《浙江省司法鉴定管理条例》有关规定,进入诉讼程序的案件,当事人要求司法鉴定的,应当向办理案件的机关提出申请,经办理案件的机关同意后,委托司法鉴定机构进行鉴定)为由不予采信,是完全站不住脚的。因为刑事诉讼中的"鉴定意见",是指国家专门机关就案件中的某些专门性问题,指派或者聘请具有专门知识的人进行鉴定后作出的判断性意见。辩方提交的上述专项咨询报告根本就不属于"鉴定意见"的范畴,而是针对公诉机关提交的有关专项审计报告中的专业性问题聘请专家辅助人提出的专家咨询意见,目的是补强当事人对案件涉及的专业问题的说明意见,弥补当事人专业知识的欠缺和不足,更好地帮助法官居中裁判和对案件事实、专业性问题进行准确把握。法院的正确做法本应是将上述专项咨询报告纳入法庭审理程序予以质证,而不是先将其错误定性为"鉴定意见",进而以其取得程序不合法予以简单否定。

事实上,涉案企业2008年改制评估时,其就将企业的财务账册等材料一并提交给评估公司——北京世纪智源资产评估有限责任公司了,这也有相应的资料交接手续等证据予以证明。另外,评估公司对于建造建行大楼的潜亏评估时予以扣除也是存在合理依据的。建行大楼系涉案企

业垫资建造,后绍兴建行用其所属的银泰大酒店产权与涉案企业建造的建行大楼产权进行置换,以此抵偿涉案企业建造建行大楼的工程款(绍兴建行与涉案企业先后签订了《房产置换协议》和《补充协议》,根据上述两个协议,截至2000年12月8日,绍兴建行为建行大楼只出资投入了680万元的土地购买款;2000年12月8日之后,绍兴建行对建行大楼未再有任何投入),但由于建行大楼的价值(该工程总投资控制在9000万元以内)远高于银泰大酒店的价值,因此差额5539万余元在本次评估中予以扣除,应属合乎情理之举。而且浙江众信达会计师事务所有限公司《关于对浙江中兴会计师事务所有限公司出具的中兴会审〔2013〕640号专项审计报告的专项咨询报告》也明确指出:"根据'房产置换协议'和'补充协议',原专项审计报告的上述拨入建行大楼建造资金(即原审判决据认定的截止2008年2月29日涉案企业账面共收到绍兴建行拨入建行大楼建造资金24 209 204.08元)认定错误,没有依据。"总之,一、二审判决认定陈新富等超额核销建造建行大楼潜亏3 872.25万元是难以成立的,尚没有足够的证据支持。

3. 认定陈新富等人故意隐匿账外资金本息660万余元的证据也不充分

一、二审判决认定涉案企业起初以他人名义定存于绍兴建行大通支行的账外资金500万元(除此之外,还有利息160万余元)属涉案企业所有,属国有资产;在改制评估时,涉案企业理应如实向评估人员报告,但其故意不报,该款项自然应计入隐匿的资产数额。应当说,作出上述认定的证据也是不充分的:因为该笔本息660万余元之所以未在2008年纳入评估公司进行评估,完全系事出有因,这一点原审判决也认可。详言之,该笔款项原系绍兴建行要求"吸储"而存入的款项,且开户单位是绍兴市第八建筑工程公司而非涉案企业,之后才转归涉案企业管理,而且该笔涉案款项一直未在涉案企业的账上反映,未纳入当时评估审计范围确有一定的客观原因。这与私分国有资产罪中所指的"故意隐匿资产"显然是不能相提并论的。原审判决虽然认可该笔款项未纳入评估审计系事出有因,但却仍然认定陈新富等人故意不报,其得出这一结论更多的是基于司法推论,而在证据证明方面却是存在欠缺的,仍然有不少待查证核实的疑点。